デザイン
ビジネス
選書

企画書は見た目で勝負

契約が面白いほどとれる企画書デザインのコツ

すぐ使える
テンプレート
プレゼント！

道添進 著
デザインの現場編集部 編

美術出版社

はじめに

昔ならデザイナーに任せていたような仕事も、今では普通にビジネスパーソンに振られてきます。企画書はもちろん、セールスキット、広報誌、チラシまで、パソコンを当たり前に使う環境になってからは、「苦手ですから」なんて言えない時代。

ところが、プロのデザイナー向けの専門書はたくさんあるのに、普通の人のためのデザインのガイドブックはほとんどありません。企業の新人研修でも、企画の立て方までは学んでも、見た目の良い文書の作り方は聞いたことがありませんね。オフィス空間も、什器も、あらゆるビジネス環境が洗練されていく中で、文書だけがひとり取り残されていた最大の原因はこれではないでしょうか。

本書は、ごくごく一般のビジネスパーソンのためのデザイン本です。専門書を読むほどではないけれど、文書作りに役立つノウハウを手短に知りたい方。営業提案や、企画書などを日常的に作っているけれども、いまひとつ自信がない方。そんなみなさんがすぐに使え、実践に必ず役立つ本にしました。

デザイン書なら理論の話から入ったりしますが、本書はちょっと構成を工夫しました。三つの章からなっていて、いきなりNG集から入ります。普通に作っている文書のどんなところがいけないのか。スタートはまず「気づき」からです。そして、どういうふうに改善すればいいのかを、いっしょに見てみましょう。ちょっとした工夫でレベルアップすることがお分かりいただけると思います。

次に具体的な解決方法として7つのルールを学びます。この本を書くにあたり、普通のビジネスパーソンや自営業の方々が作った文書を集めてみました。それらの文書を改めて眺めてみると、いくつかの傾向があることに気づきました。それは、情報の詰め込みすぎ、ソフトの機能を使いすぎ、余計な飾りを入れている、といった共通点です。

そんな事例を一般化し、改善のポイントを「黄金ルール」として提示しました。もし、この本を手にしたあなたが明日の朝までに書類を仕上げなければならない人だったら、とりあえずここだけつまみ読みしてみてください。たぶん、それだけで明日の書類は見違えるほど、説得力のあるものになっているはずです。

最後の章は、事例集です。さまざまなビジネスシーンごとに実例を見ていただきながら、ビフォー&アフター形式でどんなふうに直せばいいかを見比べてみました。

ここでご紹介している事例はすべてWindowsのフォントやソフト、Word、

PowerPoint を使って作っています。特殊なデザインツールを使っているのではありません。誰でも、簡単にレベルアップでき、文書作りがもっと楽しくなるような実例をなるべくたくさん掲載しました。

また、この本はプロのデザイナーの助言をもとに構成されていますが、難しい理論や専門用語はほとんど出てきません。〝クリエイティブなセンス〟みたいな、特別な才能も必要ありません。あくまで普通の人の実務としてとらえています。ですから、ちょっとした工夫で誰でも必ず上達します。

簡単なコツを覚えておくだけで文書作りの作業も早くなるので、そのぶん、企画やアイデアに力をかけることができるかもしれません。

そして、とても大切なことがあります。それは、どうしてこの体裁になったか、ちゃんと説明ができるようになること。なんとなく格好いいでしょう、ではなくて、少なくとも論理的に理由づけができる。結果的に、あなたが作った文書は、お客様や上司に納得してもらえる、ということです。

さあ、幸運にもこの本を手にしてくださったみなさん。毎日の文書作りが少しでも楽しくなり、もっとビジネスに役立つようにという思いを込めて、デザイナーではないあなたにこの本を贈ります。

はじめに　3

第一章　見た目が悪いのはなぜ？　典型的な悪い例　13

NG1　読む気が起こらないのはなぜ？　14

見出しの内容が分かりにくい　15

書き分けていない　16

書体の区別ができていない　18

1行あたりの文字数が多い　20

行間がせまい　22

写真や図が多すぎる　22

コラム・話を〝大中小化〟しよう　24

NG2　安っぽくなるのはなぜ？　26

色を使いすぎている　27

詰め込みすぎている　28

均等の呪縛にはまっている 29
不要なものまで載せている 32
3分割の真実 33
コラム・エレベーターの法則 34

NG3 説得力がないのはなぜ？ 36
トーンがずれている 37
ビジュアルがそぐわない 38
なりたい姿が分からない 40
コラム・客先や上司をどう説得するか 42

第二章 最低限これだけマスターすればOKの黄金ルール7 45

黄金ルール1 最初は手で書こう 46
発想をふくらませるプロセス 47
サムネイルを書こう 48
余白に補足をメモしていく 50

小さく始めてだんだん大きく　50

黄金ルール2-1
グループ化しよう　53
情報をグループ化しよう　54
思い切って捨てる　55
実際の割り付けにおけるグループ化　56
ウェブへの誘導という発想で　59

黄金ルール2-2
お弁当レイアウトで見やすく　61
お弁当を作る要領で　62
下ごしらえをしておく　64

黄金ルール2-3
視線の動きを意識しよう　66
斜め読みのルール　66
導線を描いてみよう　68
後工程をスムーズにするコツ　71
コラム・読み手の目線で　72

黄金ルール3

余白と見えない線を利用しよう 73

クラスをハッキリさせよう 74

言行不一致は避けたい 75

見えない線を使おう 78

黄金ルール4

行間を十分に取ろう 81

小さな達成感をたくさん与えよう 81

行間は文字サイズの1／2以上が標準 83

黄金ルール5

メリハリをつけよう 86

均等にするかメリハリをつけるか 88

微妙に違う大きさにしない 90

上手に傾けるコツ 92

めざせ、ミニマリスト 93

黄金ルール6

書体を効果的に使おう 96

書体を多用しない 98

ＴＰＯに合った書体を　100
書体でメリハリをつけよう　104
無理やり長体や斜体をかけない　108
全角と半角を混在させない　109
コラム・従属欧文に注意　111

黄金ルール7　色使い上手になろう　114
失敗しない色使い　115
コピーする場合も考えて　117
濁った色は好まれない　118
カラーパレットを作ろう　120
どこにどんな色を使うか　122

第三章　良い例、悪い例を徹底比較。ビジネス文書実例集　125

ケース1　パワーポイントの企画書　126
自治体への広報誌企画、出版社への女性向け旅行企画

ケース2　ワードの企画書 144
出版社への女性向け旅行企画

ケース3　ニューズレター 162
不動産会社のＤＭ

ケース4　新商品・セミナーの案内文書 172
証券会社のＦＡＸレター、化粧品メーカーのチラシ

ケース5　ＦＡＸシート 178
製品の発注書

ケース6　メールマガジン 182
通販サイトのお知らせ

すぐ使える！　汎用テンプレート 188

参考図書、お役立ちウェブサイトリスト 190

おわりに 195

第一章

見た目が悪いのはなぜ？典型的な悪い例

この章では、みなさんがつまずきそうなNG事例を3つ紹介します。といっても、「この文書のどこがいけないの？」と感じる方もいらっしゃるでしょう。なぜ見た目が悪いのかという理由は、案外分からないもの。自分で作った文書なら、なおさらそうです。「そうか！ ここがいけなかったんだ」という気づきに到達するだけで、ほぼ半分は問題が解決されたといってもよいでしょう。まずはケーススタディをもとに、具体的にどう直せばいいのか、いっしょに検討することにしましょう。

1

NG

01

読む気が起こらないのはなぜ？

せっかく作成した書類なのに、なんだか読む気がしない。それ以前に、手にとってもらえそうもない。どうしてだろう……。

そんな心当たりがある方も多いのではないでしょうか。ほとんどの場合、その原因は、詰め込みすぎ。あれも言いたい、これも載せたいとがんばりすぎた結果、読みづらい、あるいは、読みづらそうという印象を与えてしまうからなのです。

試しに、第三者の目で冷静に自分が作った文章をながめてみましょう。メリハリがなく一本調子の「語りの態勢」になっていませんか？　あるいは、いちばん伝えたいことがぼやけていないでしょうか？

しかし、心配にはおよびません。ほとんどの場合、簡単な治療でぐんと読みやすくなります。この章ではまず、誰にも心当たりのありそうなＮＧ事例をいくつか挙げながら、読む気を起こらなくしている正体を解き明かしてみましょう。

見出しの内容が分かりにくい

どんな文書も、タイトル、見出し、本文という3つの要素から成り立っています（あなたが見ているこのページもそうです）。タイトルは読み手の目を引きつける短い言葉や文章です。まず、100パーセントの人が最初に目をとめるところですね。

その次が見出しですが、ここが重要です。**何が書いてあるのかを端的に要約するのが見出しの役目です。**しかし、見出しをつけ忘れている文書というのも意外に多く、またせっかくつけていても見た瞬間分かりにくい例も多いものです。

見出しはタイトルを受けて、本文を読んでみたい気持ちにさせる大事な一言。ぜひ、工夫してつけるようにしたいものです。

見出しは「…について」という文言でもかまいませんが、例えばもう一歩具体的に「…が…なわけ」というふうに、内容をイメージさせる一言を織り込む工夫をしてみましょう。

見出しは、そこだけ読んでもどんな内容が書いてあるか、ある程度理解させる役割があります。プロの世界では、本文まで読まずにいられない「つかみ」のある見出しが一流といわれます。

そのレベルは無理としても、「時間がないなら見出しだけでも読んでおいて！」というふうに、本文のサマリー（要約）として利用することもできます。

毎日、たくさんの文書に目を通すことが求められる現代の忙しいビジネスパーソンにとって、見出しのない文書は考えられませんね。

また、見出しと本文とは文字の大きさや太さなどで差を十分につけ、違いを際立たせましょう。すっきりと読みやすい紙面に変わるはずです。

書き分けていない

よく見かける文書のひとつに、どこまでが見出しで、どこから本文が始まっているのか、切り替わりが分からないものがあります。本来は別のものであるべきメッセージや情報がくっつきすぎて配置されているため起こるトラブルです。

また、本文の中でも、いつの間にか次の話題に変わっていたりする場合、困りますね。読み手にしてみると、話の筋を追いづらくなり、途中で読むのを断念したくなるものです。これは一言で言うと、書き分けができていない、そのために違う情報がひとかたまりに見えてしまうという問題です。

例えば、新商品の紹介をしていたのに、途中でポイントサービスの説明が混じったりするというもの。そのサービスは特定の商品だけに適用されるのか、すべてが対象なのか、読み手を混乱させてしまいますね。あるいは、行をあけずに別の商品説明が始まっていたりするのも、混乱の元。

対処方法としては、**内容ごとに段落で分け、それぞれに小見出しを入れて分割すること**です。段落ごと1行あけるだけで、だいぶ読みやすくなります。

英文では常識となっていますが、日本語の場合はついベタッと文章を最初から最後まで流しがち。しかし、1行あけることで、読み手も一息つくことができます。

特に長文が続く場合は、このように数行ごとに区切るだけで、格段に読みやすくなります。また、書き手も、その範囲内でひとつの話に区切りをつける意識が働き、自然にまとめの作業をすることができます。

書体の区別ができていない

タイトルも、見出しも、本文も、同じくらいの大きさの書体を使うと、それぞれの差が分かりづらくなります。書体の種類はあまり使いすぎるとよくありませんが、**タイトルと本文とは大きさを変えるか、書体を変える**のが基本といえるでしょう。

もちろん、いちばん目立たせるのはタイトル、次に見出し、小見出しと続いて、本文はいちばん控えめに。目立たせるためにはボリューム感のある太い書体を使うとよいでしょう。

プロの中にはあえてタイトルも本文も似たようなボリューム感の書体を用いることがあります。でも、これはかなりの高等テクニック。書体を明確に使い分けるほうが、簡単確実にデザインレベルをアップすることができるといえます。

また、書体の種類や大きさを変えたりすることで、違いを際だたせれば、文書はかなりすっきりした印象になります[▼p104]。

✕

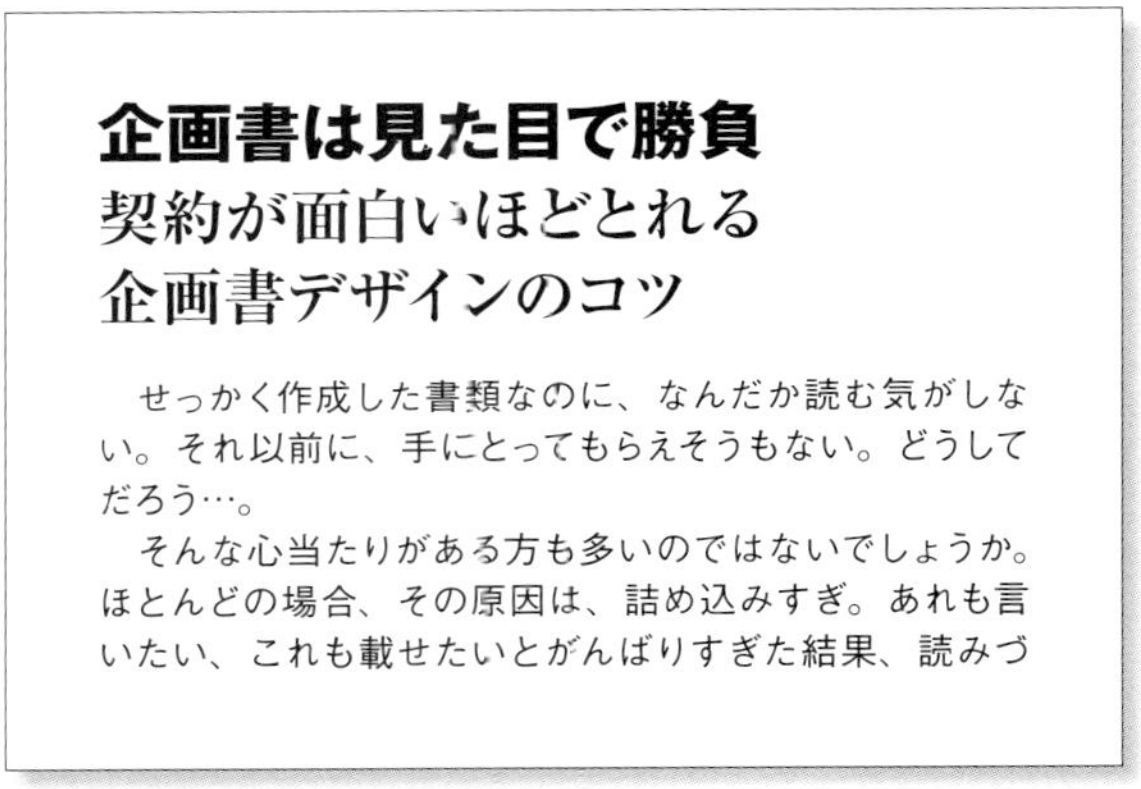

企画書は見た目で勝負
契約が面白いほどとれる
企画書デザインのコツ

せっかく作成した書類なのに、なんだか読む気がしない。それ以前に、手にとってもらえそうもない。どうしてだろう…。

そんな心当たりがある方も多いのではないでしょうか。ほとんどの場合、その原因は、詰め込みすぎ。あれも言いたい、これも載せたいとがんばりすぎた結果、読みづ

書体使いすぎ

↓

○

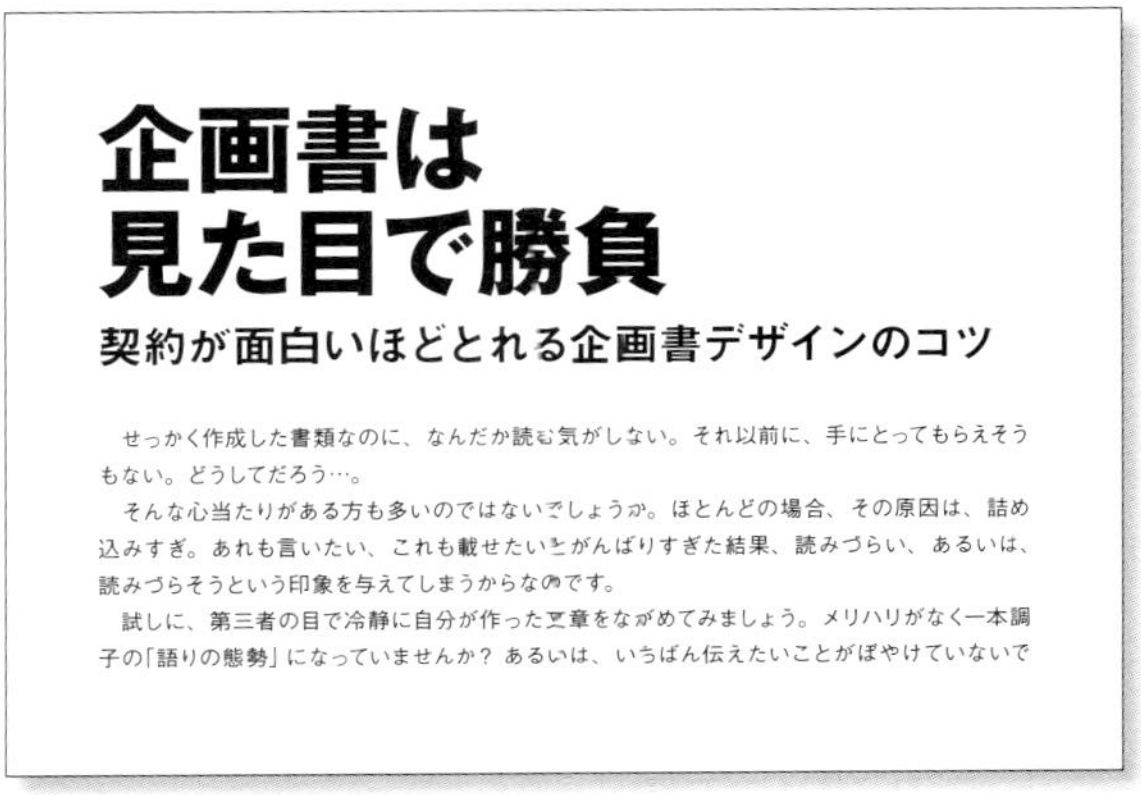

企画書は
見た目で勝負
契約が面白いほどとれる企画書デザインのコツ

せっかく作成した書類なのに、なんだか読む気がしない。それ以前に、手にとってもらえそうもない。どうしてだろう…。

そんな心当たりがある方も多いのではないでしょうか。ほとんどの場合、その原因は、詰め込みすぎ。あれも言いたい、これも載せたいとがんばりすぎた結果、読みづらい、あるいは、読みづらそうという印象を与えてしまうからなのです。

試しに、第三者の目で冷静に自分が作った文章をながめてみましょう。メリハリがなく一本調子の「語りの態勢」になっていませんか？ あるいは、いちばん伝えたいことがぼやけていないで

太細、大小でメリハリをつける

1行あたりの文字数が多い

行の端から端まで文字をぎっしり詰め込んだ状態を、「行長が長い」といいます。

Ａ４文書の場合、1行40字を超すと端から端まで文字を追うのが苦痛になってしまいます。**1行あたりの文字数は、30～35字前後を基準にしてみてください。余白は最低でも左右各30～40ミリはほしいところ。**これだけですっきり読みやすくなります。

例えば、プロのデザイナーはどんなふうに文字を組んでいるのでしょうか。左の図を見てみましょう。これはふだん私たちがよく使うＡ４サイズの用紙に、1行どのくらいの文字を詰めているかを表した図です。

もちろん文字の大きさにもよりますが、だいたい**1行あたり30～35字詰め**となっています。紙の左右いっぱいに文章を並べてしまうと、10ポイントぐらいの本文では50字近く入ります。そこでコラム（段）という考え方を用いて、文書を分割してることに注意してみてください。左右幅が大きい場合は2コラムだけでなく、3コラムないし4コラムとなります。こうすることで読む人の視線が改行した際に、次行の行頭を見失うことなく読み進められるようになります。

A4でそれぞれ何文字入るか表した図

✕ **10ポイント×55字**
（左右マージン約10mm）

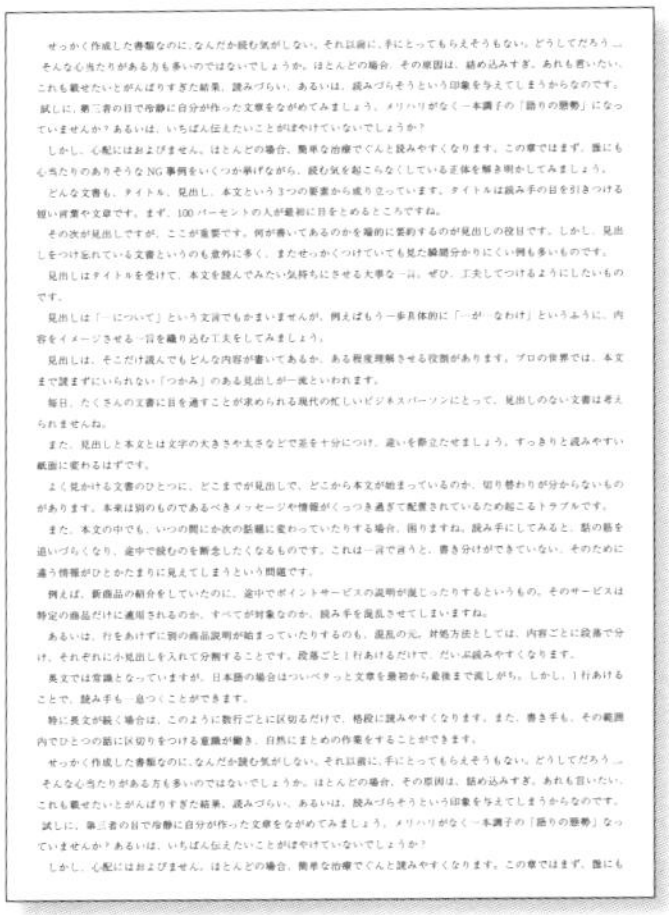

詰め込みすぎ

○ **10ポイント×35字**
（左右マージン約43mm）

ちょうどよい

A4横組みの文字サイズと１行あたりの文字数の目安　［左右マージン35mm］

文字サイズ	1段（コラム）	2段（コラム）
8ポイント	45～50字（×）	20～25字（○）
9ポイント	40～45字（△）	20～25字（○）
10ポイント	35～40字（○）	15～20字（△）
11ポイント	30～35字（○）	15～20字（△）
12ポイント	30～35字（○）	10～15字（×）

※９ポイント以下では２段組が適している

行間がせまい

ほとんどの人は、ソフトウェアのデフォルト（初期設定）のまま、行間［**行と行の間隔▼p85**］を調整することなく使っています。

文章が多い文書を作成する場合など、行間をたっぷり取ることで、可読性や見た目の美しさがアップします。最低でも、行間が文字の天地の長さの1／2以上になるように心がけましょう［▼**p83**］

写真や図が多すぎる

写真や図がたくさん入っていると、なんとなく分かりやすいように見えがちです。しかし、実際にはまったく逆で、本文の理解を助けるどころか、混乱させてしまうケースが多くなります。

「過ぎたるはなお及ばざるがごとし」、思い切って写真点数は絞り込みましょう。

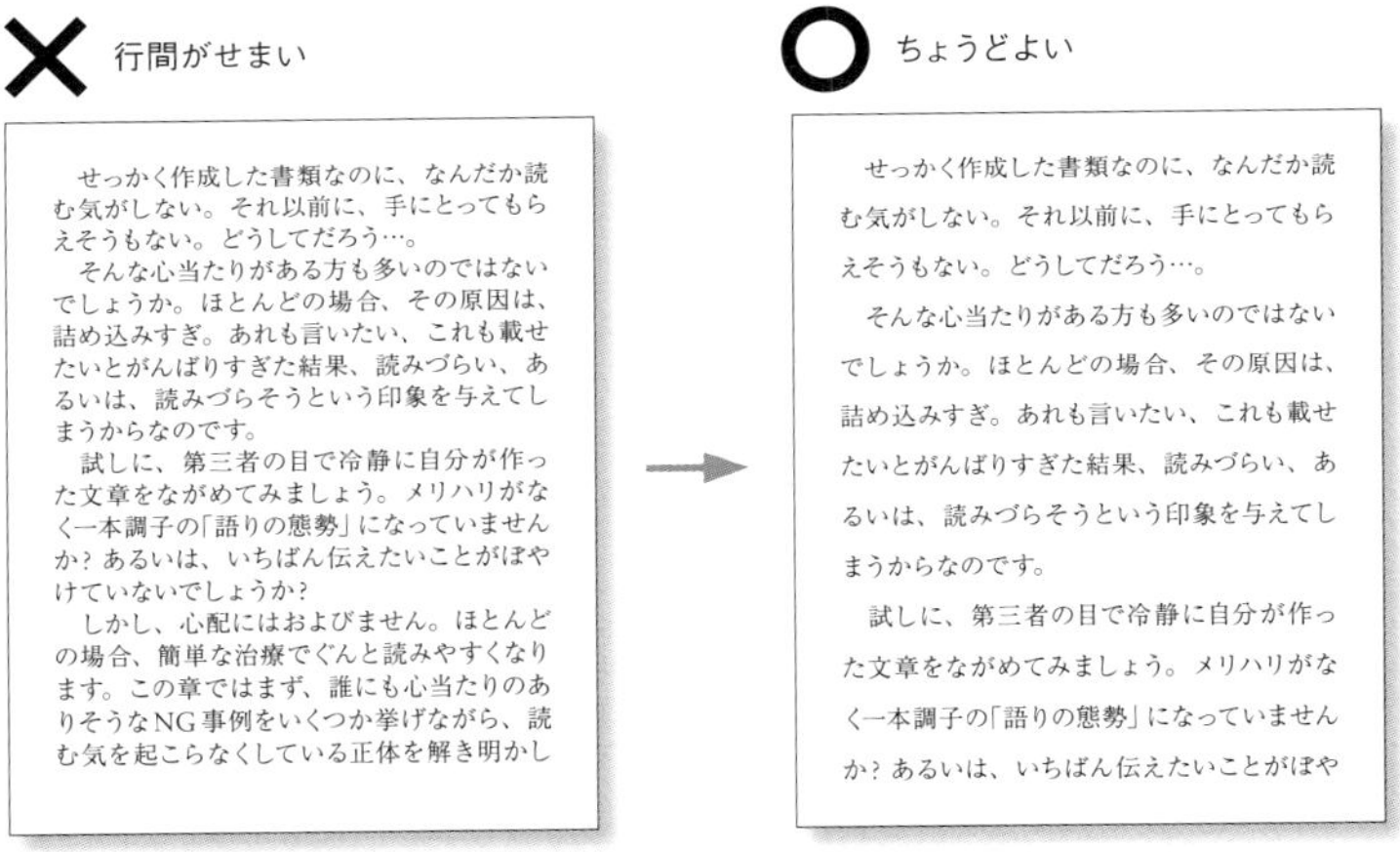
×　行間がせまい
せっかく作成した書類なのに、なんだか読む気がしない。それ以前に、手にとってもらえそうもない。どうしてだろう…。

そんな心当たりがある方も多いのではないでしょうか。ほとんどの場合、その原因は、詰め込みすぎ。あれも言いたい、これも載せたいとがんばりすぎた結果、読みづらい、あるいは、読みづらそうという印象を与えてしまうからなのです。

試しに、第三者の目で冷静に自分が作った文章をながめてみましょう。メリハリがなく一本調子の「語りの態勢」になっていませんか？あるいは、いちばん伝えたいことがぼやけていないでしょうか？

しかし、心配にはおよびません。ほとんどの場合、簡単な治療でぐんと読みやすくなります。この章ではまず、誰にも心当たりのありそうなNG事例をいくつか挙げながら、読む気を起こらなくしている正体を解き明かし
○　ちょうどよい
せっかく作成した書類なのに、なんだか読む気がしない。それ以前に、手にとってもらえそうもない。どうしてだろう…。

そんな心当たりがある方も多いのではないでしょうか。ほとんどの場合、その原因は、詰め込みすぎ。あれも言いたい、これも載せたいとがんばりすぎた結果、読みづらい、あるいは、読みづらそうという印象を与えてしまうからなのです。

試しに、第三者の目で冷静に自分が作った文章をながめてみましょう。メリハリがなく一本調子の「語りの態勢」になっていませんか？あるいは、いちばん伝えたいことがぼや

行間をたっぷりとる

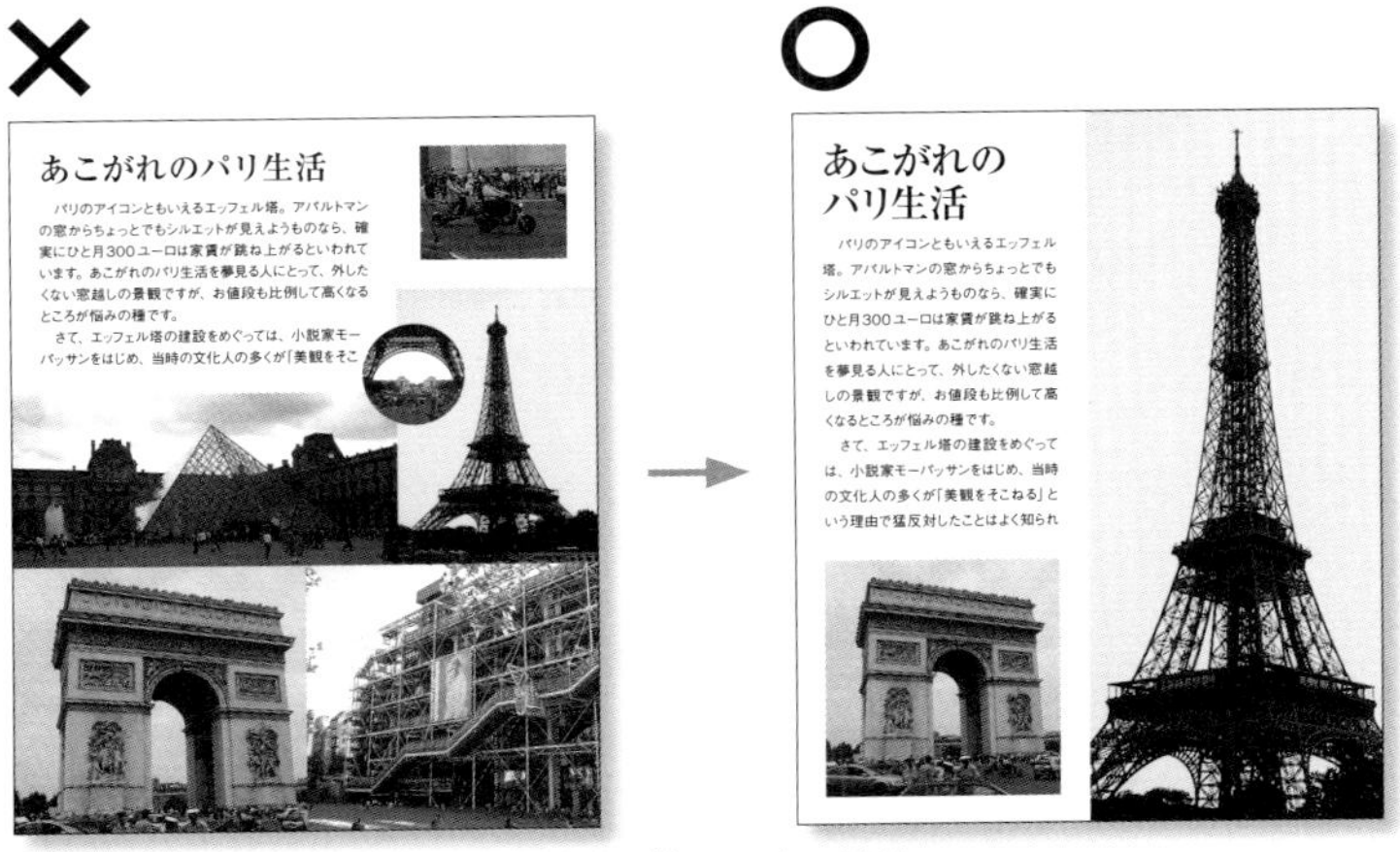
×
あこがれのパリ生活
パリのアイコンともいえるエッフェル塔。アパルトマンの窓からちょっとでもシルエットが見えようものなら、確実にひと月300ユーロは家賃が跳ね上がるといわれています。あこがれのパリ生活を夢見る人にとって、外したくない窓越しの景観ですが、お値段も比例して高くなるところが悩みの種です。
さて、エッフェル塔の建設をめぐっては、小説家モーパッサンをはじめ、当時の文化人の多くが「美観をそこ
○
あこがれのパリ生活
パリのアイコンともいえるエッフェル塔。アパルトマンの窓からちょっとでもシルエットが見えようものなら、確実にひと月300ユーロは家賃が跳ね上がるといわれています。あこがれのパリ生活を夢見る人にとって、外したくない窓越しの景観ですが、お値段も比例して高くなるところが悩みの種です。
さて、エッフェル塔の建設をめぐっては、小説家モーパッサンをはじめ、当時の文化人の多くが「美観をそこねる」という理由で猛反対したことはよく知られ

写真点数を絞って、すっきりと

Column

話を〝大中小化〟しよう

読みやすい文書を作る際、プロはまず情報を分類します。もちろん文書を作りながらでもかまいませんが、伝えたい事柄を大中小に分け、構造化しているのです。これは、会社の組織図に例えてみれば分かりやすいかもしれません。

左の図を見てみましょう。あおぞら電機株式会社・デジカメ事業部・営業第一課というふうに、枝分かれしていますね。これを文書の構造化に当てはめてみると、会社名がタイトルに相当します。そして次の大きなくくりである事業部が大見出しにあたり、さらに課の名称が小見出しとなります。

ちょっと面倒な作業のようですが、慣れてしまえば簡単ですし、わざわざ書き出さなくても頭の中で整理することもできます。ただ、これをやらずにいきなりレイアウトすると、なんだか分からない文書ができてしまいがちです。

例えば、スポーツクラブのリストアップをする場合、サッカー、野球、水泳…ときて、いきなりグラブが同じようにリストアップされていると明らかにおかしいですね。スポーツ名を挙げているのに、用具の名称が混じっているからです。「なんだ、そんなことか」と思えるかもしれませんが、作っているときは、案外分からないもの。

　これを避けるためには、デザインやレイアウトをする前に、情報を階層ごとに分類することが効果的です。そして、入れたい情報がどの階層に属するのか、収まり場所をはっきりさせたところで、レイアウト作業に移れば、違和感のある情報が唐突に出てくるなんてことはなくなります。

　また、大見出し、小見出しを入れるもうひとつの効果は、こうした階層をはっきり書き出せる点です。

大中小の関係

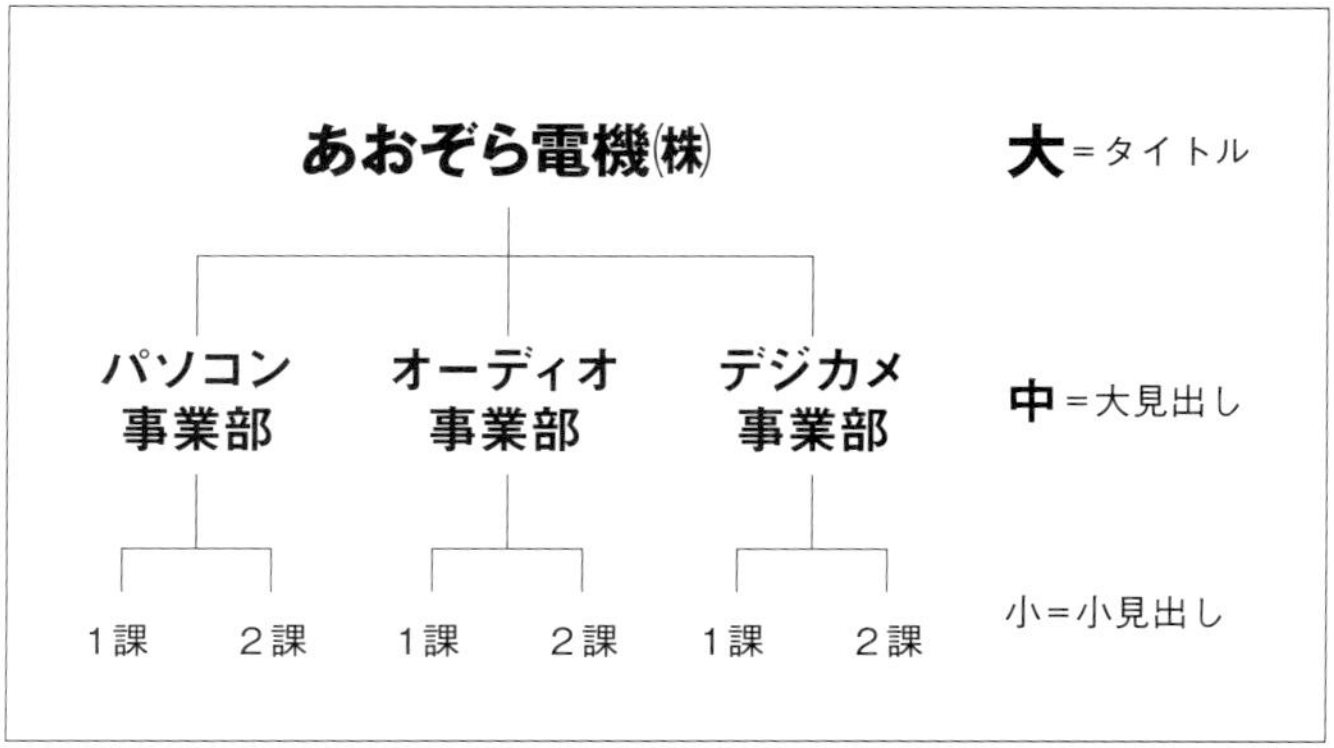

NG

02

安っぽくなるのはなぜ？

苦労してやっと文字や図や写真を入れてみたものの、なんだか安っぽい。そんな文書作りの経験が、誰にもあるのではないでしょうか。安っぽい、というのは主観的な判断ですが、作り手が感じる以上に、読み手のほうはできあがるまでの経緯を知らないことも手伝って、よけいにチープな印象を抱いてしまうようです。

あらゆる情報が氾濫する時代、私たちの目は知らず知らずのうちに肥えていることを考慮に入れましょう。

さて、安っぽいという一見とらえ所のなさそうなこの問題も、色やスペース配分といった要素に分解してみると、解決方法は意外と簡単かもしれません。まず、なぜそうなるのか、原因を解明することで、答えはおのずから出てくるかと思われます。

色を使いすぎている

プロのデザイナーか、素人かの違いがもっとも現れるのが色使い。そう言ってもいいでしょう。

かっこよく、美しく文書を作ること、イコール、カラフルにすること。普通、私たちはそういう勘違いをしがちです。色をたくさん使えばみんなは注目してくれるかというと、むしろ逆。やっぱりお互いの色同士が打ち消し合って、逆に全体として目立たなくなってしまいます。しかも悪いことに、読みづらくなるのはもちろんのこと、どんどん安っぽくなります。市販されている「企画書テンプレート」なども、色に関しては無頓着な傾向にありますので、使うときは注意したいものです。

端的に言うと、素人は色数が少ないほど無難だと覚えておきましょう。**使っても3色、できれば2色にとどめたい**ところ。また、**3色以上使う場合は同系色**を。例えば円グラフの色分けをする場合、青い色を選んだら、濃紺、青、水色といったふうにまとめると、モノクロにしてもメリハリがつき、ぐんとセンスが良い文書に仕上げることができます［▼p 114］。

詰め込みすぎている

せっかくの紙面を全体で活用する前に、細かく仕切ってしまいチマチマとレイアウトしてしまう。**盛り盛り感はたっぷりだけれど、どこから手をつければいいの？という過密な状態。ほとんどの場合、これが安っぽくなるいちばんの原因**のようです。

限られたスペースに情報を割り付けるとき、私たちはつい、文字を小さくしたり、行間をせまくしたりして、力ずくで詰め込んでしまいがちですね。そして紙面を細切れにして、あれも、これもと並べてしまう。この涙ぐましい姿勢はひょっとして国民性なのかもしれませんが、安っぽくなってしまっては元も子もありませんね。

実は、この方法は情報誌などに見られるように、プロのデザイナーも多用するテクニックです。ただし、プロはパターン化したり、ラインを揃えたり、オフホワイトという箸休めのスペースを設けたりして［▼p78］、一定のレベルを保っているわけです。

こうしたプロのテクニックは後ほど順を追ってご紹介していくことにします。まずは、情報をそぎ落とし、必要なものだけに絞る努力をしてみましょう。

均等の呪縛にはまっている

いくつかの情報を紹介する場合、どうしても均等に割り付けてしまいがちです。これは一見、良さそうですが、デメリットがあることも承知しておきましょう。

一例を挙げると、広報誌の「事業部だより」のページを作る場合、例えば４つ部門があるとします。この場合、４つのスペースを均等に配分するのが普通でしょう。差をつけないことで社内に波風を立てない大人の配慮といえるかもしれませんね。

しかし、均等に入れれば関係者はハッピーかもしれませんが、読み手の側からするとあまりハッピーではなさそうです。

なぜでしょう？ それは**お互いの要素が打ち消し合って、いちばん伝えたいことが埋もれてしまう**からです。

さきほど、24ページのコラムのところで、タイトル、大見出し、小見出しという大中小の要素が出てきましたね。文字や写真をふくめた情報のスペース配分もこれと同じで、**メリハリをつけてやることが大事**なのです。なぜなら、人間はあるページを開いたとき、あるいは1枚の紙や画面を目にしたとき、まず真っ先に目に飛び込んでくるものを探します。タイトルやメインの写真などですね。次に、中くらいの要素、つまり小見出しを目で追います。ここまでの段階で興味が湧けば、もっと詳細な情報を読み取ろうとするわけです。

ところが、均等にちらばっていると、どれがメインでどれがサブなのか分かりません。結局、取っつきがなくて読み飛ばされてしまうということになりかねません。

広報誌など定期モノの場合は、各号ごとにフォーカスする対象を決めて、順番に紹介していくといった方法が現実的な解決策といえるかもしれません。

均等という呪縛にとらわれず、**大事な情報から分かりやすく並べること。そして、大事な情報を目立つようにすること**。これだけで、読みやすさと見た目の美しさがかなり改善されるはずです。

×

どれがおすすめか分からない

○

メインが目にとまる

不要なものまで載せている

さきほど、書類の「詰め込みすぎ」という話が出てきました。まるで余白を恐れるかのように、詰め込んでしまう。ムリクリ入れた達成感だけはあっても、これではどこから読めばいいのか分かりません。目がちかちかして読みづらく、安っぽくなります。情報が氾濫する現代では、3秒で概略が分からないと、読むに値しないと判断されるとさえ言われます。

いろいろな要素を入れざるを得ない場合、プロはさまざまなテクニックを使います。しかし、これはプロでも苦しむもの。なるべくなら、入れる情報は必要なことだけに集約したいものです。

だいじょうぶでしょうか？　あなたの作った書類。もし、ごちゃごちゃ感があるのなら、不要なものまで載せていないか、もう一度検討してみましょう。**1枚（1ページ）の中に入れる情報をそぎ落とし、本当に大事なことだけ伝える。**できれば**ひとつのテーマで1ページ読み切りとする**ことです。

３分割の真実

要素をそぎ落とす際に便利なやりかたとして、３分割してみるというものがあります。例えば、結婚式のスピーチでよくある**「３つのナニナニ」に、できるだけ要素を集約してみる**ことです。

まず大きなテーマ（タイトル）がひとつあります。そこから３要素（大見出し）が派生します。さらにそれぞれの要素は３つの小さな要素（小見出し）に細分化されていきます。どうしてかというと、人間は３つまでなら覚えていられるからだと言われます。３つ以上列挙すると忘れてしまうのです。

これはデザインする以前の情報整理の作業です。この「３つのナニナニ」作業をすることで、言いたいことがすっきりまとまってきて、だいたいのページ構成もできてきます。

Column

エレベーターの法則

「伝えたいことがらを集約し、エッセンスだけに絞り込めたかどうかを知る簡単な方法がある」

そう語るのは、世界的なデザイン会社として知られるランドーのマネージングディレクター、アレン・アダムソン氏です。著書『ブランド・シンプル』の中で、彼はこんな方法を紹介しています。

あなたはエレベーターに乗って移動中です。たまたま12階で同僚が乗り合わせてきます。「やあ、久しぶり。今、何やってるの？」と聞かれ、あなたはプロジェクトについて説明します。ところが18階であなたは降りなくてはなりません。この短い間にアイデアを同僚に説明できますか？というもの。

「なるほどね、面白そうじゃないか」と同僚が納得すれば、あなたのアイデアはしっかりと煮詰まっている証拠。「なんだかよく分からないけど、続きはまた今度ね」と言われたら、再考の必要あり、というわけ。

P&Gやゲータレードなど日用品のパッケージデザインを主に手がけている著者は、こんなふうに語っています。

「成功しているブランドはすべてひとつの共通点があります。それはシンプルだということ。商品の特色や提供価値を単純明快に伝え、すぐに商品の良さが分かることが大事です」

いらない要素をそぎ落とす作業は、アイデアを明確にすることでもあるというわけですね。文書のデザインにかかる前に、「エレベーターの法則」を試してみましょう。

NG 03

説得力がないのはなぜ？

苦心の末、やっとできた文書。まわりのみんなにチラ見してもらったところ「なんか違うんだよなあ」という反応。そんな経験はありませんか。

もちろん原因はさまざまですが、意外と多いのが「印象がちぐはぐ」ということ。つまり「らしさ」がない文書になっているのです。人に例えると、言っていることと、やっていることが違う。その人の性格や人柄に似合わない格好や振る舞いをする、といったことです。

たまにはそれもご愛嬌というところでしょうが、毎回そうだと、なんだかうさんくさく感じることでしょう。

文書もまったく同じで、肝心の説得力を欠いてしまいます。ここではその原因と対策を見てみましょう。

トーンがずれている

ビジネス企画書なのに丸文字やファンシーな飾り文字を使っていたり、その逆にイベントのお知らせをハイテクな雰囲気で作っていたりしていませんか。下はそんなちぐはぐな印象の文書例です。

これは**テイストやトーンが内容とそぐわないために、読み手に違和感を起こさせる**ものです。こうしたちぐはぐ感を避けるためには、文書の目的、読んでもらう相手をはっきりさせておくことです。それによって文書の見た目の印象も決まってきます［▼**p74**］。

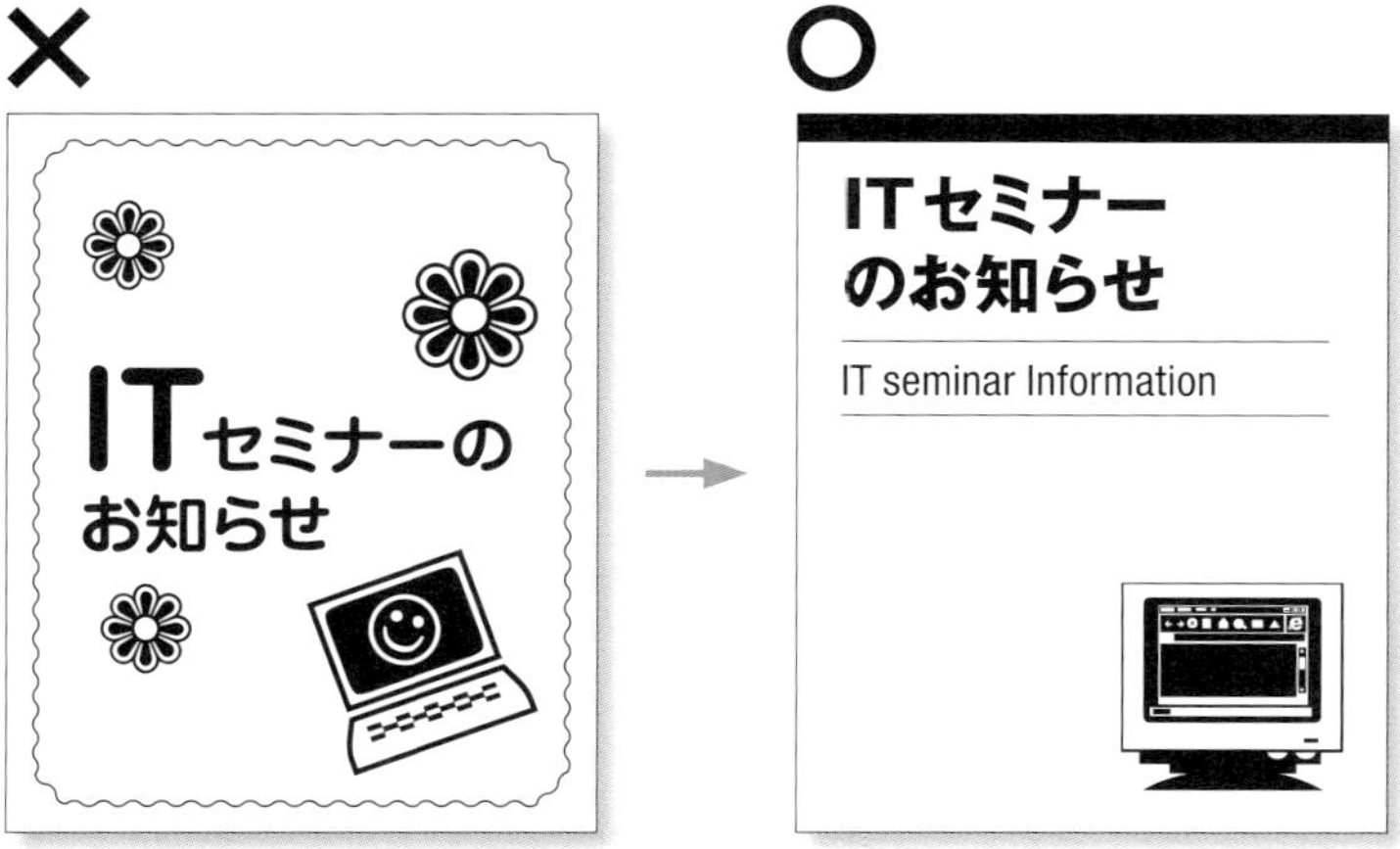

イメージとデザインが合っていない

ビジュアルがそぐわない

最近はフリーイラスト集などから簡単に図版を使うことができるようになりました。本当に便利な時代になったものです。しかし、**イラストや写真を安易に用いると文書が本来持っているべきトーンが台なしになる**ことを覚えておきましょう。特に本文の内容とあまり関係のないものは、読み手の混乱を招きかねません。

例えば、日本の製造業の強さを支えるもののひとつにＱＣ活動があります。ＱＣはクオリティ・コントロール（品質管理）の略で、小集団で業務効率や職場環境を改善する活動のことですね。取り組んでいる企業ではだいたい毎年発表会があり、入賞を競うのが日本の良き慣行となっているといわれます。昔は発表の際、模造紙に図を描いて説明していました。今はどの職場でもパワーポイントを使い、プロジェクターに図を投影しています。

ずいぶんとスマートなプレゼンテーションに進化したものですが、近年、ちょっと気がかりなことも出てきていると聞きます。

それはパワーポイントで作成した文書に、ほとんど関連のない図柄が多用されていることです。

例えば、運送会社の「アイドリング削減の取り組み」というテーマなのに、載っている絵はスーツ姿の男女が会話している、それも金髪だったりするもの(下)。テーマにそぐわないというより、「この絵、いらない」というのが正直な感想でしょう。

作る側からしてみれば、「ここが腕の見せどころ！」と張り切りたくなるのも無理はありません。しかし、いらない絵を挿入するより、そのぶん**大事なコピーや図を大きくするほうがよっぽど説得力が増す**ことを覚えておきたいものです。

内容と関係のないイラストはいらない

なりたい姿が分からない

例えば、パン屋さんなのに「ハイテク・ベーカリー」なんて店名、つけませんね。ものごとにはすべて一定のイメージがあります。「営業マンは汗水垂らして一軒、一軒売り込みをかけるもの」みたいなステレオタイプなイメージです。個人差はあれ、なんとなく世の中全体で共有できているのが面白い現象ですね。実際とは違っていても、こうしたイメージは一度、みんなの頭の中に染みついてしまうと、簡単にぬぐい去ることはできないと言われます。

ですから、そういう**イメージに沿って文書をデザインする**ことも大事です。説得力があるかないかは、デザインテイストに宿るものだからです。プロジェクトを立ち上げたり、商売を始めるとき、まず、どんなイメージで相手を印象づけたいか。ちょっとだけでも考えておくと、デザインテイストをはずすことはまずありません。

そして、さらに大事なことは、**文書を作るときはいつも、そのイメージに沿う**ことです。繰り返し、ひとつのイメージを発信することで、まわりに認知され、信頼を高めることができるのです。

デザインとイメージ

高級感

カジュアル

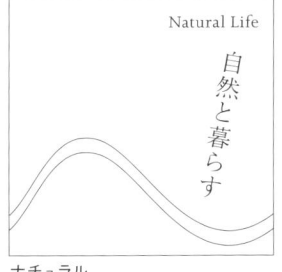

ナチュラル

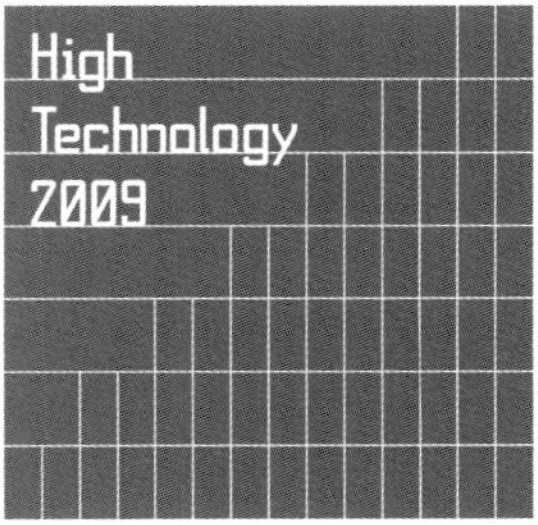

ハイテク

男性

女性

Column

客先や上司をどう説得するか

せっかく、すっきりした文書に仕上げたのに、「この余白に、あれ入れて」なんて言われること、よくありますね。

「それじゃあデザイン、ぶちこわしじゃないの！」と内心では思いつつも、冷静に対処する。それも良い文書を作る上での大事な技術です。

ここでポイントとなるのは感覚的な説明に終始しないこと。センスに訴えるような表現を避け、できるだけ論理的に説明をすることです。

場合によっては、要望通りに修正した案と、あなたがベストと考える案の両方を作ってみて、こちらの主張を説明してみるのも効果的でしょう。

相手の指示通りに修正すると見た目が悪くなる場合に何と言えばよいか？

■NGな説明例

主観的な表現や「センスの問題」的なニュアンスはなるべく避けること。

×「バランスが悪くなりますよ」
×「デザイン的にかっこ悪い」
×「色が調和しない」
×「なんだかやぼったい」
×「安っぽい」

■ＯＫな説明例

具体的、論理的に、相手の要望がもたらす結果を示してあげること。

表紙に写真を大きく１点入れてインパクトを出したいのに、あれもこれも出したいのでたくさんの写真を入れてほしいと言われた場合

○「たくさんの要素を入れると、お互いが打ち消し合って目立たなくなります」
○「１点だけのほうが目立つので、みんなが手にしてくれますね」
○「より多くの人が読んでくれ、商品を印象づけることができます。その結果、予算を効果的に使うことができますね」

タイトルの文字をもっと大きくしてほしいと言われた場合

○「今のタイトルの大きさに合わせたデザインにしているので、タイトルを大きくするのであれば、最初からデザインをやり直さなければなりません（暗に日数・費用がかかることをほのめかしてあきらめさせる）」

タイトル、見出し、本文の順で各項目を統一しているのに、途中に違う要素をバラバラにはさもうとするクライアントに対して

○「これだと結局リニューアル前の状態に戻ってしまいますね」
○「要素がバラバラになるので、とても見づらくなりますね」

ほか、「お客様が混乱する」「余計な費用がかかる」など、デザイン以外の理由を持ち出すと、すんなり通ることもあります。相手が論理的に理解できる例えで説明するのがポイントです。

第二章

最低限これだけマスターすればOKの黄金ルール7

センスだとか、才能だとか、経験だとか、いい文書を作るにはそうした資質がなくちゃ、と、あきらめていませんか？　でも、ご心配にはおよびません。読みやすく、伝わりやすい文書作りの秘訣、それは、ある約束に則った型をマスターすることです。この章では、誰でも簡単に文書作りの達人になれるコツをまとめました。白紙の状態から仕上げまでのプロセスに沿って順番に７つの黄金ルールをご紹介しましょう。

2

黄金ルール
1

最初は手で書こう

いい文章を書くために下書きが欠かせないように、**いい文書を作るためにも下書きが必要**です。

多くのプロのデザイナーはネタ帳ならぬ、スケッチブックをいつも持ち歩いているのをご存じですか？　みなさんにも、街中を歩いていたり、コーヒーショップで雑談をしている最中にふと良いアイデアがひらめくことがありますね。そんなときデザイナーたちは、スケッチブックにさっと書き留めておくのです。

ノートのかわりにそのへんの紙切れに書き留めても、もちろんＯＫ。ペーパーナプキン・アイデアと呼ばれることもあります。

これはのちのちデザインするときの下書きとなりますし、読みやすく、整った文書を作る青写真になってくれます。

また、パソコンに向かって作業を始める前にも、プロは必ず鉛筆で下書きします。この落書きプロセスこそ、いい文書を作る際に欠かせないおまじないといえます。

これなら、誰でもすぐに真似できる、優れたデザイナーのテクニック。さっそく実行してみましょう。

発想をふくらませるプロセス

なぜ、手書きがいいか。それは真っ白い紙に、何の制約もなく、**自由に書いてみることで、アイデアをふくらますことができる**からです。いきなりパソコンを使うと、どうしても型にはめる作業になりがちです。しかし、まっさらのノートや紙に向かうと、驚くほど自分でも新しい発想に出会うことができるのです。

もちろん、決められたフォーマットの中でも、何をどう入れていくか、どんな構成にするか。さらには、何が足りないかなど、手で書いてみることによって、はっきりさせる効果があります。

また、手書きのいいところは、場所に制約されない点です。営業の人は外回りの合間に、試しにやってみましょう。帰社して改めて机に向かうと「う〜ん、何も浮かばない」と、なりがちですが、環境を変え、ひと休みのリラックスした最中なら、思いのほかアイデアが浮かんでくるものです。

サムネイルを書こう

手書きといっても原寸大にする必要はありません。みなさんは、サムネイルという言葉を聞いたことはありますか？　英語で「親指の爪」という意味で、ちょうどそのくらいの大きさの小さなスケッチを指します（左図）。

よく練られた文書はこのサムネイルを書くことから始まると覚えておきましょう。特に企画書など数ページにわたる文書は、話の流れを作ることが求められます。これを「ページネーション」と呼び、どのページにどんな情報を割り付けていくかを決めることです。ページネーションは、最初、サムネイルサイズで作ります。もちろんこの作業は、パソコンでもできますが、手書きのほうがずっと簡単です。

サムネイルの作り方はいたってシンプルです。まず、ノートに一枚の紙に見立てた小さな四角いマス目を書いていきます。必要となる枚数をざっと書いておきましょう。そして、それぞれのマス目の中にだいたい何を入れるか、イメージしながら、書き込みを入れていきます。

タイトルは丸でもぎざぎざでも好きな書き方でかまいません。本文は線を引いておきます。写真や図版を入れたいと思うところには、四角や丸を書き込みます。

最初はあまりきっちり書かなくてもかまいません。ざっくり、イメージで十分です。ページが足りなくなったら、余白に追加します。また、削除したいときはバッテンでＯＫです。あまり細かいことにとらわれず、どんどん書いてみてください。

サムネイル（原寸大）

余白に補足をメモしていく

仕上がりサイズがＡ４でもＢ５でも、サムネイルは小さく、ＳＤメモリカードぐらいの大きさから始めてみましょう。小さなスペースですから、ざっくりと書き込むしかありませんが、これがかえっていいのです。何を伝えるページなのか、メインの情報やアイデアを絞り込むことができるからです。

余裕があれば、余白に引き出し線を引っぱって、「こんなことを言う」とか「コレコレの写真」というようなメモ書きをつけてみるとよいでしょう。これだけでちょっと具体的になってきますね。

小さく始めてだんだん大きく

さて、いったんサムネイルができあがったら、全体を通しで見てみます。ストーリーがスムーズに展開しているか、分かりづらいところはないか、詰め込みすぎ、足りなさすぎるページはないか、ほかにどんな写真や図表が必要かなどを検証します。

もちろん、この段階でアイデアがしっかり固まっていれば、パソコンで実際に文書を作り始めてもかまいません。しかし、どうも今ひとつまとまらない…そんなときは、もうひと回り大きいサムネイルを書いてみましょう。

次に書く大きさは名刺サイズぐらいが適当です。最初のサムネイルに比べると、余白が多く、スカスカした印象を受けることでしょう。実は、一段大きくする狙いはこれです。**もう少し細かく書き込んでみることで、さらにできあがりのイメージに近づける**わけです。こうして2回もサムネイルを作れば十分。たぶん実際に文書を作ってみたくてウズウズしている状態でしょうから、パソコンに向かいましょう。

ところで、せっかく書いた手書きのスケッチやサムネイルは、なるべく保存しておくことをおすすめします。いつか、どこかで、使えるかもしれないからです。いつでも見返せるようにしておけば、アイデアに詰まったとき、意外なヒントになったりするからです。

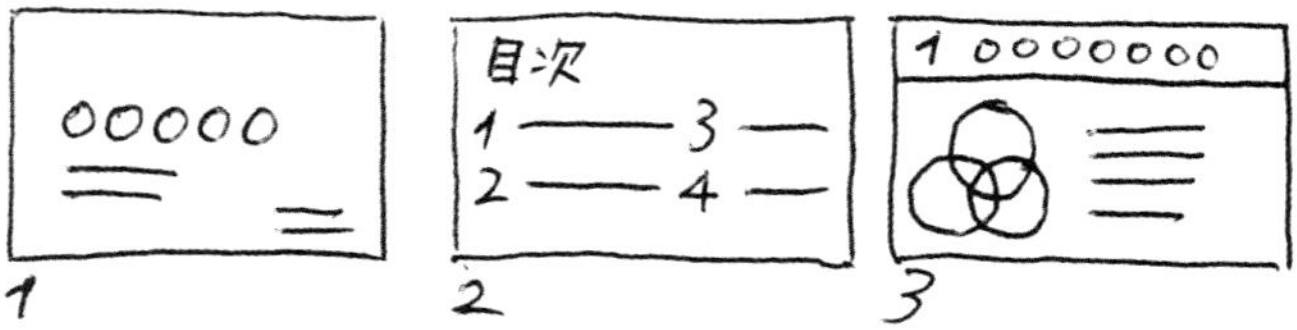
00000
目次
1 3
2 4
1 0000000
1
2
3

小さいサムネール（SDカード大）

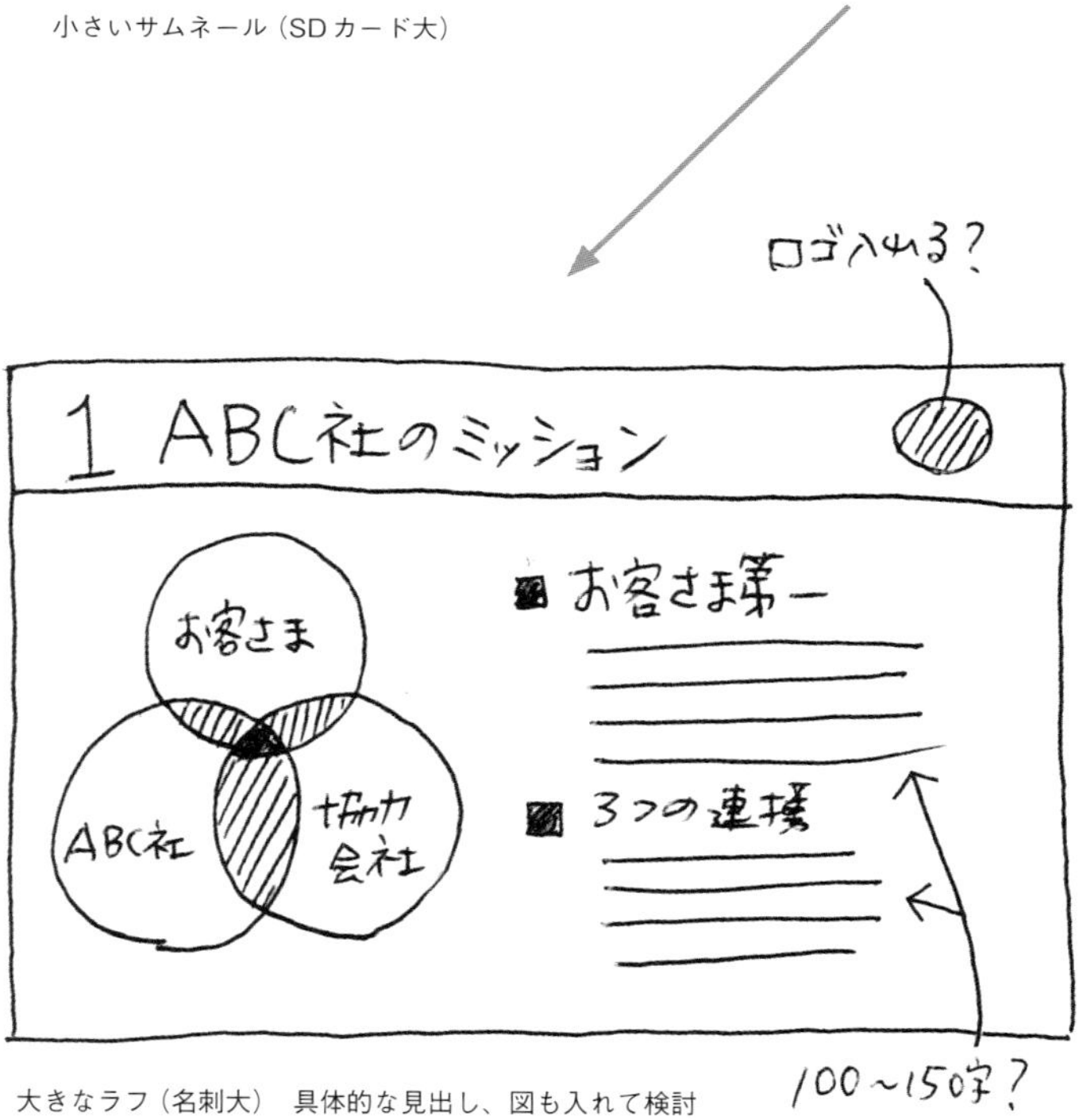
ロゴ入れる?
1 ABC社のミッション
お客さま
ABC社
協力会社
お客さま第一
3つの連携
100~150字?

大きなラフ（名刺大） 具体的な見出し、図も入れて検討

黄金ルール
2-1

グループ化しよう

私たちが書類を作る際に陥りやすいミスのひとつに、「ごちゃごちゃしている」というものがあります。まるで余白を恐れるかのように、文章や絵柄がぼわーっと拡散している状態です。分かってはいるのだけれど、どうやって手を付けたらいいのか分からない。そんな方は、レイアウトを調整する前に、まず、**情報をグループ分けしてみましょう**。

これは、言い換えると「揃える」という意味に近いといえます。具体的には同じ情報同士をくくったり、文字数を揃えたりして、全体をすっきりとまとめ上げるテクニックです。

例えば、ミーティングの告知をするとき、議題、日時、場所、メンバーなど、異なる情報を脈絡なく入れ込んでいませんか？　それぞれの情報を共通の属性でくくり、グループ化することで文書は格段に分かりやすくなります。

グループ化は簡単な手順をふめば、誰でも簡単にできるものです。必要な要素をくくり直し、さらに情報の大小にメリハリをつけることで、大変読みやすい文書ができあがります。

情報をグループ化しよう

なぜ、ごちゃごちゃの状態になるのか、ここでもう一度おさらいしてみましょう。典型的な読みたくない下の文書を参照してみてください。

ぱっと見てどんなことを感じるでしょうか？ そう、明らかに詰め込みすぎですね。客観的に見るとよく分かるのに、文書を作る当事者になるとそれが見えなくなるから不思議です。

さて、こうした文書を作る場合、つい詰め込みがちになる最大の理由は

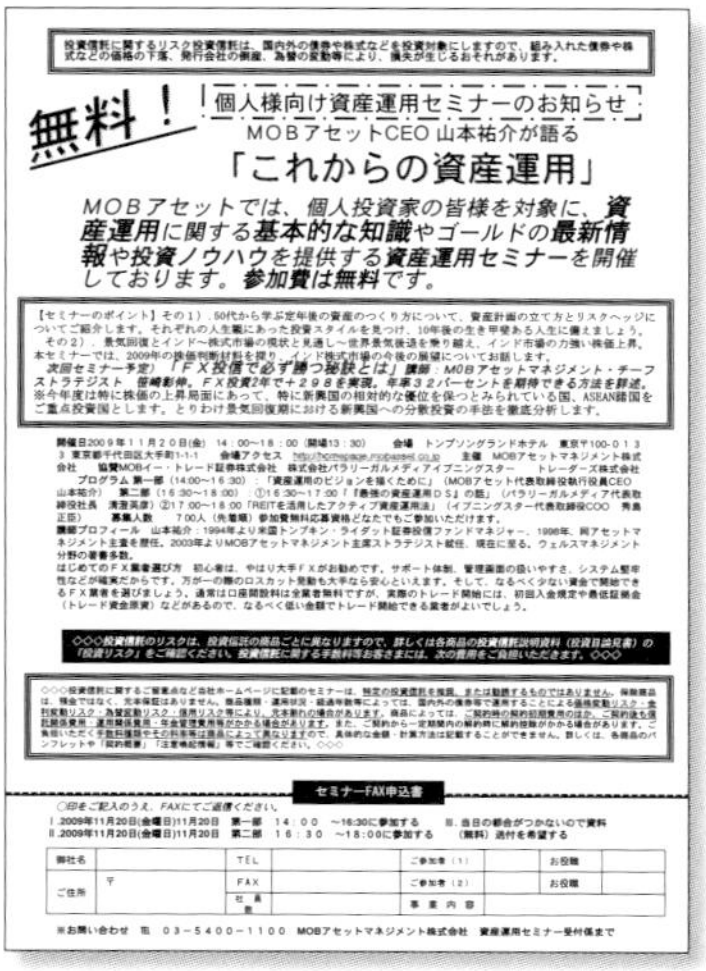

投資信託に関するリスク投資信託は、国内外の債券や株式などを投資対象にしますので、組み入れた債券や株式などの価格の下落、発行会社の倒産、為替の変動等により、損失が生じるおそれがあります。

無料！

個人様向け資産運用セミナーのお知らせ

MOBアセットCEO 山本祐介が語る

「これからの資産運用」

MOBアセットでは、個人投資家の皆様を対象に、**資産運用**に関する**基本的な知識**やゴールドの**最新情報**や**投資**ノウハウを提供する**資産運用セミナー**を開催しております。**参加費は無料**です。

【セミナーのポイント】その１）．50代から学ぶ定年後の資産のつくり方について、資産計画の立て方とリスクヘッジについてご紹介します。それぞれの人生観にあった投資スタイルを見つけ、10年後の生き甲斐ある人生に備えましょう。
その２）．景気回復とインド～株式市場の現状と見通し～世界景気後退を乗り越え、インド市場の力強い株価上昇。本セミナーでは、2009年の株価判断材料を探り、インド株式市場の今後の展望についてお話します。
次回セミナー予定）「ＦＸ投信で必ず勝つ秘訣とは」講師：MOBアセットマネジメント・チーフストラテジスト 笹崎彰伸。ＦＸ投資2年で＋２９８を実現。年率３２パーセントを期待できる方法を詳述。
※今年度は特に株価の上昇局面にあって、特に新興国の相対的な優位を保つとみられている国、ASEAN諸国をご重点投資国とします。とりわけ景気回復期における新興国への分散投資の手法を徹底分析します。

開催日２００９年１１月２０日(金) 14：00～18：00（開場13：30） 会場 トンプソングランドホテル 東京〒100-０１３３ 東京都千代田区大手町1-1-1 会場アクセス http://homepage.mobasset.co.jp 主催 MOBアセットマネジメント株式会社 協賛MOBイー・トレード証券株式会社 株式会社パラリーガルメディアイブニングスター トレーダーズ株式会社
プログラム 第一部（14:00～16:30）：「資産運用のビジョンを描くために」（MOBアセット代表取締役執行役員CEO 山本祐介） 第二部（16:30～18:00）：①16:30～17:00「『最強の資産運用ＤＳ』の話」（パラリーガルメディア代表取締役社長 清瀬英彦）②17:00～18:00「REITを活用したアクティブ資産運用法」（イブニングスター代表取締役COO 秀島正臣） 募集人数 ７00人（先着順）参加費無料応募資格どなたでもご参加いただけます。
講師プロフィール 山本祐介：1994年より米国トンプキン・ライダット証券投信ファンドマネジャー、1998年、同アセットマネジメント主査を歴任。2003年よりMOBアセットマネジメント主席ストラテジスト就任、現在に至る。ウェルスマネジメント分野の著書多数。
はじめてのＦＸ業者選び方 初心者は、やはり大手ＦＸがお勧めです。サポート体制、管理画面の扱いやすさ、システム堅牢性などが確実だからです。万が一の際のロスカット発動も大手なら安心といえます。そして、なるべく少ない資金で開始できるＦＸ業者を選びましょう。通常は口座開設料は全業者無料ですが、実際のトレード開始には、初回入金規定や最低証拠金（トレード資金原資）などがあるので、なるべく低い金額でトレード開始できる業者がよいでしょう。

◇◇◇投資信託のリスクは、投資信託の商品ごとに異なりますので、詳しくは各商品の投資信託説明資料（投資目論見書）の「投資リスク」をご確認ください。投資信託に関する手数料等お客さまには、次の費用をご負担いただきます。◇◇◇

セミナーFAX申込書

○印をご記入のうえ、FAXにてご返信ください。
Ⅰ.2009年11月20日(金曜日)11月20日 第一部 １４：００ ～16:30に参加する Ⅲ.当日の都合がつかないので資料
Ⅱ.2009年11月20日(金曜日)11月20日 第二部 １６：３０ ～18:00に参加する （無料）送付を希望する

御社名		TEL		ご参加者（１）		お役職	
ご住所	〒	FAX		ご参加者（２）		お役職	
		社員数		事業内容			

※お問い合わせ ℡ ０３－５４００－１１００ MOBアセットマネジメント株式会社 資産運用セミナー受付係まで

詰め込みすぎ文書の例

何だと思いますか？　それは実際のところ、コスト面からのプレッシャーでしょう。ＦＡＸのＤＭ送付コストは１枚いくらという換算だからです。そうすると心情として、なるべく詰め込みたくなるもの。

しかし、詰め込めば詰め込むほど、ごちゃごちゃと読みづらくなり、かえってみんなに読んでもらえない。そんな不本意な結果を招きがちです。

だったら逆転の発想で、**必要なものだけを残して、あとはそぎ落とす**ことを考えましょう。読み手の立場を考えるなら、情報洪水の時代、情報を絞り込んで見せたほうが、より目にとまり、行動を促すことができるのです。

思い切って捨てる

余白があると、たいして重要でもない情報を突っ込んでしまう。そんなふうに私たちはつい反応しがちです。

てんこ盛りにしたほうが、お得感を訴えられるという変な思い込みも拍車をかけるようです。日用品のチラシなど、ほぼコモディティ化した商品紹介ならある程度「詰め込み効果」は期待できるかもしれません。いわゆる商いの「賑やかし効果」です。

しかし、セミナーや資格講座、サービスなど「クオリティ」を売り込みたい場合などは、質の悪さを印象づけてしまいかねませんから注意が必要です。

クオリティは余裕から醸し出されるものであり、効果的な余白は読みやすい文書に欠かせません。そのスペースを確保するためにはセールスポイントを差別化し、**一目で理解し記憶してもらえるまで、メッセージを単純化する**ことが大切です。

単純化するには、大切な情報から優先順位をつけて、上位3つまでに集約してみるといった方法があります「▼p33・NG例2「3分割の真実」参照」。

また、同じことを重複して言っていないか、読者の目でチェックしてみましょう。単純化や絞り込みをすることで、文章の構成力や表現力も養われますので、常に実行するよう心がけたいものです。

実際の割り付けにおけるグループ化

さて、今度は物理的な割り付けの段階でグループ化し、情報を揃えるテクニックを見てみましょう。ふたたび左ページのＮＧ文書例をご覧ください。ここには私たちがふだん冒しがちな初歩的なミスがいくつか見られますね。

❷ 同じ罫線で囲むと並記の関係に見えてしまう

❶ 同系統の書体・サイズを使うと区別しづらい

投資信託に関するリスク投資信託は、国内外の債券や株式などを投資対象にしますので、組み入れた債券や株式などの価格の下落、発行会社の倒産、為替の変動等により、損失が生じるおそれがあります。

無料！

個人様向け資産運用セミナーのお知らせ

MOBアセットCEO 山本祐介が語る

「これからの資産運用」

*MOBアセットでは、個人投資家の皆様を対象に、**資産運用**に関する**基本的な知識**やゴールドの**最新情報**や**投資ノウハウ**を提供する**資産運用セミナー**を開催しております。**参加費は無料**です。*

【セミナーのポイント】その１）.50代から学ぶ定年後の資産のつくり方について、資産計画の立て方とリスクヘッジについてご紹介します。それぞれの人生観にあった投資スタイルを見つけ、10年後の生き甲斐ある人生に備えましょう。
その２）．景気回復とインド～株式市場の現状と見通し～世界景気後退を乗り越え、インド市場の力強い株価上昇。本セミナーでは、2009年の株価判断材料を探り、インド株式市場の今後の展望についてお話します。
次回セミナー予定）「ＦＸ投信で必ず勝つ秘訣とは」講師：M0Bアセットマネジメント・チーフストラテジスト　笹崎彰伸。ＦＸ投資2年で＋２９８を実現。年率３２パーセントを期待できる方法を詳述。
※今年度は特に株価の上昇局面にあって、特に新興国の相対的な優位を保つとみられている国、ASEAN諸国をご重点投資国とします。とりわけ景気回復期における新興国への分散投資の手法を徹底分析します。

開催日2009年１１月２０日(金)　14：00～18：00（開場13：30）　**会場**　トンプソングランドホテル　東京〒100-０１３３ 東京都千代田区大手町1-1-1　**会場アクセス**　http://homepage.mobasset.co.jp　**主催**　MOBアセットマネジメント株式会社　**協賛**MOBイー・トレード証券株式会社　株式会社バラリーガルメディアイブニングスター　トレーダーズ株式会社　**プログラム 第一部**（14:00～16:30）：「資産運用のビジョンを描くために」（MOBアセット代表取締役執行役員CEO 山本祐介）　**第二部**（16:30～18:00）：①16:30～17:00「『最強の資産運用ＤＳ』の話」（バラリーガルメディア代表取締役社長　清澄英彦）②17:00～18:00「REITを活用したアクティブ資産運用法」（イブニングスター代表取締役COO　秀島正臣）　**募集人数**　700人（先着順）参加費無料応募資格どなたでもご参加いただけます。
講師プロフィール　山本祐介：1994年より米国トンプキン・ライダット証券投信ファンドマネジャー、1998年、同アセットマネジメント主査を歴任。2003年よりMOBアセットマネジメント主席ストラテジスト就任、現在に至る。ウェルスマネジメント分野の著書多数。
はじめてのＦＸ業者選び方　初心者は、やはり大手ＦＸがお勧めです。サポート体制、管理画面の扱いやすさ、システム堅牢性などが確実だからです。万が一の際のロスカット発動も大手なら安心といえます。そして、なるべく少ない資金で開始できるＦＸ業者を選びましょう。通常は口座開設料は全業者無料ですが、実際のトレード開始には、初回入金規定や最低証拠金（トレード資金原資）などがあるので、なるべく低い金額でトレード開始できる業者がよいでしょう。

◇◇◇投資信託のリスクは、投資信託の商品ごとに異なりますので、詳しくは各商品の投資信託説明資料（投資目論見書）の「投資リスク」をご確認ください。投資信託に関する手数料等お客さまには、次の費用をご負担いただきます。◇◇◇

◇◇◇投資信託に関するご留意点など当社ホームページに記載のセミナーは、特定の投資信託を推奨、または勧誘するものではありません。保険商品は、預金ではなく、元本保証はありません。商品種類・運用状況・経過年数等によっては、国内外の債券等で運用することによる価格変動リスク・金利変動リスク・為替変動リスク・信用リスク等により、元本割れの場合があります。商品によっては、ご契約時の契約初期費用のほか、ご契約後も信託関係費用・運用関係費用・年金管理費用等がかかる場合があります。また、ご契約から一定期間内の解約時に解約控除がかかる場合があります。ご負担いただく手数料種類やその料率等は商品によって異なりますので、具体的な金額・計算方法は記載することができません。詳しくは、各商品のパンフレットや「契約概要」「注意喚起情報」等でご確認ください。◇◇◇

セミナーFAX申込書

○印をご記入のうえ、FAXにてご返信ください。

Ⅰ.2009年11月20日(金曜日)11月20日　第一部　１４：００　～16:30に参加する
Ⅱ.2009年11月20日(金曜日)11月20日　第二部　１６：３０　～18:00に参加する
Ⅲ. 当日の都合がつかないので資料（無料）送付を希望する

御社名		TEL		ご参加者（1）		お役職	
ご住所	〒	FAX		ご参加者（2）		お役職	
		社員数		事業内容			

※お問い合わせ　℡　０３－５４００－１１００　MOBアセットマネジメント株式会社　資産運用セミナー受付係まで

❸ 主従の関係がはっきりしない

いずれにも共通している原因は、グループ化ができていない点です。つまり、**違う情報なのに同じ扱いをすることで混乱が起きている**わけです。それでは順に見てみましょう。

①同系の書体を使うと、区別しづらい。

セミナーのカリキュラムと応募要項とが同じ書体、同じ大きさで並記されていますね。これでは、どこからどこまでひとつの情報なのか分かりにくい状態です。

解決策としては、情報の意味を再検討し、使う書体を分けることです。書体の選び方については「黄金ルール 6」［▼p96］で詳しく見ていくことにします。ここでは、同じ書体が使われている点に着目してください。明朝系やゴシック系など書体そのものを変える方法や、同系書体でも太さや大きさを変える方法などがあります。

②同系の罫線（ケイ）で囲むと、並記の関係に見えてしまう。

前のページのNG文書例では、業界の一般的な動向と、セミナーの特長を説明している文章とが同じ罫線で囲ってあります（「囲み罫」といいます）。本来は違う情報なのに、同じ囲み罫でくくるため、あたかも同じ仲間の情報が並記されているように見えてしまっています。

違う内容同士の場合は、違う形の囲み罫を使い分けてみましょう。これによってそれぞれの情報が別のグループに属していることを明確にします。

③主従関係がハッキリしない

同じグループ内でも、差をつけたほうが読みやすい場合があります。p57のNG文書例の中段では、プログラムの概要と業者の選び方が同じ大きさで並んでいますね（後者は文脈と直接、関係のない情報です）。

この場合は、大事な記事と、補足の説明とは、文字の大きさで区分けすることがポイントです。どれがメインで、どれがサブなのか、ぱっと見て、差が分かることが大事です。

ウェブへの誘導という発想で

この際、読者が食いつきそうなところだけ出すという大胆な発想も必要でしょう。全部をてんこ盛りにすると読みたい気持ちが起こりません。今はネットの時代ですから、文書ではだいたいの内容をつかんでもらい、詳しくはウェブに誘導するという考え方も有効です。

　これについては賛否両論がありますが、日々進化するネット環境のもと、ウェブはもはや私たちの生活になくてはならない情報源となっており、「わざわざネットまで行って見ない」という考え方は過去のものとなりつつあるようです。むしろ「必ずネットで仔細を比較検討する」といえるでしょう。

　文書とウェブとの役割分担を行い、ウェブ誘導型の展開を考えることで、「文書すっきり化」が思ったよりも簡単にできるかもしれません。

問い合わせ・申し込み部分はウェブへ

黄金ルール
2-2

お弁当レイアウトで見やすく

白紙を自由に使って文書作りをすればいい、とはいっても、使われる用途に合わせておおよその型が決まってきます。例えば、パワーポイントで作る企画書はプロジェクターで投影することを想定して横長に紙面を使います。逆に、サービスや新製品の告知など一般的な文書は縦長に用紙を用いるもの。

こうした用紙の用い方にプラスして、文章を縦書きにするか横書きにするかの要素が入ってきます。実際のところほとんどの文書は横書きです。このように条件を規定していくと、ひとつの定型文書が見えてきます。ここでは典型的な、縦位置・横書きの文書について、型（フォーマット）の作り方をマスターしてみましょう。

お弁当を作る要領で

決められたスペースに決まった要素を入れ込んでいく作業といえば、何かを連想しませんか？　そう、お弁当作りです。ここでは文書作りを弁当コードで置き換えて説明してみましょう。

A4企画書

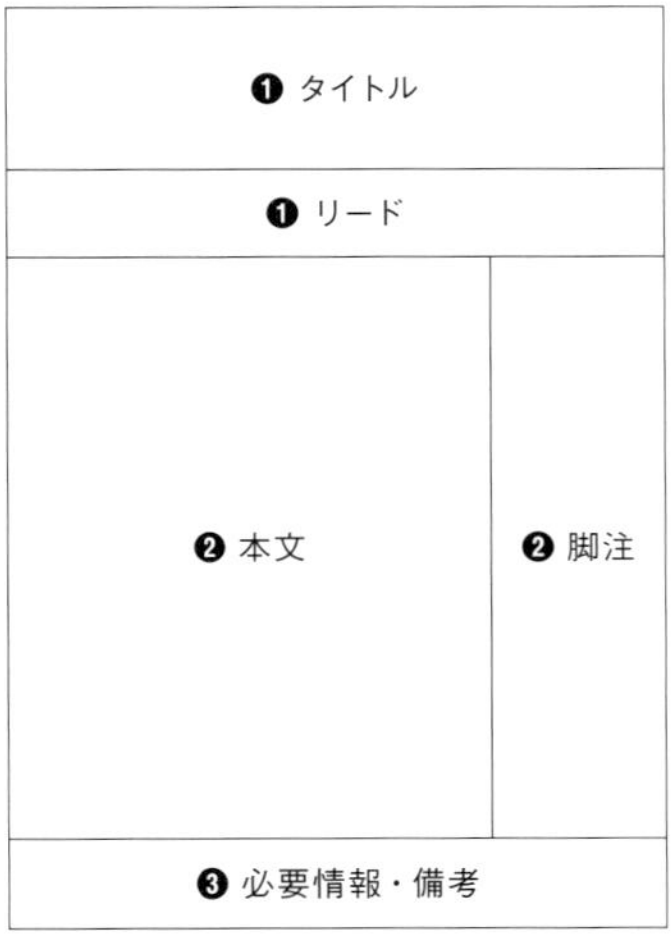
❶ タイトル
❶ リード
❷ 本文
❷ 脚注
❸ 必要情報・備考

弁当

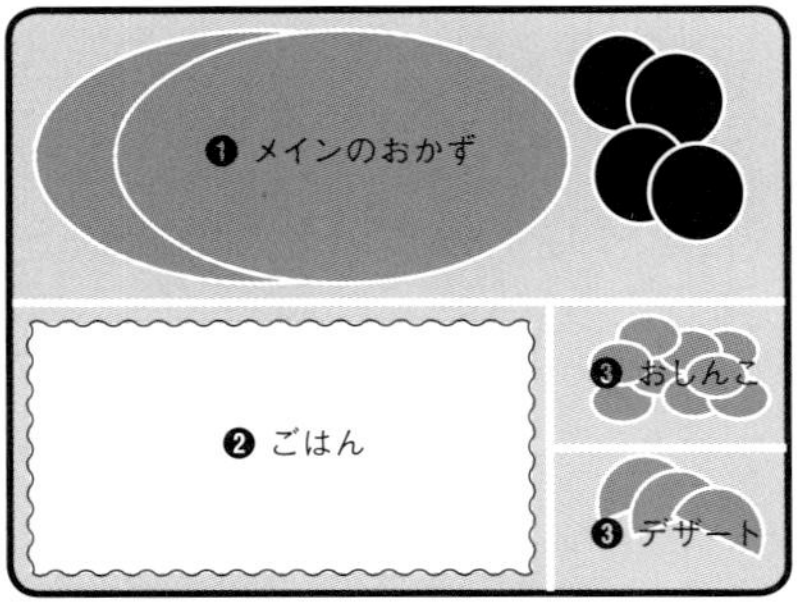
❶ メインのおかず
❷ ごはん
❸ おしんこ
❸ デザート

Ａ４縦位置の用紙を横書きにすると、いちばん上が、もっとも伝えたいメッセージ。

「ナニナニ弁当」など、主菜に当たる全体を特徴づける部分ですね。ここにはいちばん伝えたいキャッチコピーが入ってきます。その下に2、3行のリード文を入れる場合もあります。これが第一のエリア「**右図❶**」。

問題はその次、本文の説明文が入る個所です。第一のキャッチコピーを受けて、詳細を説明する部分です。ある程度の分量が必要になるため、お弁当ではご飯エリア「**右図❷**」となります。

本文では文章をどう組むかがひとつのポイントとなります。というのも、用紙の左右いっぱいに文章を並べると1行が長すぎて読みづらくなるからです。そこで通常は2つに分割するわけです。均等に2コラムに仕切って本文を流し込んでみるのもよいでしょう。これだけで可読性はかなりアップします。

さらに高等テクニックとしては、片方だけを本文にあて、もう片方を脚注扱いにするというもの。お弁当でいうと、ご飯エリアと副菜エリアを分けるという感覚ですね（この場合、本文3に対し、脚注1がおおよその比率となります）。

そして締めくくりは、下段。ここに、日時、募集要項、ウェブページへの誘導など、必要情報「**右図❸**」を入れ込んでいきます。お弁当でいうなら、さながらデザートセクションでしょうか。そのほか、適宜、箸休めのコラムをあいている場所に挿入し、バラエティを持たせてみましょう。

このように、主菜、副菜、ご飯、箸休め、デザートなど、**空間を仕切っていくことで、何がどのくらい入るのかが分かってきます**ね（これが型作り、つまりフォーマット化する作業です）。「とても入りそうもない」という場合は、思い切って削るか、捨ててしまう。そういう思いきりこそ、分かりやすい文書を作る上でのコツといえます。

下ごしらえをしておく

さて、私たちが文書を作る上でひんぱんに出くわすのが、「不揃い」というもの。左のサンプルをご覧ください。２つの文章を並記したいのに、片方は極端に文字数が多く、逆に片方は少なすぎ。このまま割り付けると、並記というより、主従の関係に見えてしまう、というものです。

さらに、状況を悪化させるのが、少ない方の空いたスペースに別の情報を詰め込んでしまうこと。これでは読者は混乱してしまいますね。

この場合は、お弁当に下ごしらえが必要なように、文書作成においても、あらかじ

× ①が多いと、①がメインに見えてしまう
主従関係

① **同系の書体を使うと、区別しづらい。**
セミナーのカリキュラムと応募要項とが同じ書体、同じ大きさで並記されていますね。これでは、どこからどこまでひとつの情報なのか分かりにくい状態です。解決策としては、情報の意味を再検討し、使う書体を分けることです。書体の選び方についてはp96で詳しく見ていくことにします。ここでは同じ書体が使われている点に着目してください。書体そのものを変える方法や、太さや大きさを変える方法などがあります。

② **同系の罫線で囲むと、並記の関係に見えてしまう。**
前のページのNG文書例では、業界の一般的な動向と、セミナーの特長を説明している

→

○ ①＝②が均等
並記

① **同系の書体を使うと、区別しづらい。**
セミナーのカリキュラムと応募要項とが同じ書体、同じ大きさで並記されていますね。これでは、どこからどこまでひとつの情報なのか分かりにくい状態です。解決策としては、情報の意味を再検討し、使う書体を分けることです。書体の選び方についてはp96で詳しく見ていくことにします。

② **同系の罫線で囲むと、並記の関係に見えてしまう。**
前のページのNG文書例では、業界の一般的な動向と、セミナーの特長を説明している文章とが同じ罫線で囲ってあります（「囲み罫」といいます）。本来は違う情報なのに、同じ囲み罫でくくるため、あたかも同じ仲間の情報が並記されているように見えてしまっ

め、入れる要素の長さを整えておくことが不可欠となります。といっても片方はたくさん説明したいことがあり、片方はあまりない。本当にそうでしょうか？　もしそうだとしたら、並記の関係ではなく主従の関係であり、短い方にコラム扱いにするほうが適切かもしれません。

文章を並記する場合は、同じぐらいの文字数で書いてみること。それが難しいときは、発想を変えて、別扱いにしてみることをおすすめします。

黄金ルール

2-3

視線の動きを意識しよう

斜め読みのルール

みなさんは雑誌のページを開いたとき、最初にどこに視線を置きますか？　縦書きの雑誌、つまり右開きならまず右上から見始めるのが普通ではないでしょうか。試しに手元の雑誌を開いてみてください。ちょうどいい具合に右肩にはタイトルやキャッチコピーが配置されていますね。あなたの視線は対角線にそって記事を物色し、左下までさっと移動していくでしょう。文字通り斜め読みですね。

そのあと視線は左上に移動し、さらに対角線に沿って右下へと移動するのではないでしょうか。こうして一通り全体を俯瞰して、読もうか読むまいかを判断する。ないしは、気になるところを読むという行為に移動していく。

これは新聞の場合もまったく同じで、意図的に、**右上から左下への対角線上に目立**

つ記事や写真を配置するのが定石です。

また、縦書きの雑誌の場合は広告を挿入する際、わざわざ先に目にとまる右ページを指定する広告主もいます。これは右側から見始めるため、より露出効果が高いという判断に基づくものです。逆に最後に目に飛び込む左ページを希望する広告主もいます。考え方はそれぞれですが、いずれも視線の旅を明確に意識し、より効果的なメッセージ発信をしようとしている点に注目したいものです。

ページ物だけでなく、Ａ４一枚の文書にもやはり万人に共通する視線の動きというものがあります。この**視線の旅を意識しながらどこに何を配置するかで、メッセージをより効果的に印象づけることができます**。さきほどは「弁当コード」でしたが、ここでは「旅コード」を使いながら、文書作りのコツを見ていくことにしましょう。

左ページ広告か？　右ページ広告か？

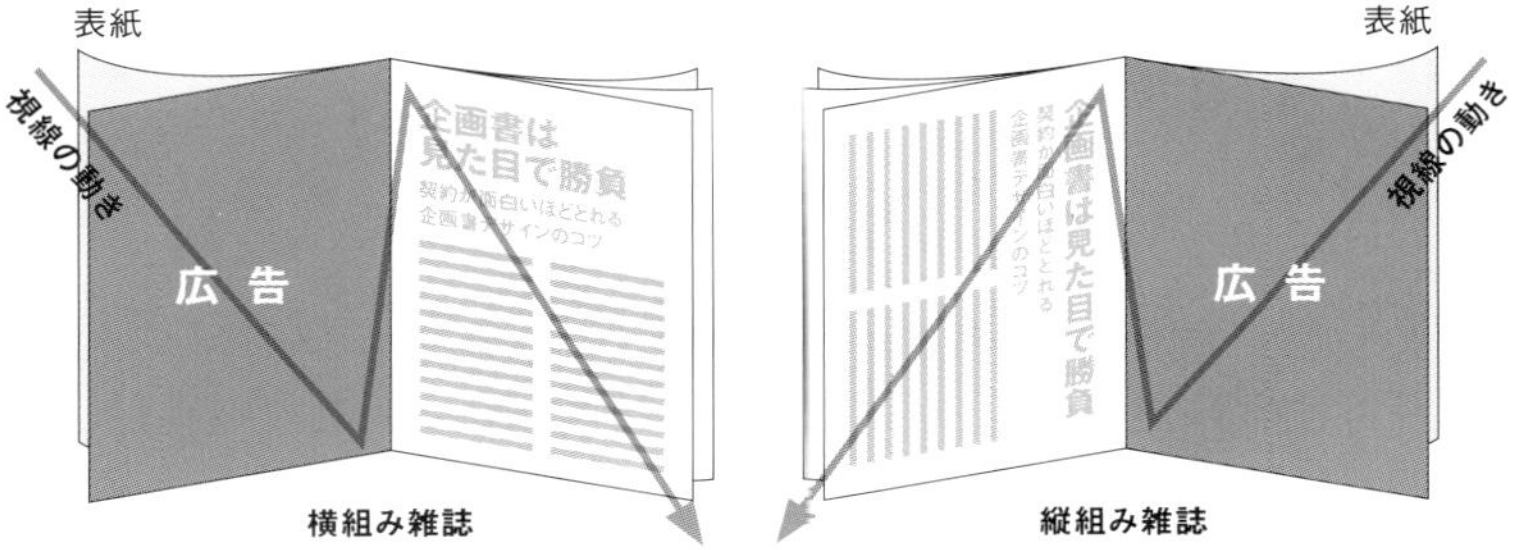

横組み雑誌　縦組み雑誌

導線を描いてみよう

視線の旅を意識しながら、文書を区分けしていくことは、お店の導線によく似ています。導線とは、お客が入り口から入って、店内をどう回り、最終的にレジに到達するかの仮想ルートです。導線に基づいて、イチオシの商品をどこに置き、併売を促す商品をどう配置するかをゾーニングと呼びます。

私たちは自由気まぐれにお店をのぞいていると思いがちですが、実は、計算され尽くしたルートに無意識のうちに乗せられているといっていいかもしれません。これを文書作りに応用することができるのです。導線とはつまり視線の旅、そしてゾーニングとはつまりレイアウト。そう、お察しの通り、導線をシミュレーションしながらお弁当レイアウト［▼p61］をすることによって伝えたいメッセージを分かりやすく、効果的に印象づけることができるわけです。

企画書

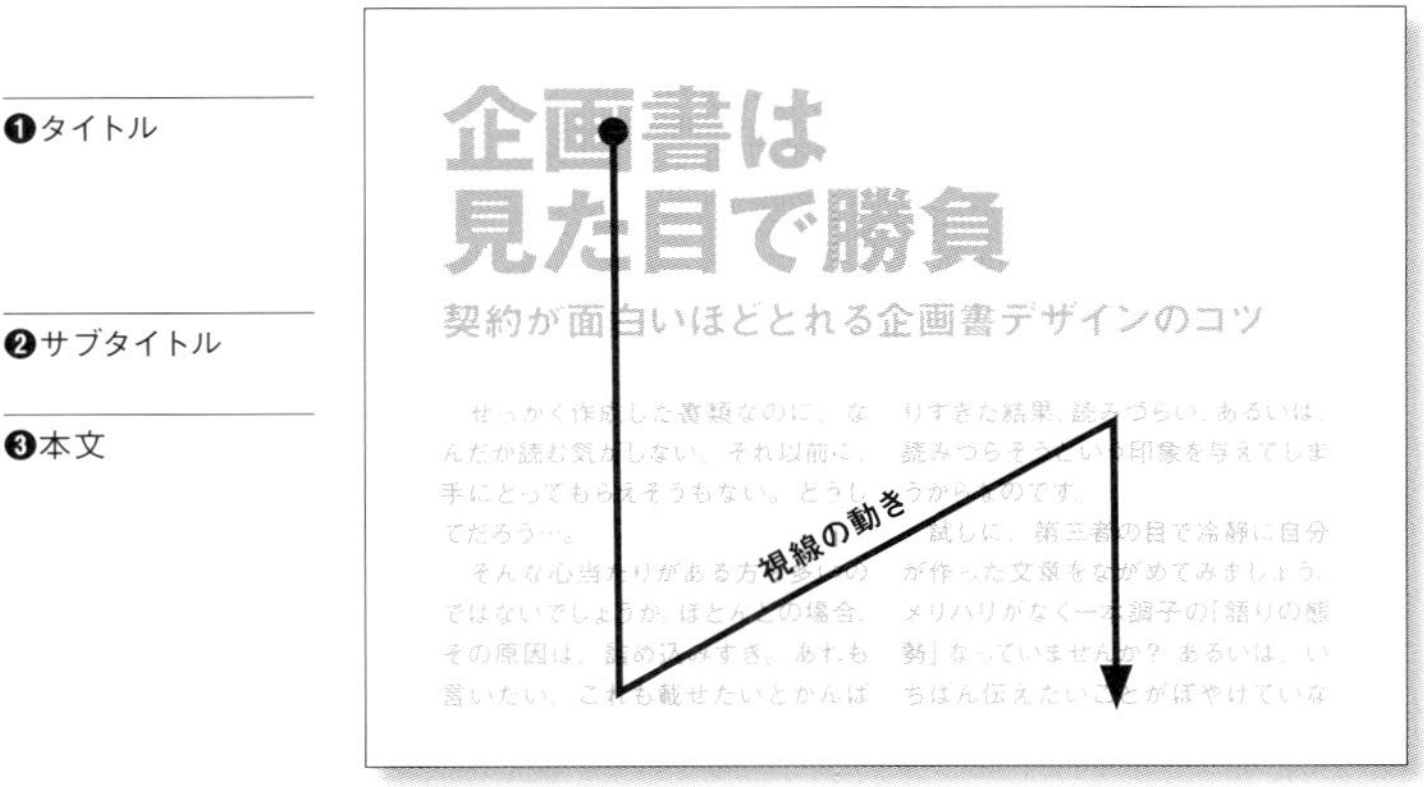

コンビニエンスストア

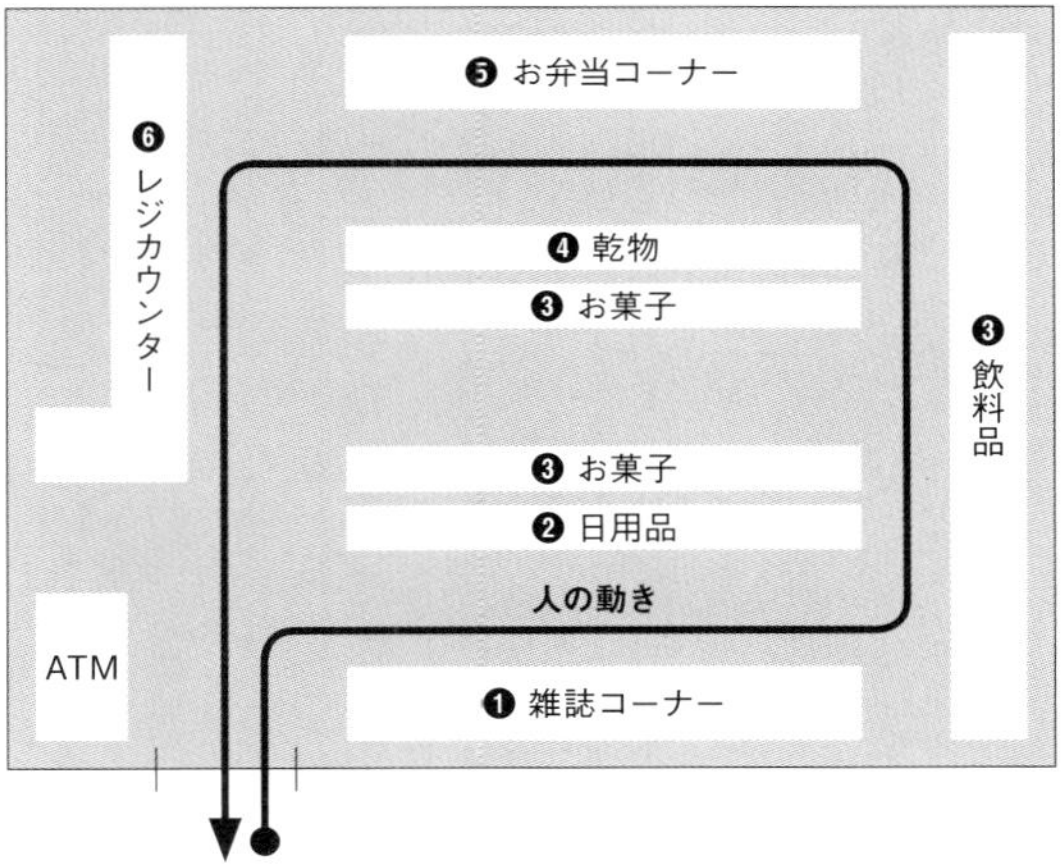

下の図を見てみましょう。

①　まず伝えたい事柄の優先順位をつけ、番号を振ります。何を真っ先に伝えたいかは、お客様（読み手）にとって何がメリットかということでしたね[▼p55「思い切って捨てる」参照]。

②　その番号をサムネイル上に振っていきます。このとき、どういうふうに視線が動くかを意識しましょう。最初にキャッチフレーズに目がとまり、斜めに視線を動かして全体を俯瞰するというのが定石です。

③　入る情報量にあわせてざっくりと紙面をゾーニングしてみます。このとき写真の大きさもおおよそ想定してみましょう。

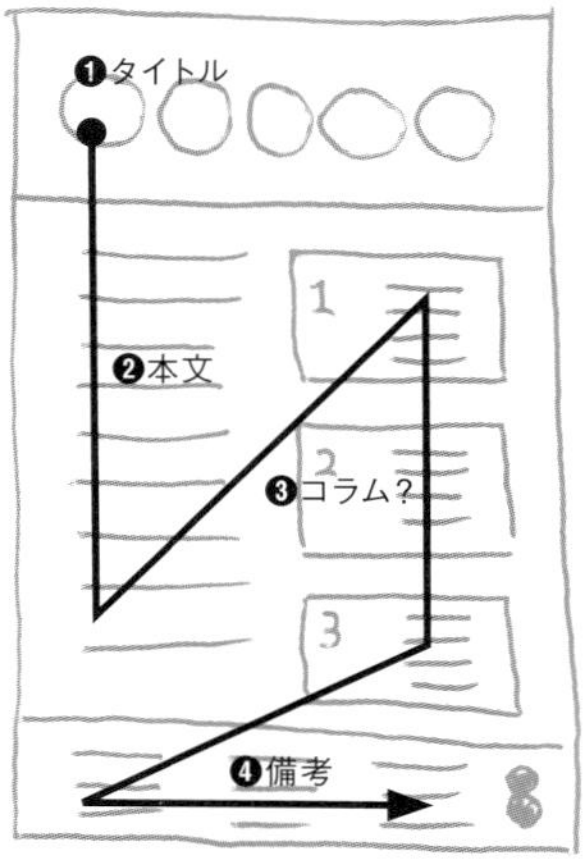

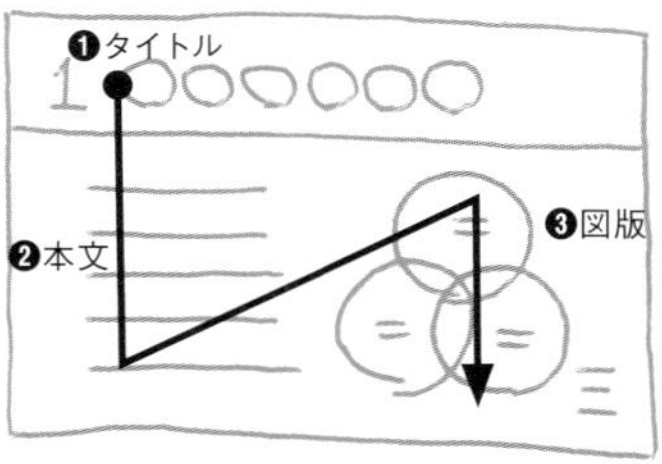

言いたい順に読み手の視線が動くかチェック

後工程をスムーズにするコツ

上記のざっくりゾーニングした状態で、文字や写真が入るかどうかを見極めるには、ある程度の慣れが必要かもしれません。パソコンを使えば、文字を小さくすることで際限なく詰め込めるわけですが、10ポイント以下は、読もうという気力を萎えさせ、8ポイント以下に至っては、ほとんど判読不可能です。この点を踏まえ、**適正な情報量に絞り込む**。これがゾーニングのもうひとつの効用でもあるわけです。

この段階で、情報量の吟味を行っておくことで、後工程の割り付けもスムーズに進行できます。割り付け段階で文章が「入る・入らない」で悩み始めると、大仕事となり、結果的にてんこ盛りの運命をたどることになります。何事も最初が肝心ということですね。

また、**視線の旅を意識して文書を作ることは、読みやすい文章を作る第一歩**です。このちょっとした**気遣いで、格段に注目率がアップ**するのでぜひ試してみましょう。

Column

読み手の目線で

せっかく作った文書の反応が少ない。あったとしても読みづらい、分かりにくいといったコメントが多い場合は、視点を180度変えて、できた文書をもう一度見てみましょう。そう、つまり、読み手の目線から文書を検証してみることです。

例えば、ファクスDMなら自分宛に送ってみるとよいでしょう。すると意外なことが分かったりするもの。プリントアウトの段階ではキレイでも、ファクスだと荒れて見づらかったり、写真が真っ黒につぶれていたりすることに気づくでしょう。まさにコロンブスのタマゴ的発見があるはずです。

また、できあがった文書はまわりの人に見せて、反応を聞いてみることをおすすめします。中には耳の痛い意見もあるかもしれませんが、それこそまたとないアドバイスです。他の人の目にふれることで客観的、そして読み手の視点から文書を再点検することができます。

他人の目を入れるだけでも、読みやすい文書とはどんなものか、とてもよく理解できるといえるでしょう。

黄金ルール
3

余白と見えない線を利用しよう

一般的な傾向として、**余白を取ってきちんと組めば、高級感やクオリティが全体から醸し出されます。**

「余白、センス、品格、なんのことだか想像できない…」

そんな人は、まず、クオリティマガジンを見てみましょう。『カーサブルータス』『家庭画報』『PEN』といった、余白をゆったり取ってある雑誌を参考までに手にとってみましょう。

いかがですか、オフホワイト（白いスペース）が、効果的に使われていて、文章や写真が全面に際だっているページが多いことが分かりますね。

対して、てんこ盛りの情報誌はどうでしょうか。例えば『TOKYO１週間』。ぎっしり情報が詰まっている感じがするでしょう。これはこれで充実感やお得感がたっぷり盛り込まれていて、情報誌としての本来の役割を着実に果たしているといえます。

クラスをハッキリさせよう

さあ、そこでひとつの問題が浮かび上がってきます。何でもかんでも余白を取って高級感を出すことではなさそう、ということ。てんこ盛りのＦＡＸ、ＤＭだって、意図的に賑やかしをねらっているといえなくもなさそうですね。

読みづらいのは致命的ですが、ごちゃごちゃ、ぎっしり感が即悪いわけではありません。まずは、**作ろうとしている文書がどの程度のかっこよさや洗練度をねらっているかを、はっきりさせてから文書を作る必要がある**ということが大切です［▼p40］。ここでは、求められるレベルについてまずおさえておきましょう。

私たちとプロのデザイナーとの違いは、まさにこのレベルをきちんと捉えているかどうかにあるといってもいいでしょう。伝えたいことがらが本来持つべき印象、雰囲気。それらは言葉の言い回しや写真のテイストも含めて、ひとつに統一されている必要があります。そこをブレることなく、表現しているのがプロの人びと。逆にいうと、私たちが冒しやすいミスは、**クラス（品格）を見誤ってしまい、文書イメージのＫＹ状態に陥る**ということなのです。

例えば、メーカーのクライアント向けの提案企画に、キュートなフリーイラストをあしらうなど。程度の差こそあれ、企画の目的や性格にふさわしくない要素を用いたりするのはいただけませんね。しかし、現実にはこういうちぐはぐなミスを私たちは冒してしまいます。

言行不一致は避けたい

　それはなぜか。それはトーン＆マナーについて考えることなく、いきなり文書作りに入ってしまうからです。トーン＆マナーとはブランド戦略を語る際に使われる言葉です。直訳すれば、ブランドとしての「印象と振る舞い方」でしょうか。そのブランドにふさわしい見られ方と、ブランドとしての立ち居振る舞い方ということ。どんな雰囲気の広告表現や商品パッケージかなど、ひとつの印象へと収れんさせるために、いろんな工夫をしているのです。

　さきほど、雑誌を見てみることをおすすめしましたが、スーパーへ行って、高級な商品と安っぽい商品を比べてみてもよく分かります。高級な商品は余裕と気品のあるパッケージを身にまとっていますね。反対にお得感を強調している商品は、にぎにぎしいイメージを持っています。

これはどんな人を相手にしているのかにも左右されます。大人なのか子供なのか、品質を求める人なのか、お買い得感に反応する人なのか。エコ志向なのか、あるいは和風なのか、エスニックがお好みなのか…。

ですので、文章や写真を準備する段階から、相手を見極めたほうがいいに決まっています。相手はにぎにぎした人か、理性的な人なのか。保守的で常識的な人なのか。それとも、新しモノ好きでアイデアを常に求めている人なのか。その違いが分からず、一気呵成《いっきかせい》に作ってしまうと、後々不具合が生じる羽目になります。

「言ってることと、やってることが違うよね」という人が、皆さんのまわりにいるかもしれませんね。文書もまた、この言行不一致は極力避けたいものです。

つまり、どんな「クラス」に最終的にしたいのかをハッキリさせることで、文書の面構えもおのずと決まってくるのです。

したがって、ごちゃごちゃしているからいけないのではなく、余白があるからいいのでもありません。あくまで内容によって文書の印象は規定されるのです。**伝えたい内容と文書のトーン＆マナーが合っているかどうか**が、良い文書かそうでないかの分かれ目といえそうですね。

どの「クラス」に属するか？　ファッションのトーン＆マナー

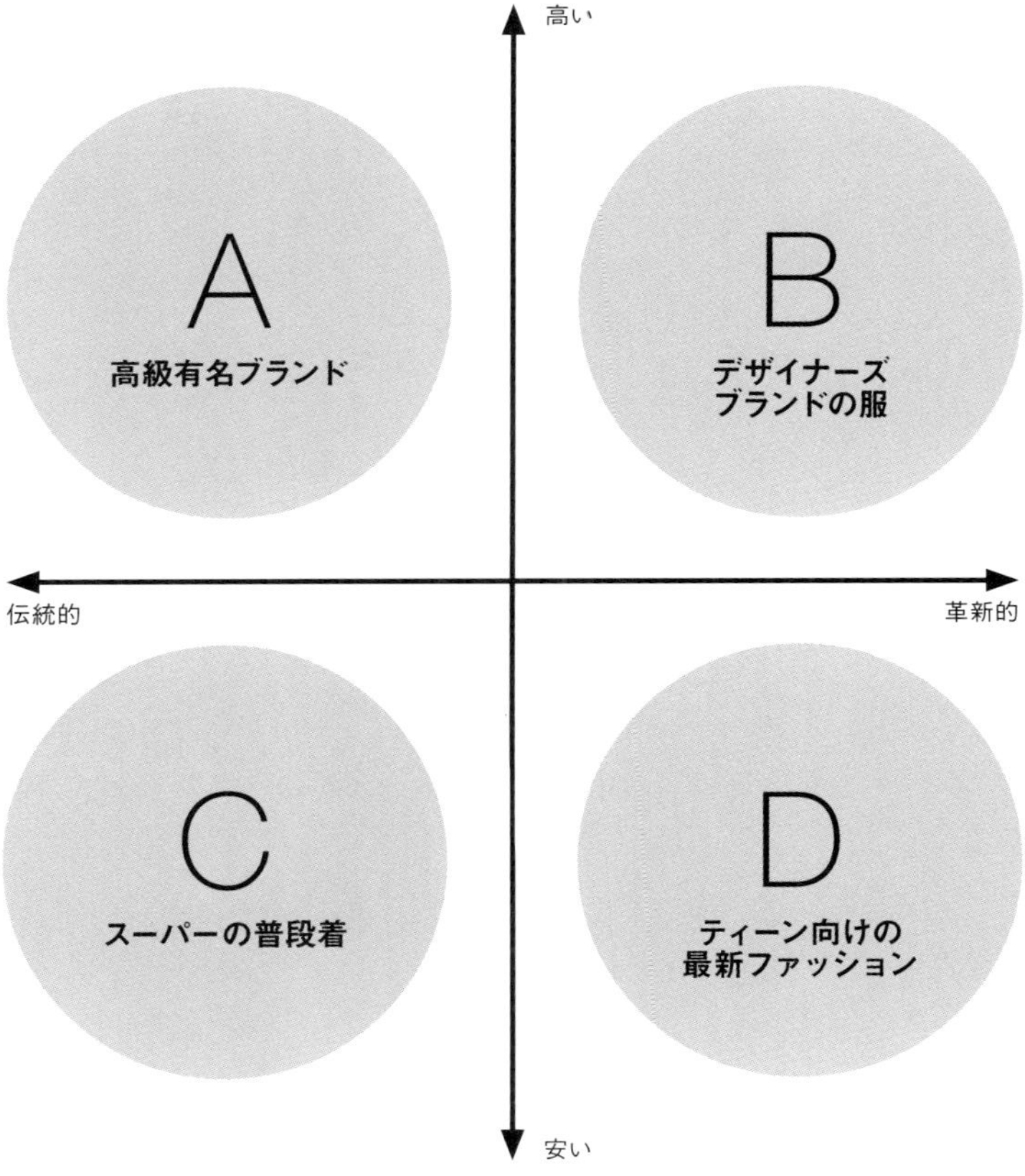
高い
A
高級有名ブランド
B
デザイナーズ
ブランドの服
伝統的
革新的
C
スーパーの普段着
D
ティーン向けの
最新ファッション
安い

具体的なファッションブランドの名前を当てはめるなど、
自分なりにポジショニングしてみることで「クラス」の感覚がつかめるでしょう。

見えない線を使おう

余白を確保するといっても、どこに、どうやって？というのが本音では。やみくもに白くしても、間が抜けた感じになってしまいかねません。そのため何でもかんでも突っ込んでしまえ、みたいな強迫観念が働くわけです。

プロのデザイナーは効果的な余白の使い方を知っており、余白を計算し尽くした上でコントロールします。なかなか私たちにはまねのできないことです。しかし、これには簡単な解決策があります。それは**見えない線を活用する**ことです。

左のサンプルを見てみましょう。上の図はセンター合わせです。大事な情報を真ん中に持ってくるのは悪くはありませんが、なんだか、左右がスカスカで散漫な感じがし、退屈な印象ですね。

そこで、ちょっとかっこいい文書がよくやる左寄せに挑戦してみます。まず、左端から1／4ぐらいのところに仮の線を縦に引いてしまいます。センスがどうのこうのと言う以前に、強制的に立ち入り禁止区域を線引きしてしまうのです。ともかく、この線にそって文書や写真を整列させてみましょう。

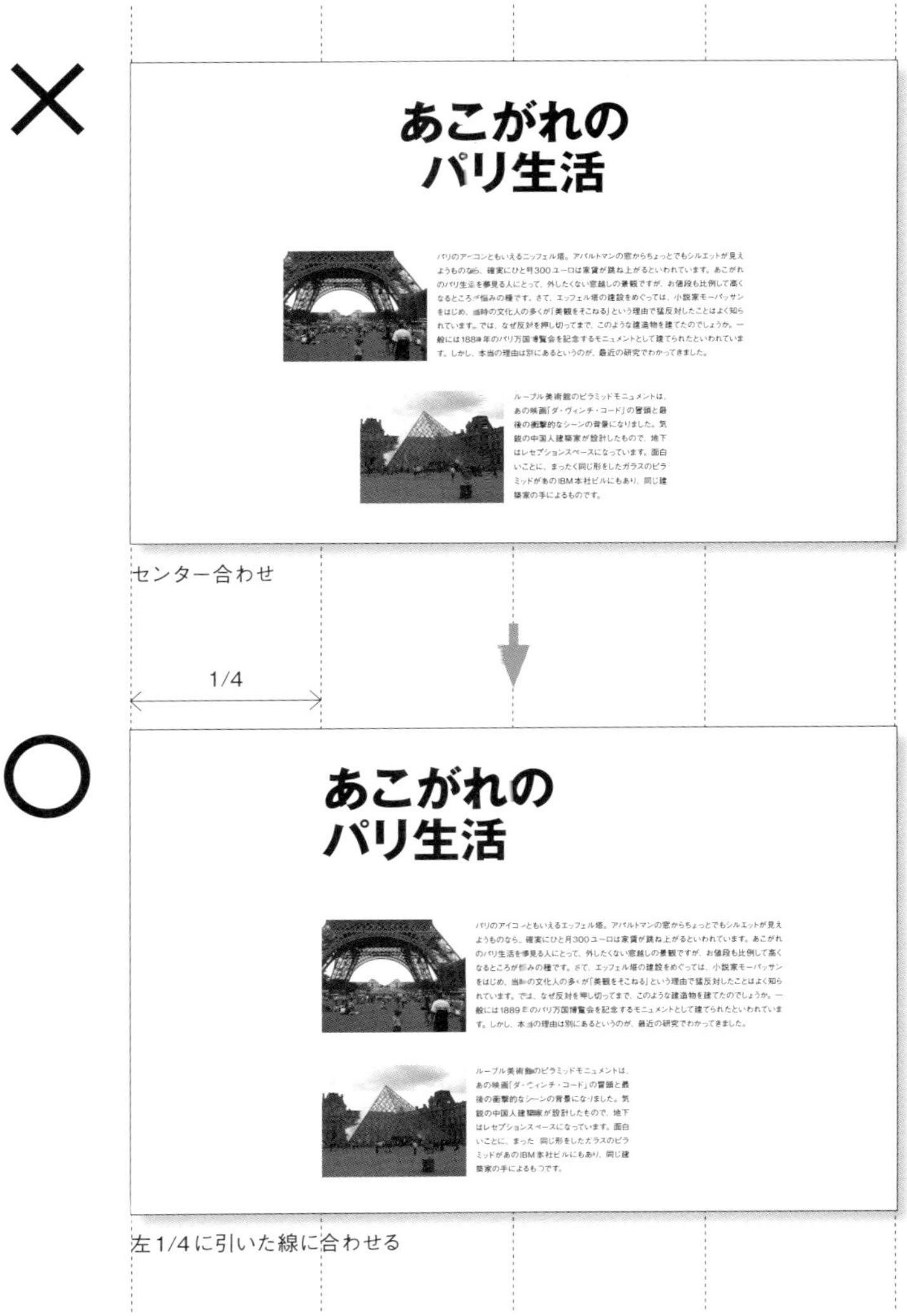
×
あこがれの
パリ生活
パリのアイコンともいえるエッフェル塔。アパルトマンの窓からちょっとでもシルエットが見えようものなら、確実にひと月300ユーロは家賃が跳ね上がるといわれています。あこがれのパリ生活を夢見る人にとって、外したくない窓越しの景観ですが、お値段も比例して高くなるところが悩みの種です。さて、エッフェル塔の建設をめぐっては、小説家モーパッサンをはじめ、当時の文化人の多くが「美観をそこねる」という理由で猛反対したことはよく知られています。では、なぜ反対を押し切ってまで、このような建造物を建てたのでしょうか。一般には1889年のパリ万国博覧会を記念するモニュメントとして建てられたといわれています。しかし、本当の理由は別にあるというのが、最近の研究でわかってきました。
ルーブル美術館のピラミッドモニュメントは、あの映画「ダ・ヴィンチ・コード」の冒頭と最後の衝撃的なシーンの背景になりました。気鋭の中国人建築家が設計したもので、地下はレセプションスペースになっています。面白いことに、まったく同じ形をしたガラスのピラミッドがあのIBM本社ビルにもあり、同じ建築家の手によるものです。
センター合わせ
1/4
○
あこがれの
パリ生活
パリのアイコンともいえるエッフェル塔。アパルトマンの窓からちょっとでもシルエットが見えようものなら、確実にひと月300ユーロは家賃が跳ね上がるといわれています。あこがれのパリ生活を夢見る人にとって、外したくない窓越しの景観ですが、お値段も比例して高くなるところが悩みの種です。さて、エッフェル塔の建設をめぐっては、小説家モーパッサンをはじめ、当時の文化人の多くが「美観をそこねる」という理由で猛反対したことはよく知られています。では、なぜ反対を押し切ってまで、このような建造物を建てたのでしょうか。一般には1889年のパリ万国博覧会を記念するモニュメントとして建てられたといわれています。しかし、本当の理由は別にあるというのが、最近の研究でわかってきました。
ルーブル美術館のピラミッドモニュメントは、あの映画「ダ・ヴィンチ・コード」の冒頭と最後の衝撃的なシーンの背景になりました。気鋭の中国人建築家が設計したもので、地下はレセプションスペースになっています。面白いことに、まったく同じ形をしたガラスのピラミッドがあのIBM本社ビルにもあり、同じ建築家の手によるものです。
左1/4に引いた線に合わせる

いかがですか、なかなかクールで、整理された文書のように見えてきますね。小見出しや本文も左揃えで始まることによって、仮の線が生きてきます。改行する際も、すぐに次行を目で捉えることができ、「一発頭出し」効果が出てきます。

そして問題の余白ですが、ここがゆったりと確保されているために、読んでみようかという気持ちにさせてくれます。このように、**余白と文章や図版との比率は1：3ぐらいはほしい**ところですね。

黄金ルール
4

行間を十分に取ろう

小さな達成感をたくさん与えよう

紙一面に文章がベターッと組まれると、まるでグレイを背景に引いたように見えてきますね。これはこれでデザイン的には美しいかもしれません。しかし、本文が長すぎる致命的な欠点と共に、読み手の目を引きつける要素が何もありません。

誰かにあなたの文書を読んでもらうためには、きっかけ、つまり、小見出しやイニシャライズ（最初の1文字を大きくすること）などが有効です。

どうしても長い文章を読ませたい場合はどうするか？　それは、小さな達成感を読み手にたくさん与えることです。といっても簡単なこと。**4、5行ごとに1行あけ、段落分けをすればよいのです**。

このアキによって読み手は一休みできるし、1段落ずつ読了を達成し、最後までたどり着いてもらうというもの。

　また、最初から段落あけを意識して原稿を書くことで、話の順序を取り違えることがなくなります。

　このように余白を活かすといっても、塊の白いスペースだけではなく、数行ごとに行をあけるという簡単な方法です。これだけで可読性を高めると同時に、論旨の流れを的確でスムーズにすることができます。

段落ごとに1行あける

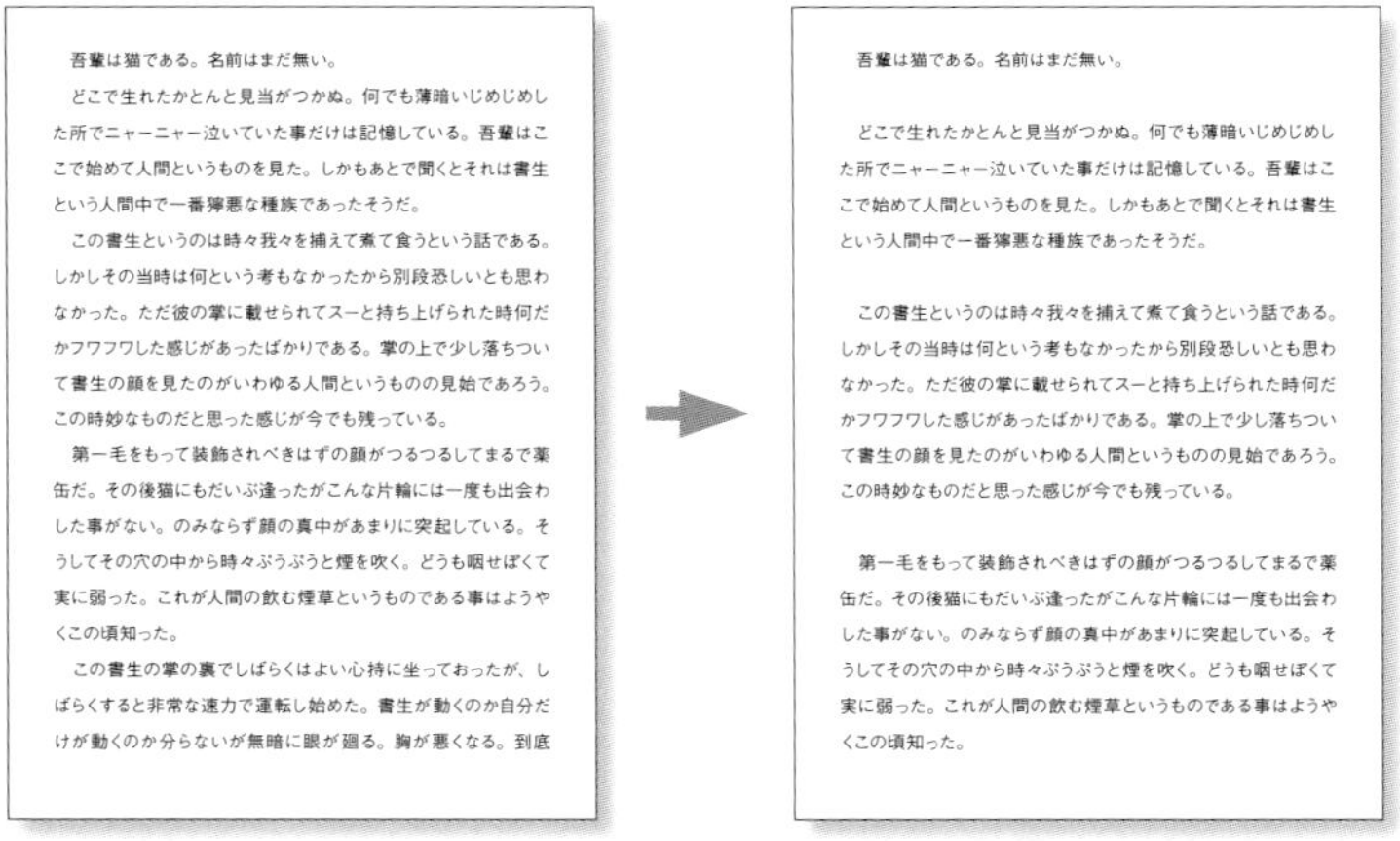

行間は文字サイズの１／２以上が標準

余白を取ると同時に、読みやすさに大きく影響するのが、行間です。行間とは、行と行の間のことです。適正な行間を取った文章は読みやすく、改行しても視線を迷わすことなく最後まで読み手を導いてくれます。

行間が詰まりすぎていては行を追おうという気力を萎えさせますし、逆にあきすぎると間延びした感じになり、これまた読み続ける意志をくじいてしまいます。

みなさんは行間を今まで一度も調整したことがない、なんてことはありませんか。「行間を読め」なんていいますが、せっかく作った文書を読ませるコツが行間には詰まっているのです。

さて、文書を書いたり、割り付けたりするアプリケーションソフトの代表選手といえば、ご存じ、マイクロソフトの「ワード」。ずいぶんと進化をとげて、今や、けっこう細かな行間の指定ができるようになっています。例えば、1・5倍、2倍といった具合で行数に対して倍数単位でアキを設定します。あるいはポイント単位でさらに細かく指定することもできます。

ただ、どんなにアプリケーションが進化しても、私たちが迷うのはどのくらい行間をあければいいの？という点です。

端的に言って、**本文を組む際の適正な行間は、文字の天地の高さの半分以上**と覚えておきましょう。例えば文字の大きさが12ポイントなら、その半分の6ポイント以上が基準となる行間の目安です。

ただし、書体によっては詰まりすぎの印象を与えることもあります。また、書体によってデフォルトの行間の設定が違うので、実際に組んでみて調整しましょう。左の事例は、同じポイント数と同じ行間で書体だけ変えてみたものです。書体によってつまり具合が微妙に違って見えますね。

文書を作る際に私たちがよく使うマイクロソフトワードの場合、書式のプルダウンメニューにある「段落」や「文書のレイアウト」で行間の調整ができますので、マニュアルを参照してみましょう。

また、行間は意図的に広く取ることで、メッセージ性を帯びてきます。よく広告や特集記事のリード文（キャッチコピーやタイトルに続く短めの文章）で使われたりします。

美しいビジネス文書をつくる。

❶文字サイズ 28pt

❷行間 14pt以上

❸行送り 42pt以上

❷行間＝❶×0.5以上
❸行送り＝❶×1.5以上

WORDの行間設定

行間1文字分 （WORD設定：行間「1行」）	行間1.5文字分 （WORD設定：行間「1.5行」）	行間2文字分 （WORD設定：行間「2行」）
吾輩は猫である。名前はまだ無い。どこで生れたかとんと見当がつかぬ。何でも薄暗いじめじめした所でニャーニャー泣いていた事だけは記憶している。吾輩はここで始めて人間というものを見た。しかもあとで聞くとそれは書生という人間中で一番獰悪な種族であったそうだ。	吾輩は猫である。名前はまだ無い。どこで生れたかとんと見当がつかぬ。何でも薄暗いじめじめした所でニャーニャー泣いていた事だけは記憶している。吾輩はここで始めて人間というものを見た。しかもあとで聞くと	吾輩は猫である。名前はまだ無い。どこで生れたかとんと見当がつかぬ。何でも薄暗いじめじめした所でニャーニャー泣いていた事だけは記憶している。吾輩はここで始めて人間というも

書体によって読みやすさが異なる（すべて行間1文字分）

MSゴシック	MS明朝	ヒラギノ角ゴシック
吾輩は猫である。名前はまだ無い。どこで生れたかとんと見当がつかぬ。何でも薄暗いじめじめした所でニャーニャー泣いていた事だけは記憶している。吾輩はここで始めて人間というものを見た。しかもあとで聞くとそれは書生という人間中で一番獰悪な種族であったそうだ。	吾輩は猫である。名前はまだ無い。どこで生れたかとんと見当がつかぬ。何でも薄暗いじめじめした所でニャーニャー泣いていた事だけは記憶している。吾輩はここで始めて人間というものを見た。しかもあとで聞くとそれは書生という人間中で一番獰悪な種族であったそうだ。	吾輩は猫である。名前はまだ無い。どこで生れたかとんと見当がつかぬ。何でも薄暗いじめじめした所でニャーニャー泣いていた事だけは記憶している。吾輩はここで始めて人間というものを見た。しかもあとで聞くとそれは書生という人間中で一番獰悪な種族であったそ

黄金ルール
5

メリハリをつけよう

メリハリ、つまり文書や写真の扱いに差をつけることは、読みやすく、洗練された文書を作るための必須の技術です。平等主義の原則からはずれますが、主役は一人であることが大事といえます。

例えば、レストランのメニューを思い出してください。ハンバーグという料理なら、お皿の上のハンバーグを最大限に目立たせますね。付け合わせと同じ扱いだと、なんだか訳の分からない料理になってしまいます。

また、もしもハンバーグとエビフライだったら、両方目立ちますが、この場合はコンビネーションランチとかなんとか、別の料理名がつきますよね。

文書もこれと同様で、メリハリをつけることによって、大切な部分を一目で印象づけ、なんの告知なのか、どんな内容かを瞬時に理解させ、記憶させるという効果があります。

メリハリをつけるにはいろいろな方法があります。エレガントな書体と、力強い書体と使い分けたり、太い線と、細い線、暖色と寒色、絵柄を大きくしたり小さくしたり、水平に並べたり、傾けたりすることによって主役をより目立たせるわけです。

上手にメリハリをつけるコツは、つけるのなら中途半端ではなく、はっきりと差をつけること。大きいものはより大きく、アキはより広く。メリハリ、またはコントラストといいますが、この「はっきりさせる」手立てこそ、読みやすい文書かどうかを決める大事な要素です。

いずれにしても、**大胆に差をつけ、一目で違いを際だたせるようにすると効果的**だと覚えておきましょう。

おかずが多いと何定食か分からなくなる

均等にするかメリハリをつけるか

ここでは、分かりやすい例として、写真を何枚か入れる場合を考えてみましょう。もし何の制約もないとしたら、みなさんは、どのように割り付けますか？　どれも同じ大きさでキレイに並べる。はい、それもありますね。それとも目立たせたい写真を大きくし、他を小さくして入れるというやりかたもあります。

それぞれに良さがありますが、試しに手元の雑誌を開いてみましょう。さて、どちらでしょうか？　おそらく、圧倒的に後者が多いと思います。雑誌、小冊子など、**プロが作った文書は、メリハリを意識的につけています**。

なぜでしょうか？　もう、みなさん、お分かりですね。それは、そのページを印象づけるためです。そのためにこれはという写真や文章を思い切って目立たせる。つまり**１ページ、もしくは１見開きに「主役はひとつ」**が、原則なのです。

ページを閉じたときに、あなたの脳裏になんらかの印象が残っているとすれば、それはたぶん、いちばん大きく扱ってあった写真でしょう。あるいは大きく力強い書体のキャッチコピーではないでしょうか。私たちは情報が氾濫する世界に生きています。

ほとんど情報を浪費しながら暮らしているといっていいでしょう。そんな状況で意識下に何かを植えつける文書を作るには、メリハリの力を利用するに越したことはありません。

もっとも、私たちの社会は、自分の裁量でどれかを大きくしたり、小さくしたりなかなかやりにくいもの。例えば3つの事業部があったら、どれも均等に扱わなくては差し障りが生じます。結果として、高度な政治判断の産物みたいな均等割り付けの文書になりがちです。

だったら、現実問題としてどうすればいいか。順当な考え方としては均等に割り付けるわけですが、やるなら思い切って。きっちりと、完璧に均等にすることです。そうすると品のある、すっきりとした、見やすい文書ができあがります。

写真点数の都合でどうしても余白が生じる場合は、その部分に写真説明や本文を集めるなどして、できる限りの均等配置を死守してください。

均等割り付けをすると、整然として見やすく、情報が整理された印象で仕上がります。

しかしそのぶん、単調に陥りがちなのが難点です。そこで、キャッチコピーを目立たせるとか、アクセントを入れるとか、ちょっとした工夫をすることで、読み手を引きつけることができます。

微妙に違う大きさにしない

写真の大きさが中途半端に違うのは、見ていて落ち着かない気にさせるものです。ぱっと見、同じくらいの大きさだけど、この「微妙に違う」というのは、気持ち悪いし、散漫な感じがします。ひょっとして、作った人は、大きさを揃えるのを忘れてしまったのではないだろうか、と、余計な心配をしたくなりますね。

たぶん、変化をつけたい、バラエティーのある雰囲気を出したいといったねらいがあって、写真に大小をつけたのでしょうが、ほとんどの場合かえって逆効果になってしまっています。

何事も中途半端はいけません。写真同士がどういう関係なのか分からず、読者に無用の混乱を与えてしまうからです。

こういう場合は、**均等に割り付けるか、うんと大小のメリハリをつけて割り付ける**こと。左の修正例を見てください。ほら、すっきりと見やすくなりますね。

このように**大小のメリハリを明らかにつけることで、どの写真を一番見せたくて、どの写真が補助なのか、主従関係がはっきりとしてくる**わけです。

微妙に違う大きさにしない

メリハリをつけるか

全部そろえる

上手に傾けるコツ

例えば、先ほど出てきた、均等割りのテクニックでは、整然と情報を整理できる反面、どうしても単調になりがちでしたね。

その打開策として、写真のひとつを傾けてみるという手があります。ちょっとしたアクセントとなって見る人を引きつけてくれます。

ここでも注意したいのは、**中途半端に傾けないこと。やるなら思い切って40度以上傾ける**ことです。ちょっとだけ傾いていると、間違ってずれているような、どっちつかずの違和感みたい

✕

企画書は見た目で勝負
契約が面白いほどとれる企画書デザインのコツ
せっかく作成した書類なのに、なんだか読む気がしない。それ以前に、手にとってもらえそうもない。どうしてだろう…。
そんな心当たりがある方も多いのではないでしょうか。ほとんどの場合、その原因は、詰め込みすぎ。あれも言いたい、これも載せたいとがんばりすぎた結果、読みづらい、あるいは、読みづらそうという印象を与えてしまうからなのです。試しに、第三者の目で冷静に自分が作った文章をながめてみましょう。メリ

○

企画書は
見た目で勝負
契約が面白いほどとれる企画書デザインのコツ
せっかく作成した書類なのに、なんだか読む気がしない。それ以前に、手にとってもらえそうもない。どうしてだろう…。
そんな心当たりがある方も多いのではないでしょうか。ほとんどの場合、その原因は、詰め込みすぎ。あれも言いたい、これも載せたいとがんばりすぎた結果、読みづらい、あるいは、読みづらそうという印象を与えてしまうからなのです。試しに、第三者の目で冷静に自分が作った文章をながめてみましょう。メリ

なものを読み手に与えてしまいます。

キャッチフレーズの扱いも同様です。中途半端に大きくしたり、斜めにしてみたりすると逆効果です。周囲とのメリハリがつくよう、勇気を出して割り付けてみてください。効果的なワンポイントは、アイキャッチとなるだけでなく、全体のまとまり感も向上させてくれます。

めざせ、ミニマリスト

パソコンを使って自分で文書を作るような人、つまりこの本の読者であるあなたは、実際、いろいろなことができる人だと思います。ソフトウェアを使いこなし、さまざまなデザインやレイアウトができる。

しかし、それが仇になっているという、なんだか逆説的な話です。もっといい文書を作りたいために、せっかくこの本を手にしていただいたみなさんにこんなことをお話しするのは、ちょっぴり気が引けます。しかし、あえて申し上げますが、いかにも「力を入れてデザインしました」という印象を与える文書は、結果的に相手に伝わりづらいものになりがちです。

「何かやりました」的なノリで、中途半端に写真を傾けたり、位置をずらしたり、グラデーションを多用したりする。少し、独断的な言い方をするなら、**プロ以外はこうした技はへたに使わないほうがよい**でしょう。パソコンのパワーが年々進化し、アプリケーションソフトの向上にともなって、メーカーはこうした機能を強調します。しかし、ほとんどのこうした作業は無意味です。なぜなら、思ったほど効果がないばかりか、**読みづらく、安っぽい雰囲気になってしまう**からです。

　いろいろ試したくなる誘惑をおさえるひとつの方法としては、フォーマット化がおすすめです。例えば、「お弁当レイアウト」「▼**p61**」を作っておき、これにメリハリをつけていくやりかたです。見出しや本文がほぼ一定の位置におさまり、ページ数が多い企画書など、安心して読み進めることができます。

　ことデザインに関して、私たちは**必要最小限のミニマリストをめざすべき**だといえるでしょう。そして読み手の立場にたってみて、どうすれば読みやすいかにもう一度時間を割いてみてはどうでしょう。あなたの文書作りの改善点はきっとそこから見えてくるはずです。

×

ABC社の新商品
世界120カ国
ベストセラー
商品番号　１０３２－３４３２
ミルキーフィール・フェイスウォッシュ
きめ細かい“ふわふわ泡”で洗い上がりさっぱり！
肌にやさしい香りと心地よい刺激の洗顔料です！
○プロフェッショナルサロン仕様の高機能商品！
○無香料、無鉱物質、オイルフリー、アルコールフリー
○植物由来洗浄成分、アロエベラエキス、レチノール配合
税込みプロモーション価格　¥1,880／150ml
注目！
天然由来成分配合

機能を使いすぎ

○

ABC社の
新商品！
天然由来成分配合
世界120カ国で
ベストセラーを記録した
人気商品を取り揃えました！
商品番号　1032−3432
エクストラ
モイストローション
きめ細かい“ふわふわ泡”で洗い上がりさっぱり！
肌にやさしい香りと心地よい刺激の洗顔料です！
○無香料、無鉱物質、オイルフリー、アルコールフリー
○植物由来洗浄成分、アロエベラエキス、レチノール配合
税込みプロモーション価格　¥1,880／150ml
商品番号　1032−3432
ミルキーフィール
フェイスウォッシュ
きめ細かい“ふわふわ泡”で洗い上がりさっぱり！
肌にやさしい香りと心地よい刺激の洗顔料です！
○無香料、無鉱物質、オイルフリー、アルコールフリー
○植物由来洗浄成分、アロエベラエキス、レチノール配合
税込みプロモーション価格　¥1,880／150ml
商品番号　1032−3432
ボックス・テン（セット商品）
きめ細かい“ふわふわ泡”で洗い上がりさっぱり！
肌にやさしい香りと心地よい刺激の洗顔料です！
○無香料、無鉱物質、オイルフリー、アルコールフリー
○植物由来洗浄成分、アロエベラエキス、レチノール配合
税込みプロモーション価格　¥1,880／150ml
注目！
お問い合わせ＆お電話での
商品仕入方法
フリーダイヤル
0120-64-8090
通話料無料
担当：井川　受付時間　9:00～22:00
携帯・PHSからもご利用いただけます。
インターネットでのご購入はこちらから

メリハリ、整列、文字の設定、最低限のアプリケーション機能…を考慮して再構成

黄金ルール
6

書体を効果的に使おう

文字の種類を書体といいます。日本語の書体は、大きく2種類、明朝《みんちょう》体とゴシック体があります。明朝は、毛筆で書いたときのハネ、ハライ、トメなどの抑揚を残したもの。一方のゴシックは、線の縦横が均等な太さの書体です。

それぞれに感じ方はあるでしょうが、明朝は、一見して、和風。ゴシックは洋風な印象がするといえるでしょう。人によっては、明朝は教科書を想起するそうですが、今の小中学校の教科書はゴシック系をたくさん使っているので、年がばれるかもしれません。

いずれにしても、**書体にはそれぞれが醸し出すイメージがあります**。これを**うまく活かすことで、情報を分かりやすくストレートに伝えることができます。**

東　あ　東　あ

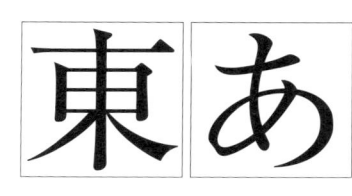

明朝体　　ゴシック体

書体によって見た目の印象が変わる（すべて16ポイント）

美しいビジネス文書をつくる。	MS明朝
美しいビジネス文書をつくる。	ヒラギノ明朝W6*
美しいビジネス文書をつくる。	MSゴシック
美しいビジネス文書をつくる。	ヒラギノ角ゴW8*
美しいビジネス文書をつくる。	DFP太丸ゴシック体
美しいビジネス文書をつくる。	DFP祥南行書体

*ヒラギノはMac OS Xに入っている書体

書体を多用しない

書体には名前がついているのをご存じでしたか？　さらに、それぞれの書体にはファミリーがあって、同じデザインの書体でも太さや形状によってレギュラー（並）、ボールド（太）、エクストラボールド（特太）、イタリック（斜体）などがあります。

あなたのパソコンに入っている書体をちょっと見てみましょう。ウィンドウズにはＭＳ明朝、ＭＳゴシックなどの日本語書体がありますね。マックの場合、もうちょっとバリエーションが多くなり、ヒラギノ、小塚、ＯＳＡＫＡなどが加わります。これらはタイトルにも本文にも使える汎用性の高い書体です。

市販の書体には、このほか、楷書、隷書、教科書体、勘亭流などがあり、手頃な値段でインストールすることができます（勘亭流など特徴のある書体はタイトル向きで、長い本文を組むには適しません）。

書体を使い分けることによって、異なる情報であることを視覚的に示すことができますね。明朝系で組まれた本文に、ゴシック系の補足説明（キャプション）をつけるなどはその典型的なパターンといえます。

パソコンに入っている書体一覧（和文本文用書体 すべて16ポイント）

Windows

美しいビジネス文書をつくる。	MS明朝 *1
美しいビジネス文書をつくる。	MSゴシック *1
美しいビジネス文書をつくる。	Meiryo

Macintosh

美しいビジネス文書をつくる。	OSAKA
美しいビジネス文書をつくる。	ヒラギノ明朝 **W3**,6
美しいビジネス文書をつくる。	ヒラギノ角ゴ **W3**,6,8
美しいビジネス文書をつくる。	小塚明朝 *2 EL,**R**, M B, H
美しいビジネス文書をつくる。	小塚ゴシック *2 EL,**R**, M B, H

*1　MS書体はMicrosoft社製 アプリケーションをインストールするとMacでも使用可能
*2　小塚書体はAdobe社製アプリケーションをインストールするとWindowsでも使用可能

ところが困ったことに、パソコンの画面上で簡単に書体を変えることができるため、これが私たちを誘惑するのも事実です。また、せっかく書体一式を買ってインストールしたんだから、どんどん使いたい。特に、自分で文書を作ってしまえるみなさんのような技量の持ち主はよほど自制するに越したことはありません。書体をいろいろ使いすぎてしまい、まるで書体見本のような文書を目にすることがよくあります。

いろいろな書体を意味なくたくさん使わないこと。せいぜい、タイトル、見出し、本文の**3種類の書体、あるいは3種類の太さを使い分ける**ように工夫しましょう。そうすることによって、雑ぱくな感じにならずにすみます。

TPOに合った書体を

さて、左のサンプルを見てみましょう。同じ文面でも、使われる書体によって、ずいぶんと印象が違って見えますね。

新ゴとヒラギノで組んだ比較

企画書は見た目で勝負

契約が面白いほどとれる企画書デザインのコツ

せっかく作成した書類なのに、なんだか読む気がしない。それ以前に、手にとってもらえそうもない。どうしてだろう…。

そんな心当たりがある方も多いのではないでしょうか。ほとんどの場合、その原因は、詰め込みすぎ。あれも言いたい、これも載せたいとがんばりすぎた結果、読みづらい、あるいは、読みづらそうという印象を与えてしまうからなのです。

試しに、第三者の目で冷静に自分が作った文章をながめてみましょう。メリハリがなく一本調子の「語りの態勢」になっていませんか？ あるいは、

太 新ゴ H

中 新ゴ M

細 新ゴ L

企画書は見た目で勝負

契約が面白いほどとれる企画書デザインのコツ

せっかく作成した書類なのに、なんだか読む気がしない。それ以前に、手にとってもらえそうもない。どうしてだろう…。

そんな心当たりがある方も多いのではないでしょうか。ほとんどの場合、その原因は、詰め込みすぎ。あれも言いたい、これも載せたいとがんばりすぎた結果、読みづらい、あるいは、読みづらそうという印象を与えてしまうからなのです。

試しに、第三者の目で冷静に自分が作った文章をながめてみましょう。メリハリがなく一本調子の「語りの態勢」になっていませんか？ あるいは、いち

太 ヒラギノ角ゴW8

中 ヒラギノ角ゴW6

細 ヒラギノ角ゴW3

新ゴのようなフトコロが広い文字ほど（図参照）、視認性が高くなります。一文字の幅があるため、思ったより文字が入らない場合もありますが、総じて見やすい、明るい印象を持っています。

また、一般的に明朝系の字は、気品があり、フォーマルでかっちり堅めのイメージ。それでいて読みやすいので、本文などの長文にも向いています。ただし、ＦＡＸで反転したり、背景に絵柄がある場合など、線の太細があるため文字が欠けたりするので注意しましょう。

ゴシック系の文字は、細めの書体はニュートラル、クール、スマート。太めの書体は力強く、視認性が高いのが特長です。そのため近年、携帯画面やウェブでは圧倒的にゴシック系が多いようです。見出しにも最適ですが、ゴシック系の書体で長い文章を組む場合は、書体自体にボリューム感があるため、重すぎる印象を与えかねないので、この点を注意しましょう。

フトコロの広い文字とせまい文字

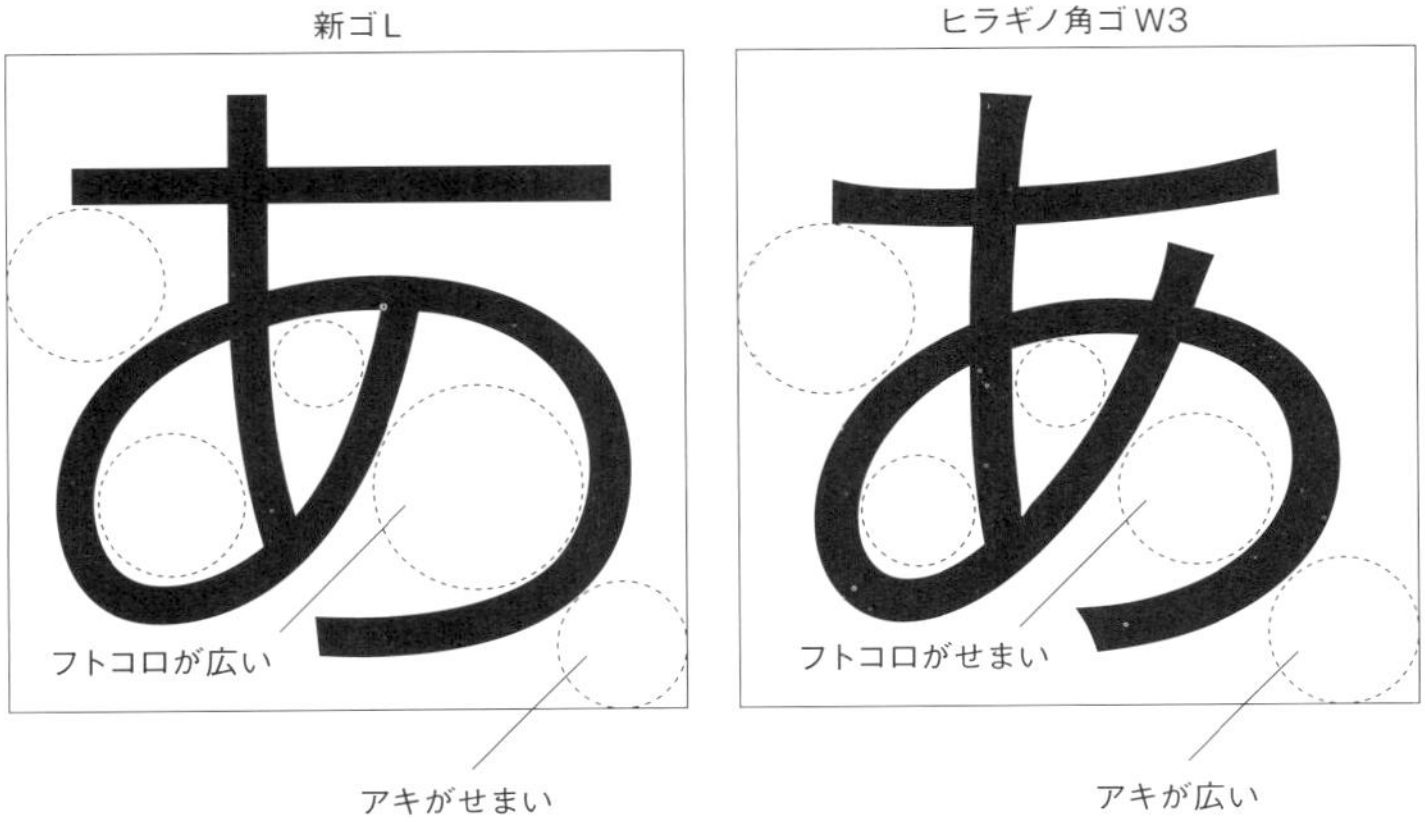
新ゴL
ヒラギノ角ゴW3
フトコロが広い
フトコロがせまい
アキがせまい
アキが広い

和文書体、欧文書体相関図

	和文		欧文	
Windows	明朝体	MS明朝	ローマン体	Century
	ゴシック体	MSゴシック	サンセリフ体	Arial
Macintosh	明朝体	ヒラギノ明朝	ローマン体	Times
	ゴシック体	ヒラギノ角ゴシック	サンセリフ体	Helvetica

また、書体の大きさも重要です。中高年向けの場合は本文を大きめにしたいものです。20代〜30代からすればちょっと大きすぎるのではと思われるかもしれませんが、視力の衰えは体験してみなければ分からないもの。デザイン上は小さい本文のほうがまとまって見えるものですが、小さすぎる字は読み手にとって苦痛です。

また、最近はパソコンや携帯電話の画面で文字に触れる場合が多くなり、ゴシック系の文字が次第に主流になりつつあるようです。文字の幅が均等なゴシックのほうが、モニタ上での視認性が高いためです。

一方で、明朝系の可読性の高さも、紙を介して情報を伝える場合など特に、もう一度見直してみたいもの。

いずれにしても**TPOに合った適切な書体を選ぶことが、よい文書作りにとって欠かせません。**

書体でメリハリをつけよう

社内告知文も企画書も新製品のチラシも、私たちが作る文書はおおよそ3つの文章から成り立っています。それはタイトル、見出し、本文です。この3つに付随して、キャプションや欄外の補足説明などがあります。そのほかカコミ記事やコラム扱いの文章もありますね。また、見出しは大見出し、小見出しと細分化される場合もあります。しかし、おおむね文章のバリエーションは、タイトル、見出し、本文の3つといえます。

ここで気をつけたいのは、これら3つの差をしっかりつけるということ。**それぞれが近い書体、近い大きさだと、どこまでがタイトルなのか、あるいは見出しなのか本文かが分かりづらくなりがちです**。つまり、先ほどの写真の大きさ「▼p91」と同じで、中途半端な大きさや太さの差は、なんだか気持ちが悪い。それにも増してやっかいなのは、どれが見出しで、どれが本文なのか、情報の構造が分からない。さらには、見出しがいくつあって、情報がいくつ並んでいるのかも分からない。

「よく見れば分かる」。確かにそうでしょうが、現代の読み手はあなたを含めてそこまで忍耐強くありません。ぱっとページを開いたり、文書を手にしたりして3秒で、何が書いてあって、どんな情報がいくつ、どんな構造で並んでいるか伝えることに成功しなければ、「これは読もう」という気になってもらえないのです。そのためにも、書体にメリハリをつけることはとても大事になってくるわけです。

差をつけるには、大きさを変えることと、文字の太さを変える、さらにこれらをコンビネーションで用いる方法があります。書体の大きさは通常「ポイント」(point)という単位で表されます。

左の例を見てみましょう。まず、大事なのはキャッチコピーですね。他よりも抜きんでた存在感を持たせたいものです。

パソコンに入っている書体には、ここまでボリューム感のあるものは残念ながら含まれません。見出し専用に市販の書体を買ってくると、バリエーションが増えておすすめです。

太い書体がない場合は、ポイントを大きくする、ボールド（太い書体）を選ぶ、周囲の余白を十分取るなどして、コピーを目立たせてください。

小見出しについては、本文との極端な差は必要ありません。文字の大きさや太さで気持ち本文と差をつけると同時に、段落をあけるなどの処理を施すことで、すっきりまとまった紙面にすることができます。

企画書は見た目で勝負
契約が面白いほどとれる企画書デザインのコツ
せっかく作成した書類なのに、なんだか読む気がしない。それ以前に、手にとってもらえそうもない。どうしてだろう…。そんな心当たりがある方も多いのではないでしょうか。ほとんどの場合、

MSゴシックのみを使用して大小のメリハリをつけた場合

企画書は見た目で勝負
契約が面白いほどとれる企画書デザインのコツ
せっかく作成した書類なのに、なんだか読む気がしない。それ以前に、手にとってもらえそうもない。どうしてだろう…。そんな心当たりがある方も多いのではないでしょうか。ほとんどの場合、その原因は、詰め込みすぎ。あれも言いたい、これも載せたいとがんばりすぎた結果、読みづら

太・中・細の書体を使い分けた場合

見出し用書体の一例

美しいビジネス文書をつくる。	ゴシックMB101 B
美しいビジネス文書をつくる。	ヒラギノ角ゴW8
美しいビジネス文書をつくる。	DFP特太ゴシック体
美しいビジネス文書をつくる。	見出しゴMB31
美しいビジネス文書をつくる。	リュウミン U

無理やり長体や斜体をかけない

　パソコンで表示したままの文字を正体といいます。これを細長く変形した長体の文字が混じっていると、いかにも不揃いで、見た目がきたなくなります。なぜ、わざわざ長体をかけようとするのか、よく見てみると、どうやら幅を揃えようとして、長体をかけたことが分かります。

　幅を揃えること自体は悪くはないのですが、力業で入れ込んでいるところが問題です。昨今はソフトの使い方をちょっと覚えると、簡単に長体や平体など文字を変形することができます。

　しかし、せっかくぴったり収めたのに、

無理に長体をかけてはいけない

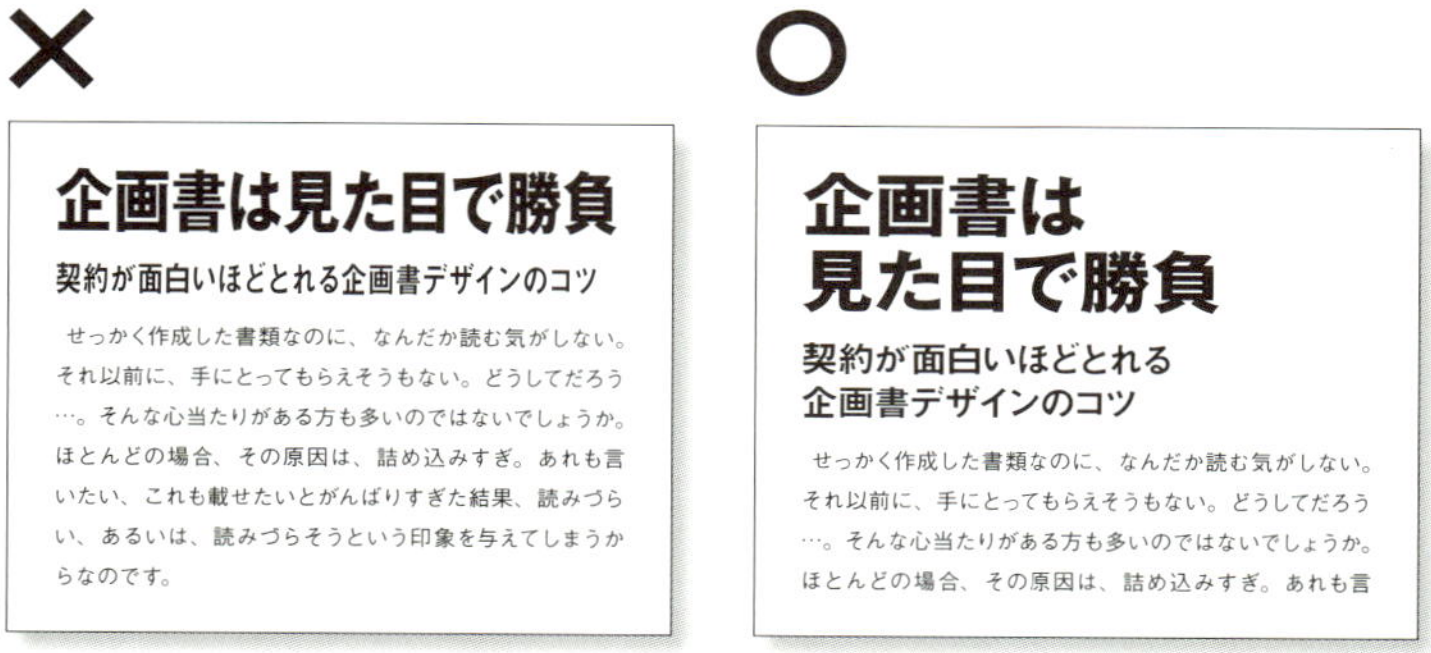
×
企画書は見た目で勝負
契約が面白いほどとれる企画書デザインのコツ
せっかく作成した書類なのに、なんだか読む気がしない。それ以前に、手にとってもらえそうもない。どうしてだろう…。そんな心当たりがある方も多いのではないでしょうか。ほとんどの場合、その原因は、詰め込みすぎ。あれも言いたい、これも載せたいとがんばりすぎた結果、読みづらい、あるいは、読みづらそうという印象を与えてしまうからなのです。
○
企画書は
見た目で勝負
契約が面白いほどとれる
企画書デザインのコツ
せっかく作成した書類なのに、なんだか読む気がしない。それ以前に、手にとってもらえそうもない。どうしてだろう…。そんな心当たりがある方も多いのではないでしょうか。ほとんどの場合、その原因は、詰め込みすぎ。あれも言

正体と長体が混在していると、見栄えが悪くなります。幅を揃えたい場合は、文字のアキを調整するなど、他の方法を用いたほうが美しく整って見えます。**基本的に正体と長体は一緒には使わない**と覚えておきましょう。

同様に、正体の文字を斜めに傾けたものを、斜体（イタリック）と呼びます。よくタイトルを斜体にする例を見かけます。パソコン上で簡単に斜体がかけられるため、つい多用しがちですね。しかし、かえって読みにくくなったり、古くさい印象を与えかねません。

また、本文の中で目立たせたい言葉を斜体にしている例もよく見かけます。これも長体と同様、正体と同居させると異物が混入したような不揃いな印象を与えます（ただし、欧文のみの組版では書籍名や強調する箇所などをイタリックにします）。

全角と半角を混在させない

文書を美しくなく、素人っぽくしてしまうミスのひとつに、全角と半角を一緒にしてしまう例がよく見受けられます。全角とは、正方形の枠に文字が入っている状態で、普通の本文は全角で組みます。

これに対し、半角は、幅が半分の大きさ、つまり、縦長に詰まって見える文字で、数字、英文、カタカナなど、パソコンでは半角モードを選ぶことができます。

例えば、ウェブ上の申込フォームなど、郵便番号は半角で、住所は全角でといった指定がよくありますが、文書を作る場合は**全角と半角が混在していると、非常に不揃いな見栄えになってしまいます**。特に郵便番号と番地など、近いところに全角と半角があると余計にきたない印象となります。

もっとも、本文中で数字を目立たせるために、意図的に全角にする場合もあります。しかし、通常は日本語の漢字、かなは全角、数字、英文は半角というのが順当な組み合わせです。

×

TEL. 03-1234-5678
ＦＡＸ．　０３－１２３４－５６７８

半角（上）と全角（下）が混在

○

TEL. 03-1234-5678
FAX. 03-1234-5678

半角で統一

Column

従属欧文に注意

書体には日本語のためにデザインされた和文用の書体と、英語などで使う欧文用の書体があります。この２つはどう違うのでしょうか？

ここで面白い実験をしてみましょう。みなさんも簡単な英文を書く機会は多いかと思います。英語で書いたテキストを、日本語の書体にしてみるとどうなるでしょうか。ふだんよく使うＭＳ明朝だと…はい、キレイに英語で表示されますね。一見なんの問題もなさそうです。

しかし、よく見ると、なんだか、スカスカした感じがしませんか。なんとなく野暮ったい感じがして、英文らしくありません。これは、和文書体の従属欧文を使っていることが原因です。従属欧文は、「少年Ａ」「座標軸ｘやｙ」のように、日本語の中で部分的に使うアルファベット用に作られた書体で、和文と一緒に組んだとき調和するように作られています。ｇやｙなどの下に伸びる部分を縮めるなど、和文書体の形にあわせて設計されているため、海外で使われる欧文専用の書体とは文字の構造自体が違っているのです（左図）。例えば、英語の文章をＭＳ明朝で一括変換すると、英文は左の図のように置き換えられます。もちろん読めることは読めるのですが、洗練さに欠け、欧米人が見たら、どこか不自然な欧文になります。

英文を組むときは、ＭＳ明朝の従属欧文ではなく、パソコンに入っている欧文書体（アルファベットのみしかないもの）を使いましょう。

海外にメールを送付する場合は、おそらく相手先のパソコンにある欧文書体に置き換わって表示されるでしょうから、そう、心配することもないでしょう。しかし、このままプリントアウトして使う場合は、従属欧文は避け、欧文書体に変換するよう心がけましょう。

欧文書体の基本は２つだけ覚えておけば大丈夫です。明朝系ＭＳ明朝に相当するのがローマン体（左図のように線のはじにでっぱりがある書体）の欧文書体、ゴシック系ＭＳゴシックに相当するのがサンセリフ体（線のはじにでっぱりがない書体）の欧文書体です。

［▼p103］

従属欧文（MS明朝）
Times
東
Hgxy
Hgxy
和文の天地に収まるように設計
本来の長さ

✕ MS明朝の従属欧文で組んだ欧文

A few Project Gutenberg ebooks are copyrighted. You can tell by reading the license inside the book. You may download a copyrighted book and give copies away, but might be limited in commercial uses and derivative works.

○ 欧文書体「Times」で組んだ欧文

A few Project Gutenberg ebooks are copyrighted. You can tell by reading the license inside the book. You may download a copyrighted book and give copies away, but might be limited in commercial uses and derivative works.

黄金ルール
7

色使い上手になろう

さて、このセクションでは、みなさんがお待ちかねの色について見ていくことにしましょう。色は本当に大切です。使い方によって、内容のある文書かどうかを印象づける大事な要素です。

もっとも、最近のパソコンを使えば簡単に文字や線画に色をつけられるため、つい、カラフルになりすぎる傾向があります。何のために色を使うのかをもう一度考えてみることが、この際大事でしょう。

色使いの達人を目指すみなさんにしてみれば、なんとも肩すかしな話かもしれませんが、あえて言うなら最小限の色で最大限の効果を出すことこそ文書作りの上級者。通常、黒＋1色、せいぜい2色が限度かもしれません。

また、パソコンソフトにあらかじめ用意してある色は純色、いわゆるベタな色です。そのまま使うと「生々しい」「どぎつい」という感じになりがちです。ぜひ、自分で調色して、ひと工夫したいところです。

ワードやエクセル、パワーポイントなど、私たちがふだんよく使うソフトには、オリジナルの色を作る機能がついています。これを使って作成する文書にふさわしい色を調合するとよいでしょう。

これだけでもずいぶんとセンスがよくなった印象になるものです。

失敗しない色使い

工場や倉庫では色識別法によって人間のミスを最小限に抑えるやり方が常識です。病院や博物館や公会堂など人がたくさん集まる公共施設も、上手に色識別したサインが昨今は見受けられます。五感に直接訴える色の力を最大限に利用している例ですね。

しかし、文書となるとまた、別です。反対の色調の色同士を組み合わせたり、逆に明度の近い色同士を組み合わせたりすると、イケてない文書になりがちです。

一例として、ひとつの文書の中で数種類の色分けが必要な場合を考えてみましょう。この場合、私たちが簡単に実行できる色使い、つまり**調和する色とは、近い色相（赤・橙・黄色などの色のグループ）の類似色を用いる**ことです。

左の文書例を見てみましょう。上が、よくありがちな、カラフル版。グラデーションも使われています。しかし、なんだか全体として下品ですね。色をたくさん使っている意味もよく分かりません。

これに対して下は、近い色相に絞って色を用いた文書例です。全体に調和が生まれ、大人の品格ある文書という感じがします。また、見出しやキーワードのみに色づけしているため、文書の構造が分かりやすく、色が全体をぱっと見て概要をつかむ手助けをしていますね。

色の使いすぎの例と絞った例

×

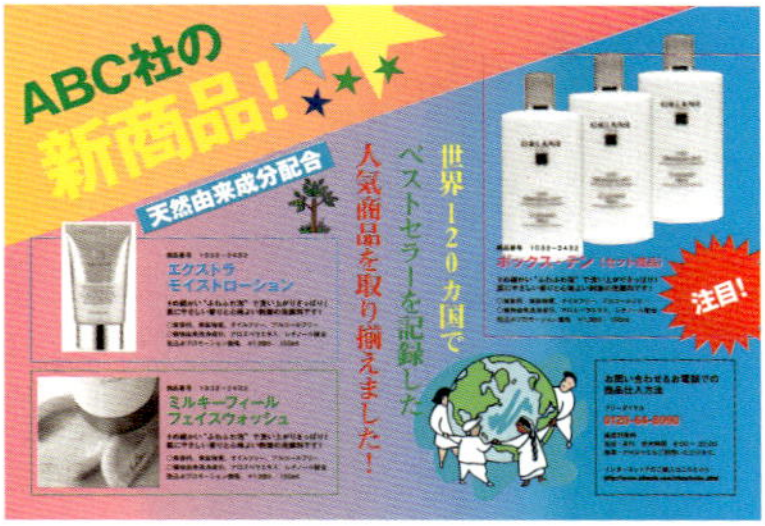

○

コピーする場合も考えて

さきほど出てきた色相と並んで、色には明度があります。明度とは、色の明るさのこと。同じ赤でも、濃い赤、薄い赤がありますね。色相と明度、これだけマスターすれば、私たちはとりあえず十分でしょう。

ここで注意したいのは、**明度の近い同士を組み合わせた場合**、カラーの状態ではハッキリ識別できても、それを**モノクロコピーした場合、混じり合ってしまう**ということです。

下の事例を見てみましょう。赤と緑でサインを作った事例です。背景と文字の

赤と緑、モノクロにした例

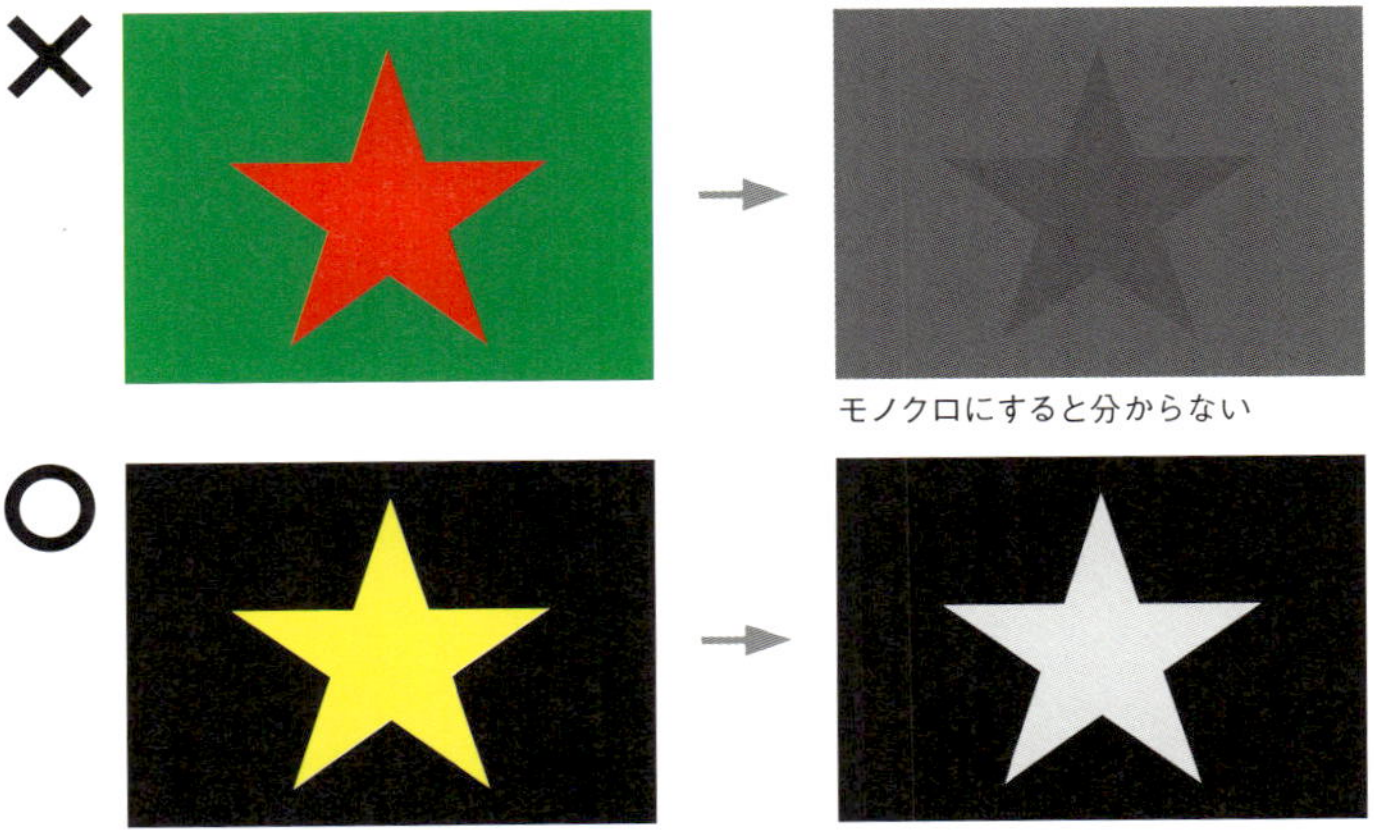
モノクロにすると分からない

色の明度はほぼ同じです。カラーの状態ですでにちょっと判別しづらい状態ですね。
それをモノクロでコピーしたのが右の事例です。さらに区別がつかなくなり、ほとんど文字が読めません。カラーで作った文書をＦＡＸで送信すると、相手先にはこういう状態で届くわけです。

こうしたトラブルを回避するため、重なる部分の色分けは明度の差を十分つけること。一度モノクロコピーしてみれば、簡単にチェックできますね。

濁った色は好まれない

前述の色相と明度に加え、彩度という尺度が色にはあります。純色に黒を加えていくことで、濁りが出てきますが、彩度とはその濁り加減を示すものです。

彩度が高いと、すっきり、はっきりした色となります。逆に彩度が低ければいわゆる渋い色、落ち着いた色。和風の色ですね。

これに対し、純色に白を加えていくことで、「ティント」、つまり、透明感が出てきます。こちらは、パステル系の色、軽快な色です。

最近の一般的な傾向として、**濁った色は好まれない**ということが挙げられます。**彩**

度が高い色が人の目にとまりやすいということですね。

こうした点を加味しながら、まずは、パソコンソフトにデフォルトで入っている原色を基準色として、薄めた色、濃くした色の3段階を用意しておくのもひとつの手でしょう。

純色に黒を混ぜた色と白を混ぜた色

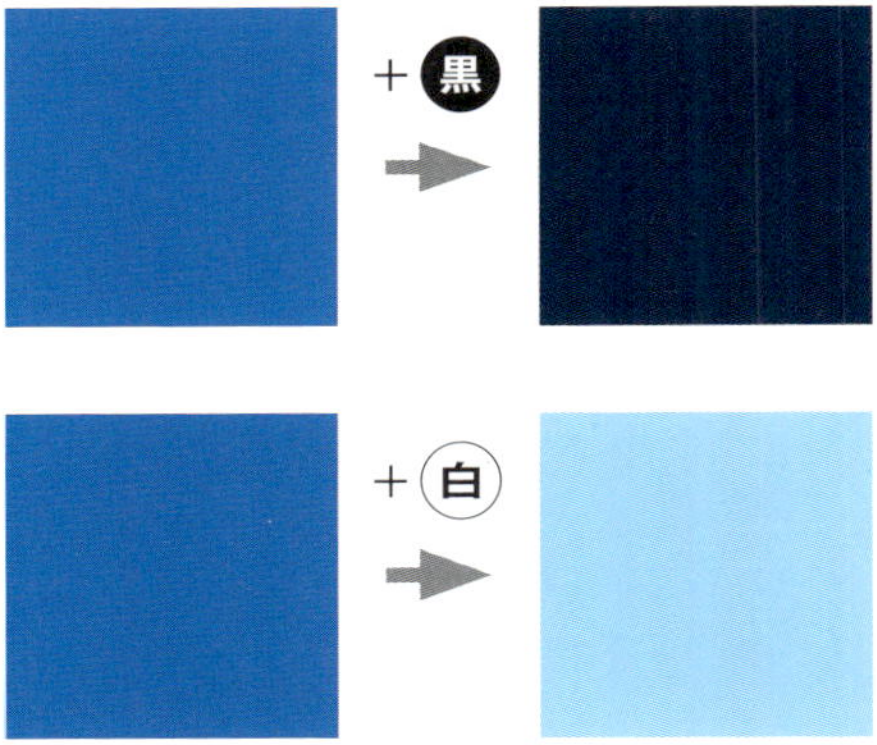

明度差コーディネート

色相差コーディネート

カラーパレットを作ろう

文書を作りながら、色を行き当たりばったりに決めていく。それも楽しいものですが、できあがってみるとたいてい、色の氾濫に目を覆うことになりがちです。

そこで、あらかじめ、使う色を決めてしまうと、作業もスムーズですし、調和のとれた色彩の文書に仕上げることができます。プロのデザイナーも、よくデザインに入る前に「カラーパレット」を作ります。あたかも、画家がキャンバスに向かって構想を練りながら、パレットに絵具を出していく儀式のようなものです。

もちろん色の選び方は、伝えたいことがらのトーン&マナー［▼p75］によって決まります。ここで私たちが参考にしたいのは、**思ったほど色数を使わない**ということです。カラフルさを意図的にねらう場合は別として、普通は**だいたい3〜5色**というところ。しかも、同系色だったり、単色だけで、色の濃淡や濁り具合の違いでバリエーションを出すといった最小限の色使いにとどめています。

それが、まとまり感をもたらす秘訣であり、ぜひ、私たちも肝に銘じておきたいもの。あなたが作る文書の色も、欲張らず、3色ぐらいが適当でしょう。

WORDのカラーパレット

色相違いの中から３色、あるいは明度、彩度違いの中から
３色選ぶと調和しやすい。

どこにどんな色を使うか

そもそもなぜ、私たちの作った文書が満艦飾になるかというと、なんでもかんでも色をつけてしまうことが原因です。

特長を個条書きにしてある文書をぜんぶ色を変えることはないですか？ 目立たせたい気持ちは分かりますが、お互いに打ち消し合ってしまい、かえって印象に残りませんね。

目立たせたいテキストに色をつけるというのは順当な考え方ですが、実は、あんまり効果がありません。それよりも、**まわりに余白を十分確保し、ボリューム感のある書体で、短く、簡潔に表現するほうが重要**です。

目立たせる、というねらいはちょっと置いておき、例えば見出しだけに色をつけてみましょう。あるいは、個条書きの文頭につけた■や●を色づけしてみましょう。たったこれだけで、非常に読みやすくなりますね。

このように、情報の構造を読み手に理解させる手助けとなるよう色を使う。そんなふうに発想を変えてみてはいかがでしょう。

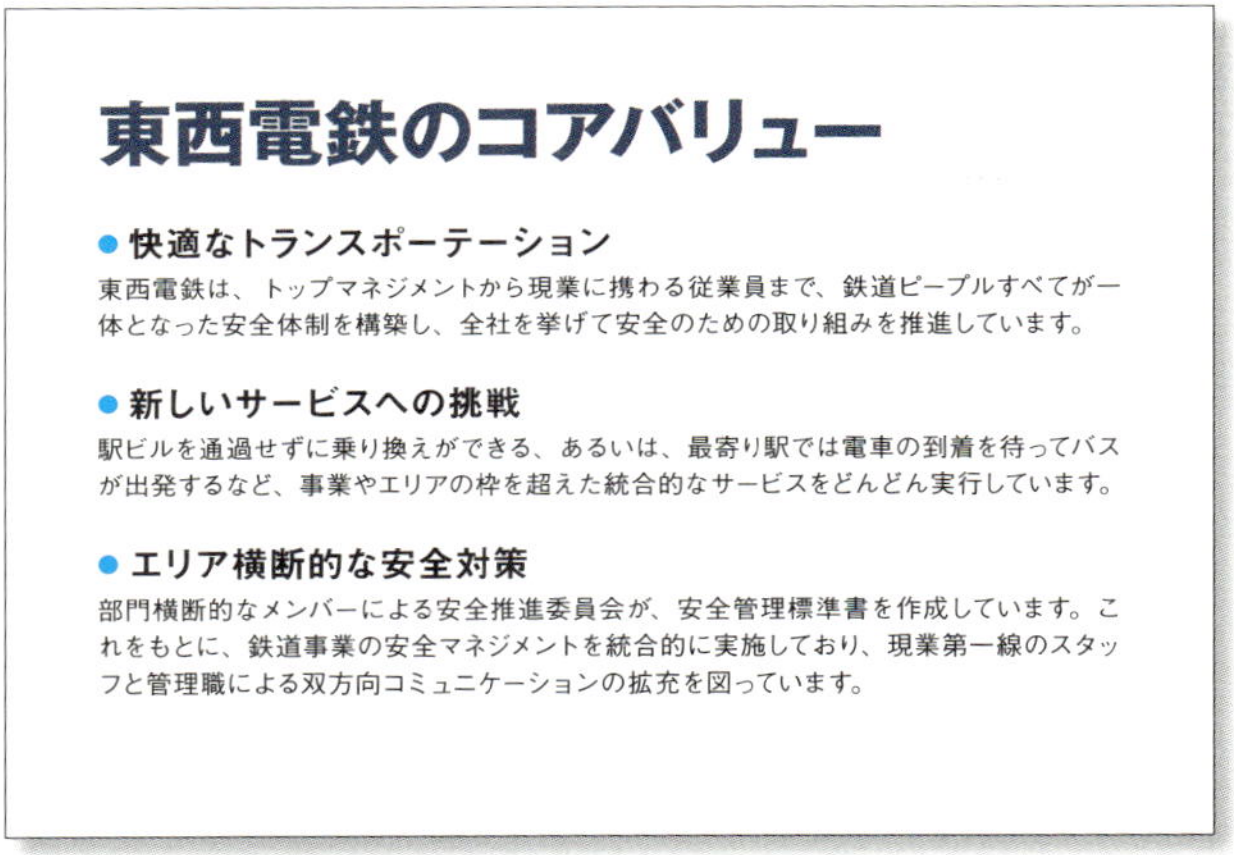
東西電鉄のコアバリュー
● 快適なトランスポーテーション
東西電鉄は、トップマネジメントから現業に携わる従業員まで、鉄道ピープルすべてが一体となった安全体制を構築し、全社を挙げて安全のための取り組みを推進しています。
● 新しいサービスへの挑戦
駅ビルを通過せずに乗り換えができる、あるいは、最寄り駅では電車の到着を待ってバスが出発するなど、事業やエリアの枠を超えた統合的なサービスをどんどん実行しています。
● エリア横断的な安全対策
部門横断的なメンバーによる安全推進委員会が、安全管理標準書を作成しています。これをもとに、鉄道事業の安全マネジメントを統合的に実施しており、現業第一線のスタッフと管理職による双方向コミュニケーションの拡充を図っています。

見出しや●に色をつけると効果的

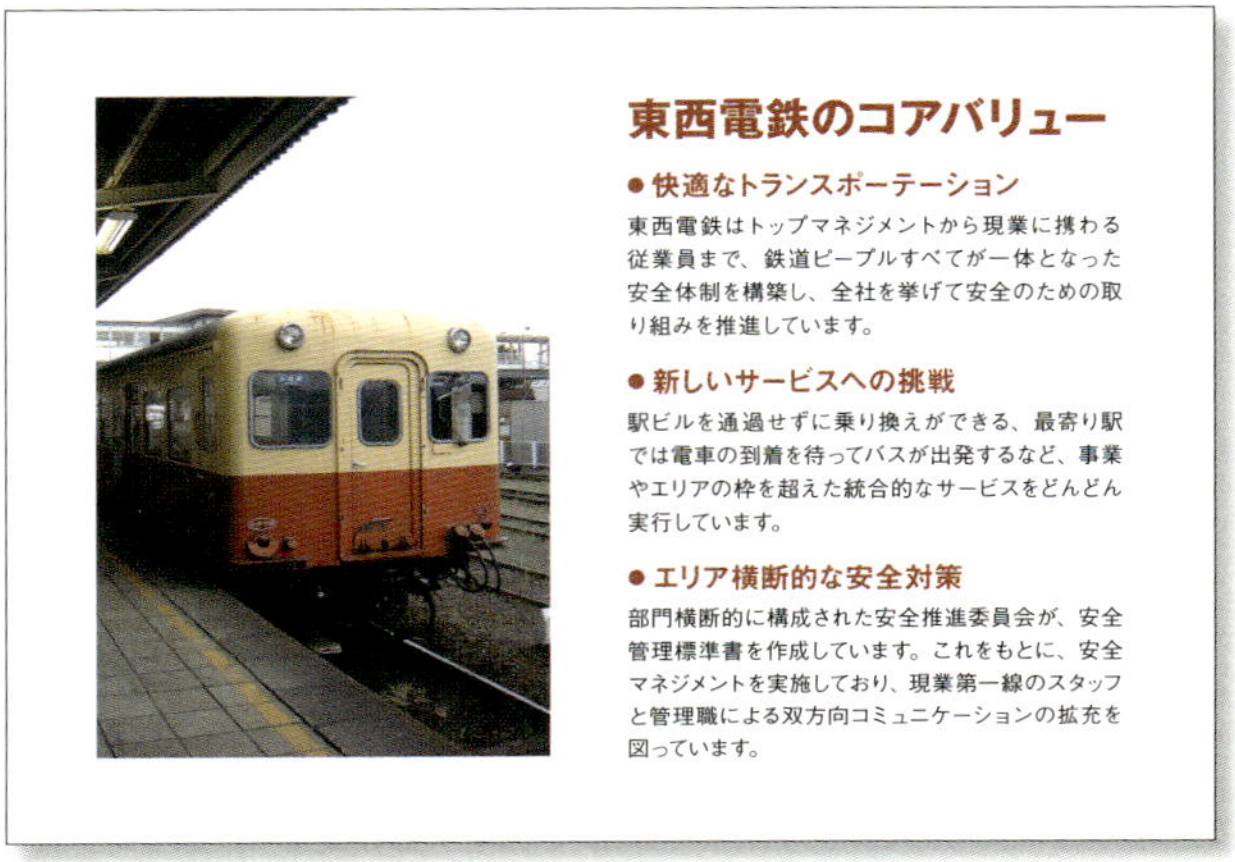
東西電鉄のコアバリュー
● 快適なトランスポーテーション
東西電鉄はトップマネジメントから現業に携わる従業員まで、鉄道ピープルすべてが一体となった安全体制を構築し、全社を挙げて安全のための取り組みを推進しています。
● 新しいサービスへの挑戦
駅ビルを通過せずに乗り換えができる、最寄り駅では電車の到着を待ってバスが出発するなど、事業やエリアの枠を超えた統合的なサービスをどんどん実行しています。
● エリア横断的な安全対策
部門横断的に構成された安全推進委員会が、安全管理標準書を作成しています。これをもとに、安全マネジメントを実施しており、現業第一線のスタッフと管理職による双方向コミュニケーションの拡充を図っています。

写真の中に使われているキーカラーを使う

また、どんな色を用いるか、これも、迷うところです。もちろん、先ほど出てきた、トーン＆マナーに沿って選ぶのが定石です。その他では、ひとつのヒントとして、用いる写真の特徴的な色をピックアップするというやりかたがあります。これは写真との一体感が出て、とてもまとまりがよくなります。

また、色には本来、固有のイメージがあります。例えば情報技術系の企業は好んで青をロゴやコーポレートカラー（会社のイメージカラー）に用います。青には先進性、信頼性、理知的といった属性がなんとなく一般に共有されているから、といわれます。

逆に金融系では圧倒的に赤が多いのにみなさんは気づかれるでしょう。赤には情熱、ヒューマニズム、エネルギーが宿っているからです。

また、昨今、緑はエコロジーを意味する色になりました。

こうした**色本来が持つ意味合いを上手に活用すると、説得力のある文書に見えてくる**ことでしょう。

第三章

良い例、悪い例を徹底比較。ビジネス文書実例集。

ここでは実際に、文書作成の定番ソフトであるパワーポイントやワードで作った悪い例と、第２章で紹介した７つの黄金ルールを使って改良した例とを対比させてみましょう。ビフォー＆アフターを比べてみることで、直すべきポイントが客観的に理解できます。ちょっとした工夫で見た目が大きく改善されている点に、まず注目してみてください。特別なテクニックはいらないということがお分かりいただければ合格です。

※３章の事例はすべてWindowsのPower Point, Wordの機能で制作しています。

※事例中の企業名、連絡先などはすべて架空のものです。

3

case
1

パワーポイントの企画書

パターン1：自治体への広報誌企画

企画編集会社が広報誌の請負入札時の際、プレゼンテーションに使うちょっと堅めの文書例です。1枚のスライドにいくつもの課題を詰め込んでしまい、何を言いたいのかぼやけてしまっています。そこで、メッセージを絞り込み、タイトルまわりを統一しました。

パターン2：出版社への女性向け旅行企画

旅行会社から女性誌編集部へ向けて、パック旅行企画タイアップを提案する際の文書例です。比較的カジュアルに提案する内容ですが、関連性のない図版や、無意味な背景の処理などが読みやすさを妨げています。思い切って情報を整理し、グループ化することで流れを再構築しました。

デザインのポイント

- **情報をグループ化しよう**
- **メリハリをつけよう**
- **余白と見えない線を利用しよう**
- **フォーマット化しよう**

埼玉県飛鳥山市企画広報課　御中
市民広報誌のご提案
Ver 5.0
Heartfull Voice
2009年10月1日
ハートフルボイス株式会社
開発経緯
作業範囲
プロジェクト体制
スケジュール
MISSION
VALUE
ACTION
2009年秋号
2010年冬号
2010年春号
2010年夏号
Outline
企画概要
近年の顕著な傾向のひとつに、20代～30代の女性のアートへの関心の高まりが挙げられます。一方で、この世代の女性は、従来のパッケージツアーに飽きたらず、明確な目的を持った旅を志向しているといわれます。とりわけニューヨークは、このターゲットにとっては魅力的なデスティネーションとなっており、世界中から気鋭のアーティストが集まる街として知られ、こうした文化活動への支援を街を挙げての活動と位置づけています。またそれに伴い、多くの美術館やアートスポットが充実しており、魅力的な観光資源となっています。本企画は、今、注目のニューヨーク市内の美術館８箇所を専属の学芸員とともに訪ねるスペシャルツアーであり、クオリティライフを求める貴誌読者層とぴったりの企画と自負しております。貴誌のイメージアップとともに、読者の関心を高め、ロイヤリティの向上に貢献いたします。
首都圏の働く20～30代の女性1000人に聞いた旅のカタチ
旅のアート志向
テーマ型の旅志向
NYアートシーンの“今”を実感。専属学芸員が日本から同行。
当社指定デラックスホテル宿泊。
空港送迎はもちろん、美術館の移動も専用リムジンで。
旅の達人が選んだトラベルアイテム、抽選で２０名様にプレゼント。機内持ち込みバッグ、スキンケア。機能性ジャケット、スーツケース、他。詳しくは「アーテリエ」１０月号で。

パターン1：自治体への広報誌企画

黄金ルール2-1
散らばった要素をグループ分けしてレイアウトすることで、タイトルとそれ以外の区別が明確になる

黄金ルール7
必要最低限に色数を減らして（キーカラーを決める）情報を見やすくする

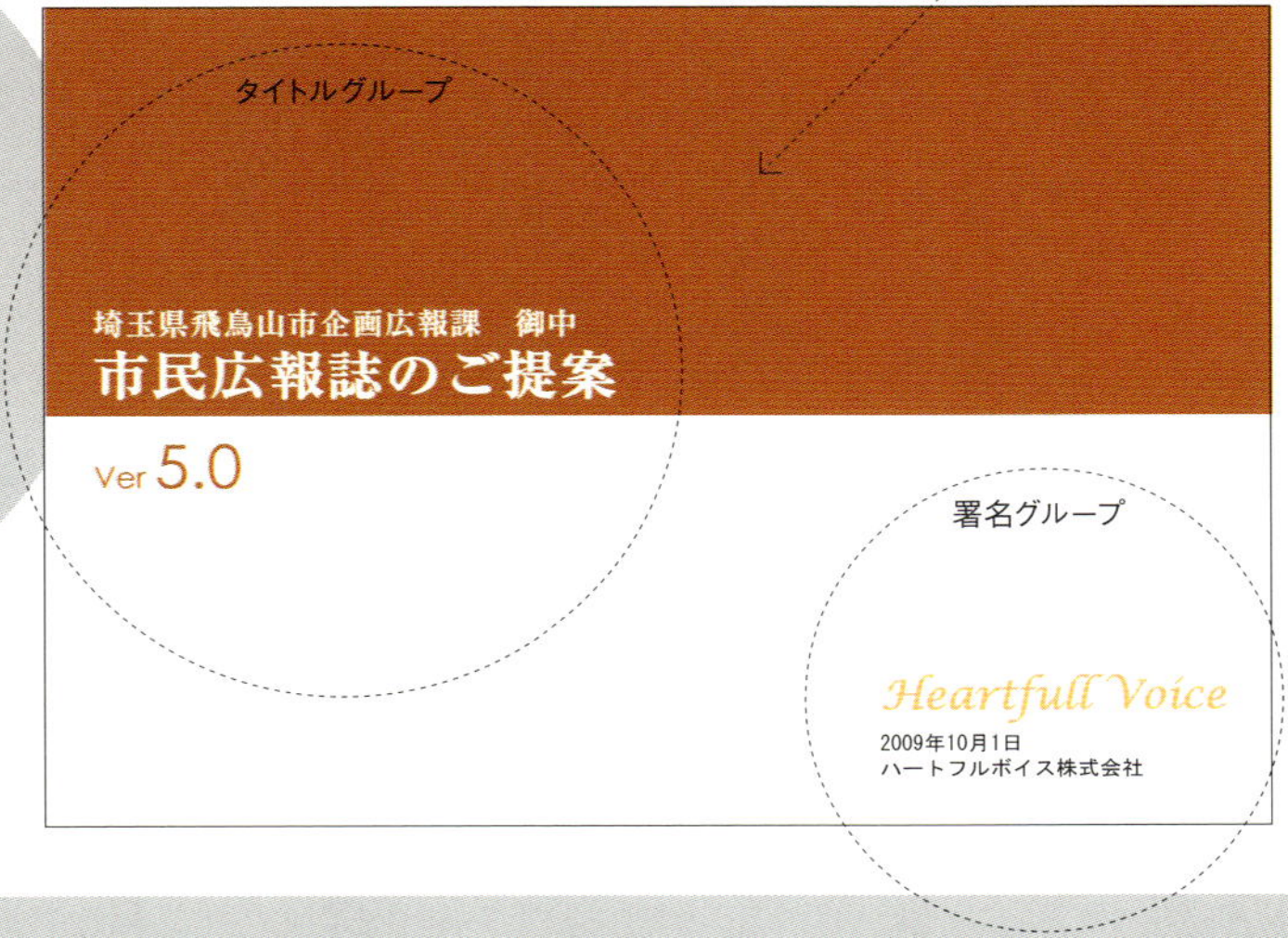

タイトルグループ
埼玉県飛鳥山市企画広報課　御中
市民広報誌のご提案
Ver 5.0
署名グループ
Heartfull Voice
2009年10月1日
ハートフルボイス株式会社

埼玉県飛鳥山市企画広報課　御中
Heartfull Voice
市民広報誌のご提案
Ver5.0
本日のご報告について
000　プロジェクト体制・経緯
・開発経緯
・広報活動の位置づけ
・作業範囲
・体制
・スケジュール
005　編集方針
・MISSION
・VALUE
・ACTION
010　編集テーマ選定
・テーマ選定基準（編集指針）
・テーマ公募の方法
017　創刊号スケジュール
019　年間取材テーマ
・2009年秋号
・2010年冬号
・2010年春号
・2010年夏号
2009年10月1日
ハートフルボイス株式会社

内容に関係のないイメージ写真は、極力使用しない。

ゾーン分けをしても、混雑して読みにくくなりそうならば、無理に詰め込まず、次ページに送る（この場合は目次）

黄金ルール❻
装飾的に欧文書体を使用。大きく使用すると、全体のメリハリがつく

黄金ルール❺
章、大見出し… など、コンテンツの階層を意識して文字の組み方にメリハリをつける

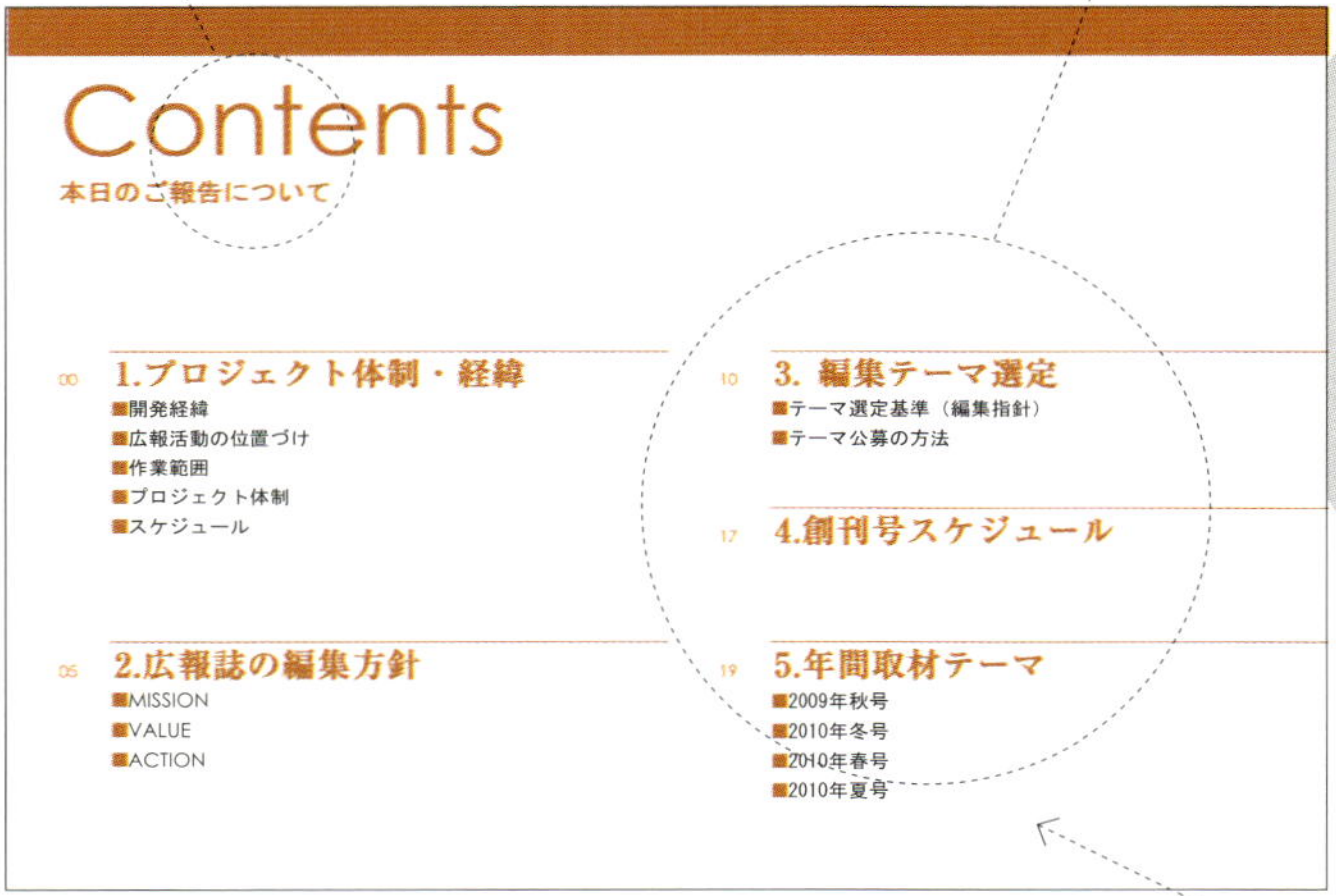
Contents
本日のご報告について
00 1.プロジェクト体制・経緯
■開発経緯
■広報活動の位置づけ
■作業範囲
■プロジェクト体制
■スケジュール
05 2.広報誌の編集方針
■MISSION
■VALUE
■ACTION
10 3. 編集テーマ選定
■テーマ選定基準（編集指針）
■テーマ公募の方法
17 4.創刊号スケジュール
19 5.年間取材テーマ
■2009年秋号
■2010年冬号
■2010年春号
■2010年夏号

本章の見方

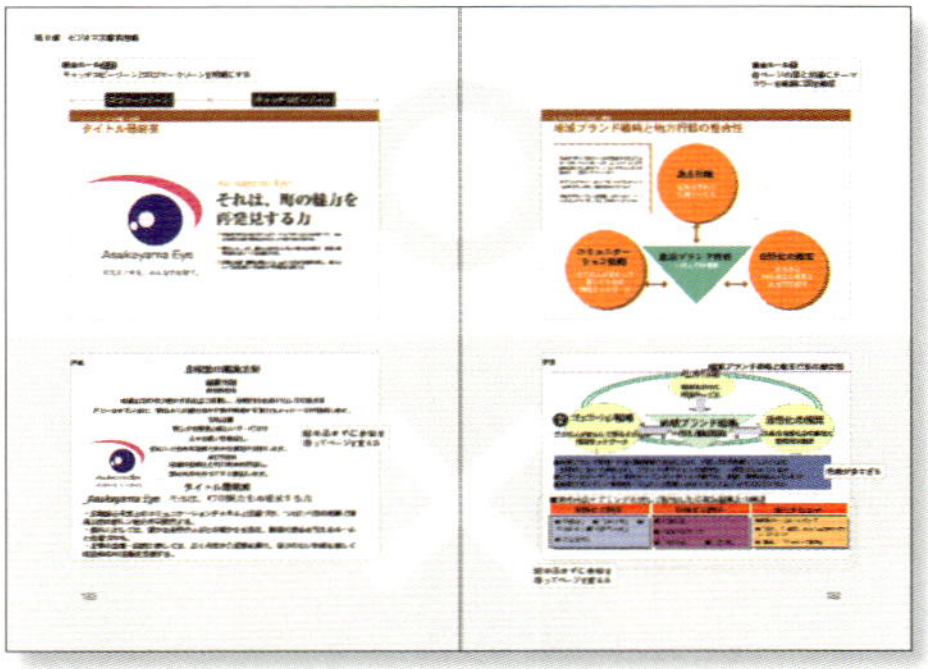

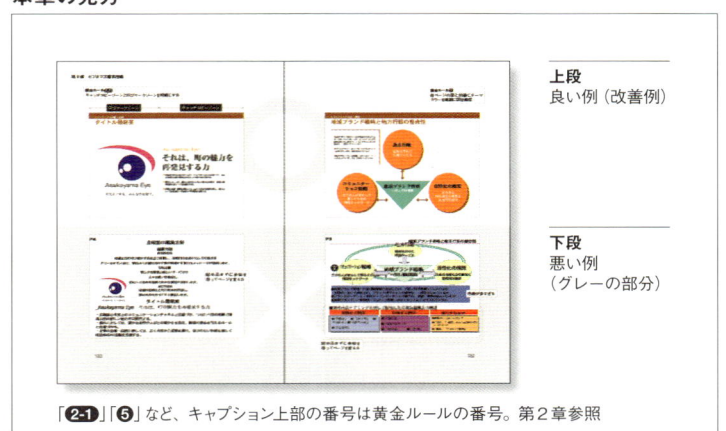

上段
良い例（改善例）

下段
悪い例
（グレーの部分）

「2-1」「❺」など、キャプション上部の番号は黄金ルールの番号。第２章参照

黄金ルール2-2
ページごとのタイトルのデザインを統一すると、文書全体のレイアウトをコントロールしやすい

黄金ルール3
余裕を持って、内容ごとに3ページに分割する

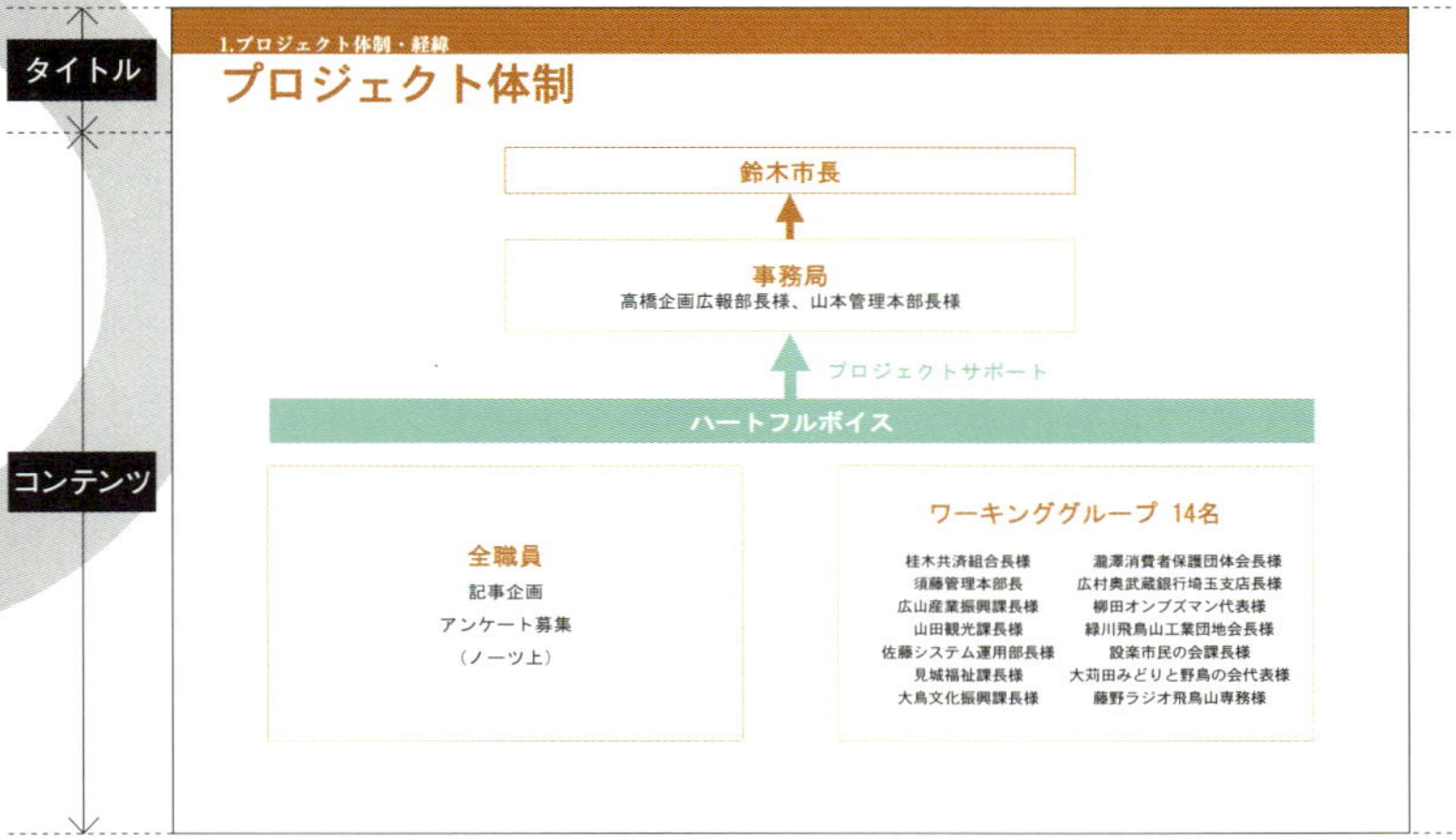

タイトル
コンテンツ
1.プロジェクト体制・経緯
プロジェクト体制
鈴木市長
事務局
高橋企画広報部長様、山本管理本部長様
プロジェクトサポート
ハートフルボイス
全職員
記事企画
アンケート募集
（ノーツ上）
ワーキンググループ 14名
桂木共済組合長様
須藤管理本部長
広山産業振興課長様
山田観光課長様
佐藤システム運用部長様
見城福祉課長様
大鳥文化振興課長様
瀧澤消費者保護団体会長様
広村奥武蔵銀行埼玉支店長様
柳田オンブズマン代表様
緑川飛鳥山工業団地会長様
設楽市民の会課長様
大苅田みどりと野鳥の会代表様
藤野ラジオ飛鳥山専務様

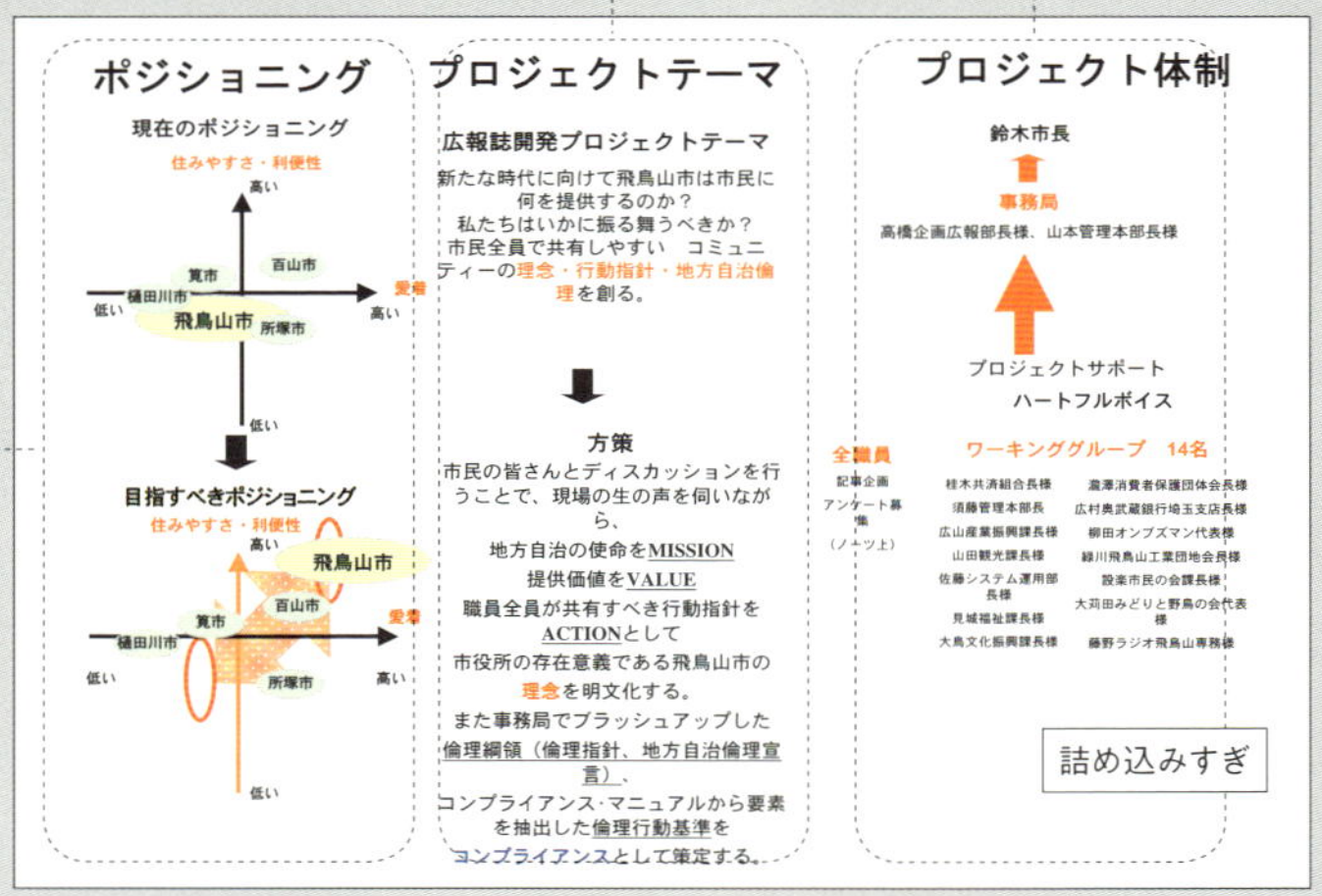

ポジショニング
現在のポジショニング
住みやすさ・利便性
高い
低い
寛市
百山市
樋田川市
飛鳥山市
所塚市
愛着
目指すべきポジショニング
プロジェクトテーマ
広報誌開発プロジェクトテーマ
新たな時代に向けて飛鳥山市は市民に何を提供するのか？
私たちはいかに振る舞うべきか？
市民全員で共有しやすい　コミュニティーの理念・行動指針・地方自治倫理を創る。
方策
市民の皆さんとディスカッションを行うことで、現場の生の声を伺いながら、
地方自治の使命をMISSION
提供価値をVALUE
職員全員が共有すべき行動指針をACTIONとして
市役所の存在意義である飛鳥山市の理念を明文化する。
また事務局でブラッシュアップした倫理綱領（倫理指針、地方自治倫理宣言）、
コンプライアンス･マニュアルから要素を抽出した倫理行動基準をコンプライアンスとして策定する。
プロジェクト体制
鈴木市長
事務局
高橋企画広報部長様、山本管理本部長様
プロジェクトサポート
ハートフルボイス
全職員
記事企画
アンケート募集
（ノーツ上）
ワーキンググループ　14名
桂木共済組合長様
須藤管理本部長
広山産業振興課長様
山田観光課長様
佐藤システム運用部長様
見城福祉課長様
大鳥文化振興課長様
瀧澤消費者保護団体会長様
広村奥武蔵銀行埼玉支店長様
柳田オンブズマン代表様
緑川飛鳥山工業団地会長様
設楽市民の会課長様
大苅田みどりと野鳥の会代表様
藤野ラジオ飛鳥山専務様
詰め込みすぎ

3つのテーマの区切りが分かりづらく、どれに集中したら良いか分からないレイアウト。次ページで解説

章タイトル（章が切り替わるまで通して入れる「柱」）

記事タイトル

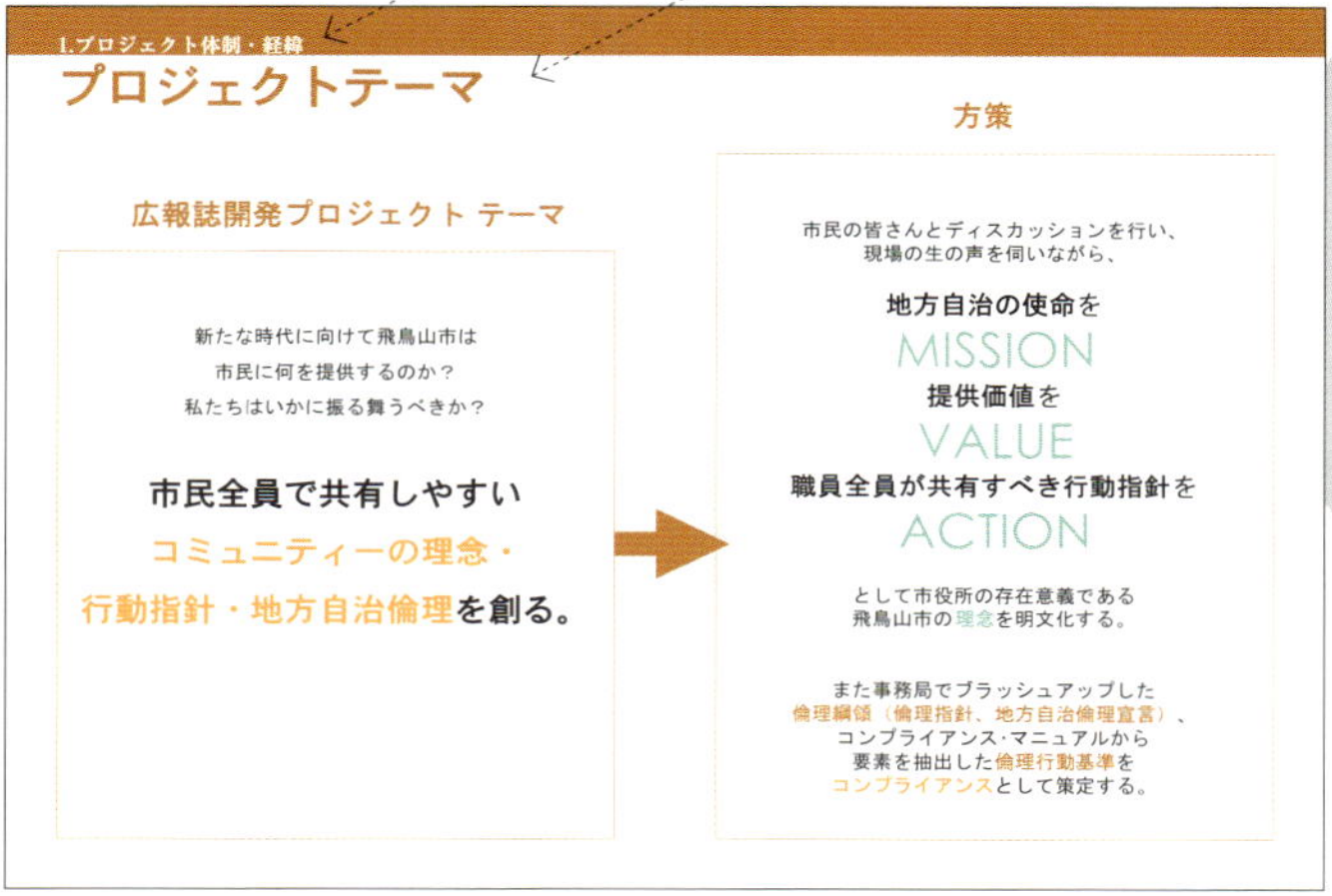
1.プロジェクト体制・経緯
プロジェクトテーマ
広報誌開発プロジェクト テーマ
新たな時代に向けて飛鳥山市は
市民に何を提供するのか？
私たちはいかに振る舞うべきか？
市民全員で共有しやすい
コミュニティーの理念・
行動指針・地方自治倫理を創る。
方策
市民の皆さんとディスカッションを行い、
現場の生の声を伺いながら、
地方自治の使命を
MISSION
提供価値を
VALUE
職員全員が共有すべき行動指針を
ACTION
として市役所の存在意義である
飛鳥山市の理念を明文化する。
また事務局でブラッシュアップした
倫理綱領（倫理指針、地方自治倫理宣言）、
コンプライアンス･マニュアルから
要素を抽出した倫理行動基準を
コンプライアンスとして策定する。

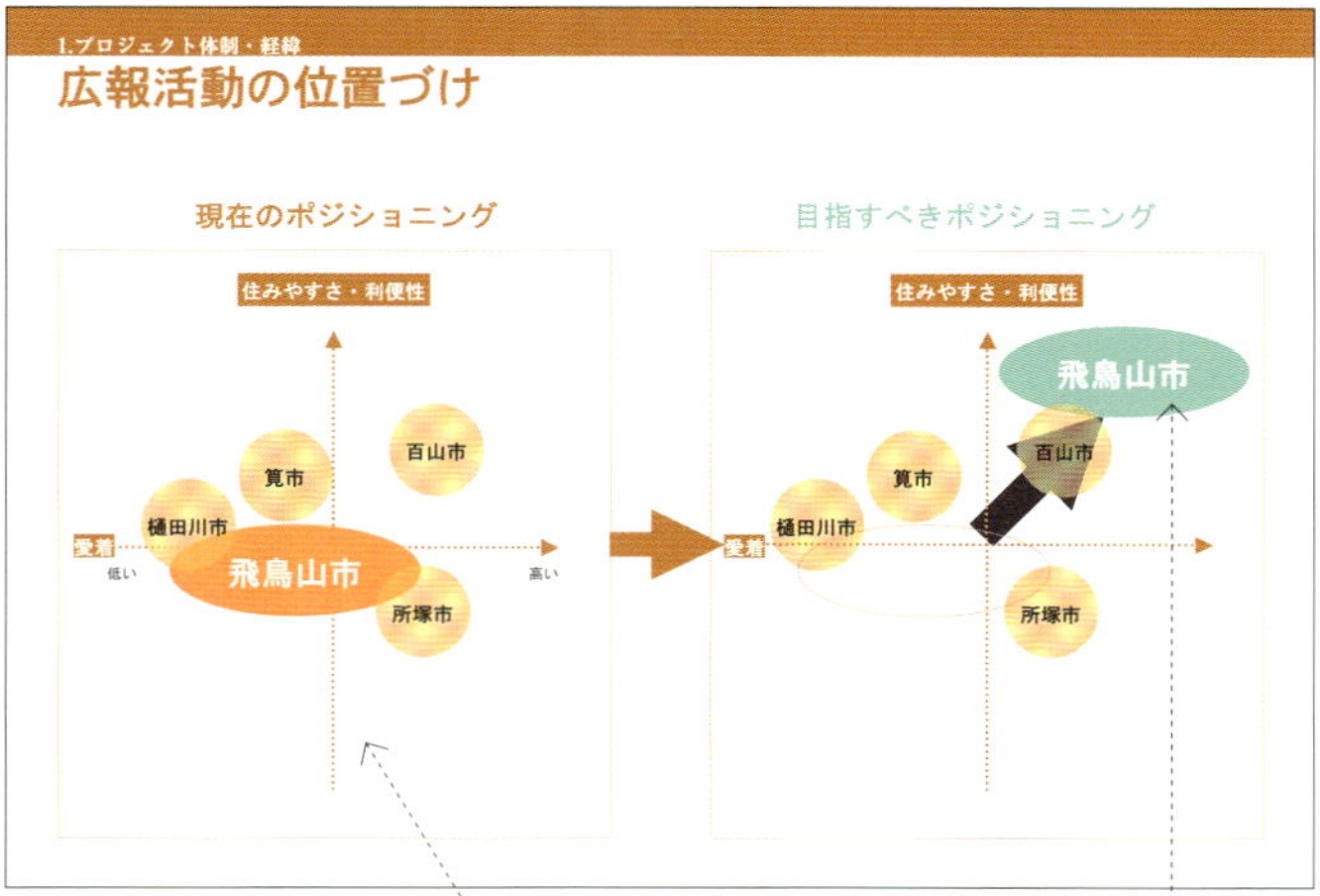
1.プロジェクト体制・経緯
広報活動の位置づけ
現在のポジショニング
住みやすさ・利便性
愛着
低い
高い
百山市
寛市
樋田川市
飛鳥山市
所塚市
目指すべきポジショニング
住みやすさ・利便性
飛鳥山市
百山市
寛市
樋田川市
愛着
所塚市

黄金ルール❼
図に使用する色は最初に決めたテーマカラーに沿った色使いにするとなじむ（この場合、ブラウン・オレンジ系）

強調したい箇所を色で変化をつける場合、補色を使う方法もある（オレンジ／グリーン）

黄金ルール❼
前ページの図と同様にテーマカラーを基調に図を構成

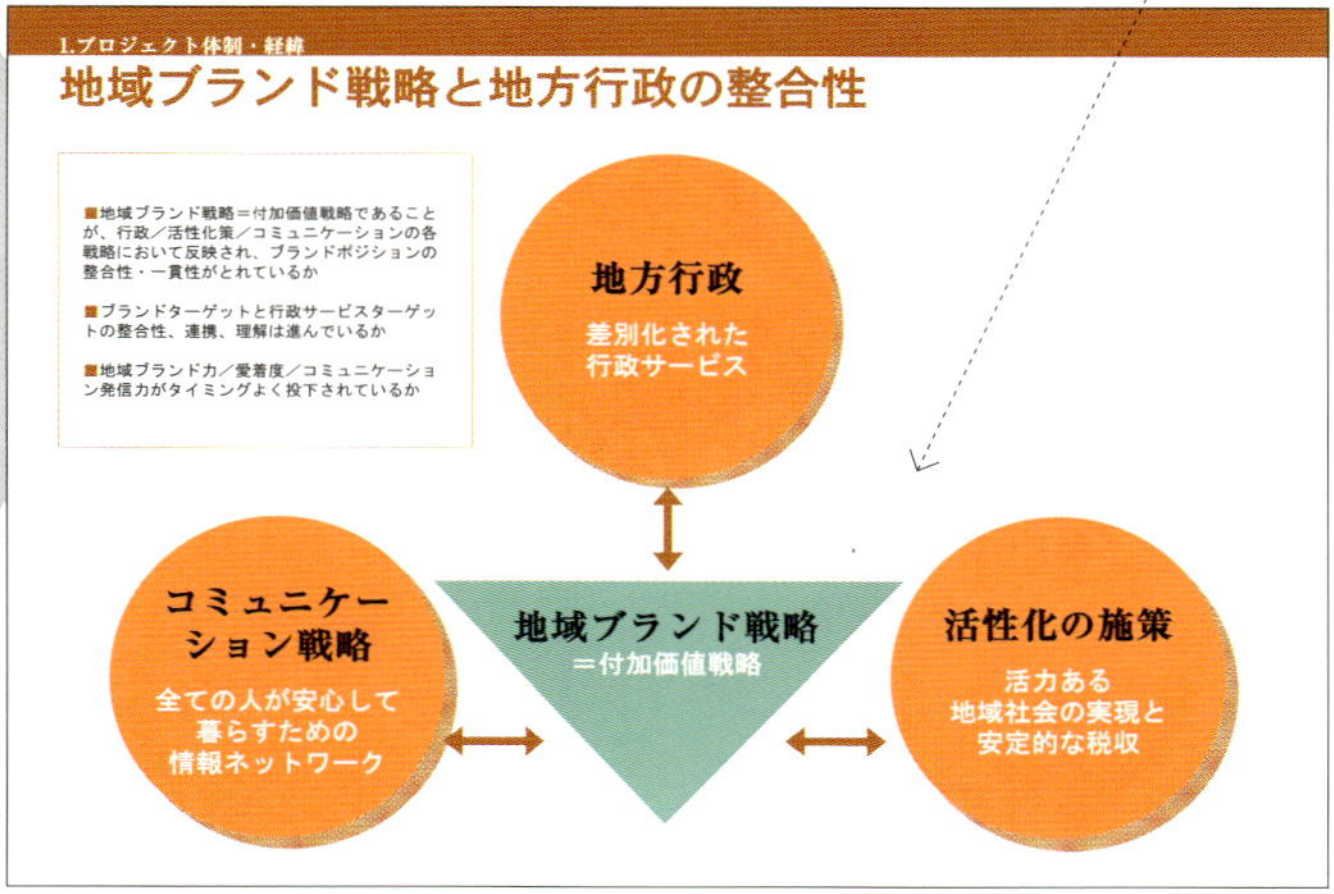

1.プロジェクト体制・経緯
地域ブランド戦略と地方行政の整合性
■地域ブランド戦略＝付加価値戦略であることが、行政／活性化策／コミュニケーションの各戦略において反映され、ブランドポジションの整合性・一貫性がとれているか
■ブランドターゲットと行政サービスターゲットの整合性、連携、理解は進んでいるか
■地域ブランド力／愛着度／コミュニケーション発信力がタイミングよく投下されているか
地方行政
差別化された
行政サービス
コミュニケーション戦略
全ての人が安心して
暮らすための
情報ネットワーク
地域ブランド戦略
＝付加価値戦略
活性化の施策
活力ある
地域社会の実現と
安定的な税収

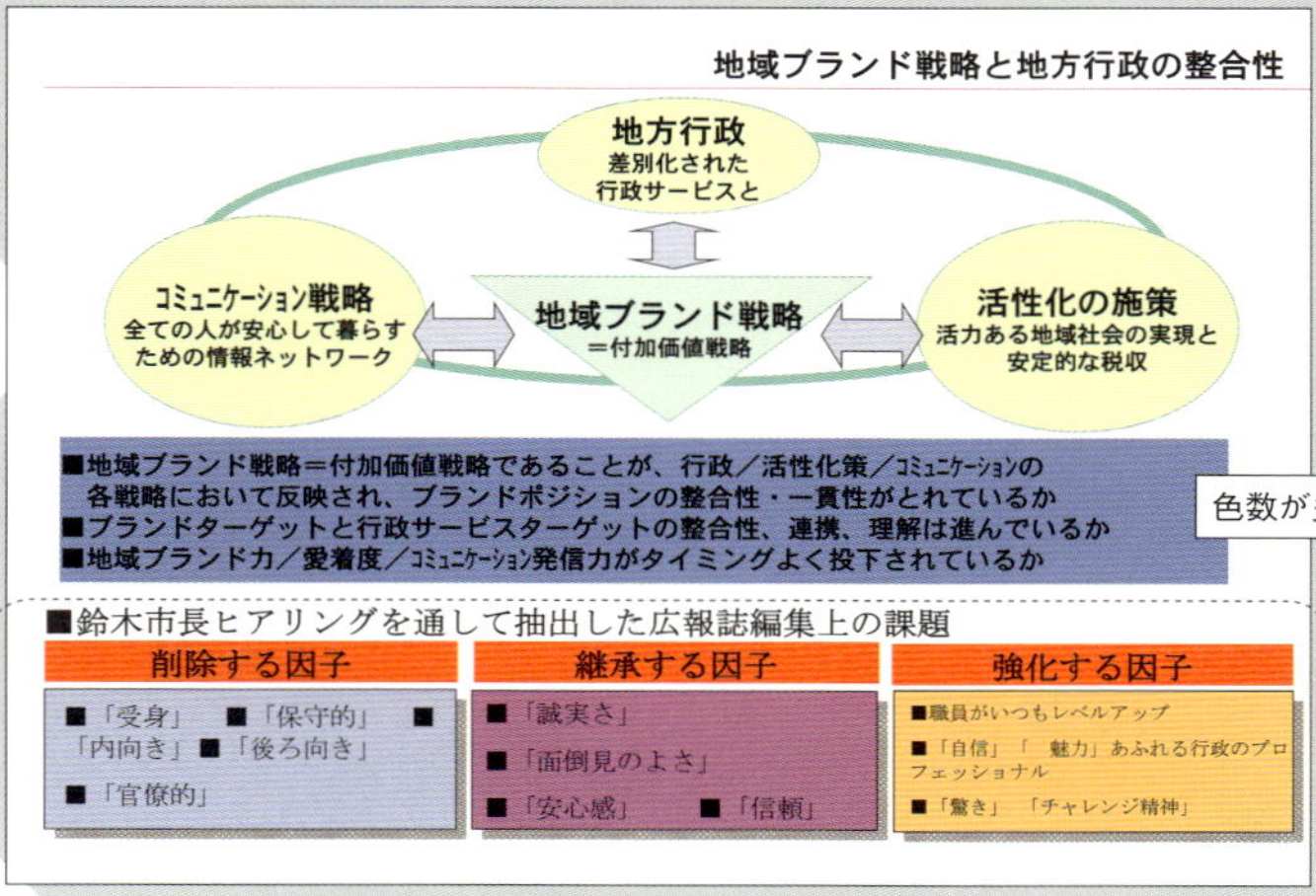

地域ブランド戦略と地方行政の整合性
地方行政
差別化された
行政サービスと
コミュニケーション戦略
全ての人が安心して暮らすための情報ネットワーク
地域ブランド戦略
＝付加価値戦略
活性化の施策
活力ある地域社会の実現と
安定的な税収
■地域ブランド戦略＝付加価値戦略であることが、行政／活性化策／コミュニケーションの各戦略において反映され、ブランドポジションの整合性・一貫性がとれているか
■ブランドターゲットと行政サービスターゲットの整合性、連携、理解は進んでいるか
■地域ブランド力／愛着度／コミュニケーション発信力がタイミングよく投下されているか
■鈴木市長ヒアリングを通して抽出した広報誌編集上の課題
削除する因子
■「受身」 ■「保守的」 ■「内向き」■「後ろ向き」
■「官僚的」
継承する因子
■「誠実さ」
■「面倒見のよさ」
■「安心感」 ■「信頼」
強化する因子
■職員がいつもレベルアップ
■「自信」「 魅力」あふれる行政のプロフェッショナル
■「驚き」「チャレンジ精神」

色数が多すぎる

詰め込まずに余裕を持ってページを変える

黄金ルール 2-2
キャッチコピーゾーンとロゴマークゾーンを明確にする

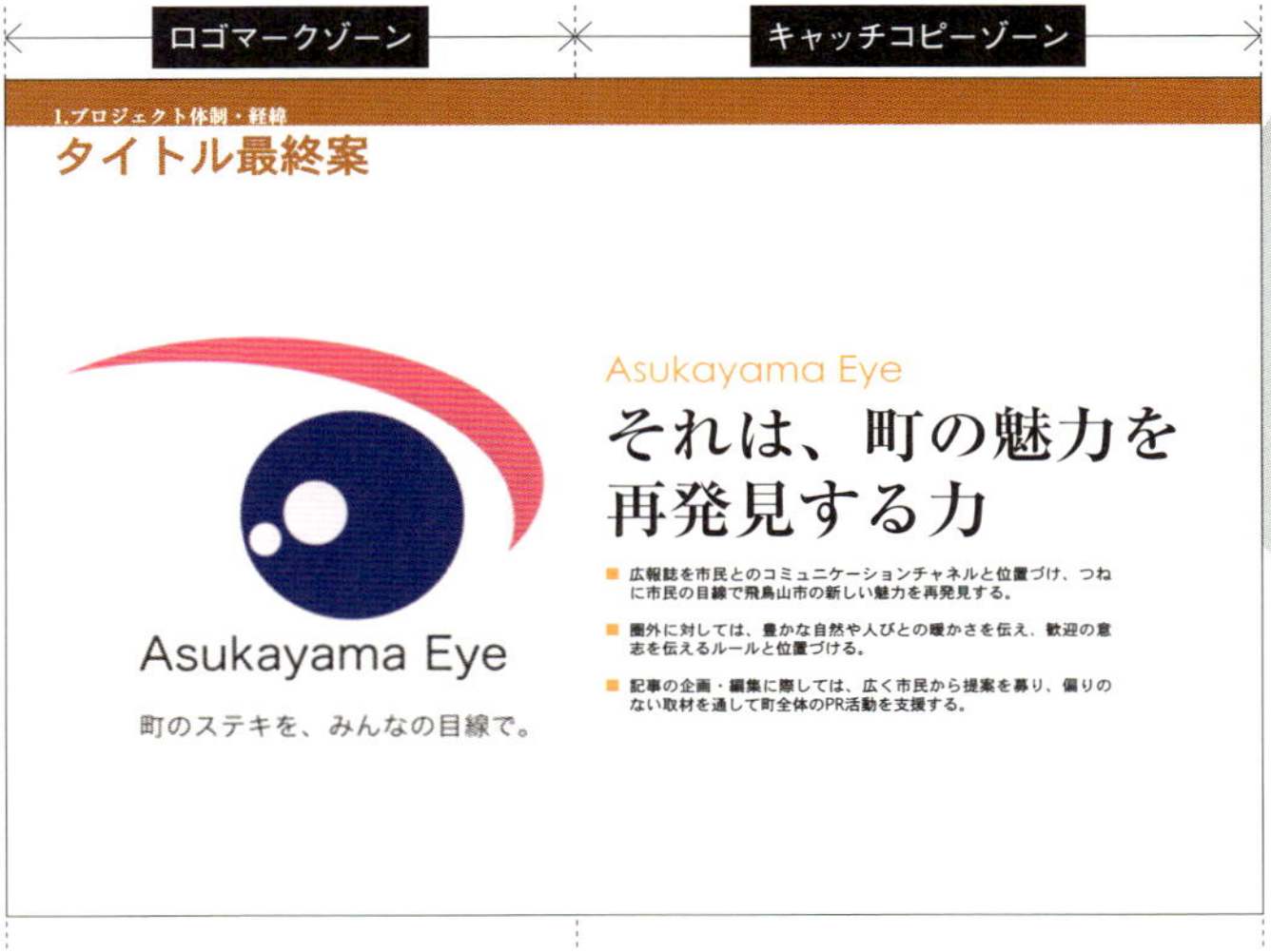
ロゴマークゾーン
キャッチコピーゾーン
1.プロジェクト体制・経緯
タイトル最終案
Asukayama Eye
町のステキを、みんなの目線で。
Asukayama Eye
それは、町の魅力を
再発見する力
広報誌を市民とのコミュニケーションチャネルと位置づけ、つねに市民の目線で飛鳥山市の新しい魅力を再発見する。
圏外に対しては、豊かな自然や人びとの暖かさを伝え、歓迎の意志を伝えるルールと位置づける。
記事の企画・編集に際しては、広く市民から提案を募り、偏りのない取材を通して町全体のPR活動を支援する。

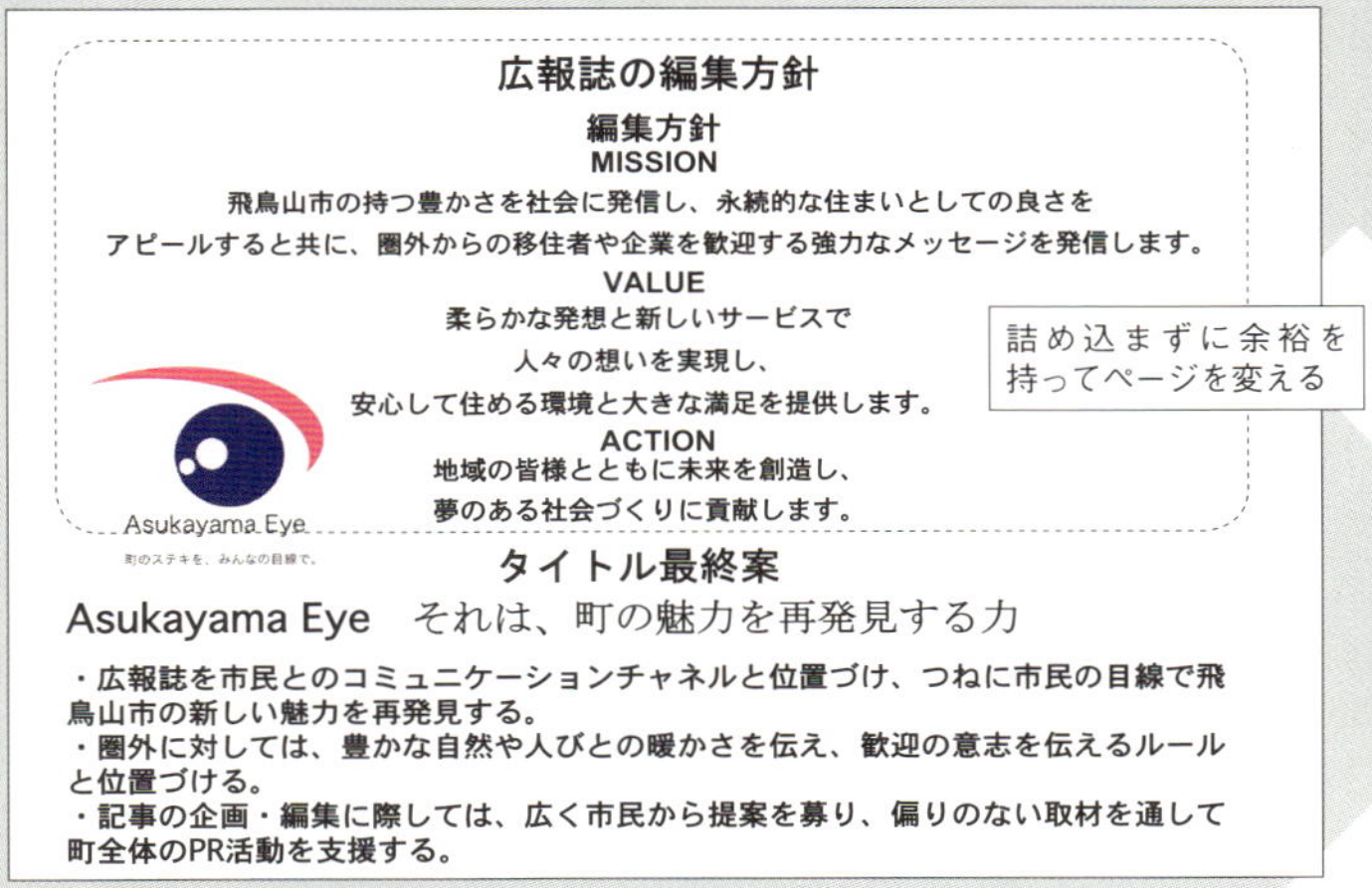
広報誌の編集方針
編集方針
MISSION
飛鳥山市の持つ豊かさを社会に発信し、永続的な住まいとしての良さを
アピールすると共に、圏外からの移住者や企業を歓迎する強力なメッセージを発信します。
VALUE
柔らかな発想と新しいサービスで
人々の想いを実現し、
安心して住める環境と大きな満足を提供します。
ACTION
地域の皆様とともに未来を創造し、
夢のある社会づくりに貢献します。
Asukayama Eye
町のステキを、みんなの目線で。
タイトル最終案
Asukayama Eye　それは、町の魅力を再発見する力
・広報誌を市民とのコミュニケーションチャネルと位置づけ、つねに市民の目線で飛鳥山市の新しい魅力を再発見する。
・圏外に対しては、豊かな自然や人びとの暖かさを伝え、歓迎の意志を伝えるルールと位置づける。
・記事の企画・編集に際しては、広く市民から提案を募り、偏りのない取材を通して町全体のPR活動を支援する。
詰め込まずに余裕を持ってページを変える

パターン２：出版社への女性向け旅行企画

黄金ルール2-1
散らばった要素をグループ分けしてレイアウトする

黄金ルール7
キーカラーを決める。この場合、企画が女性向けであることを意識する

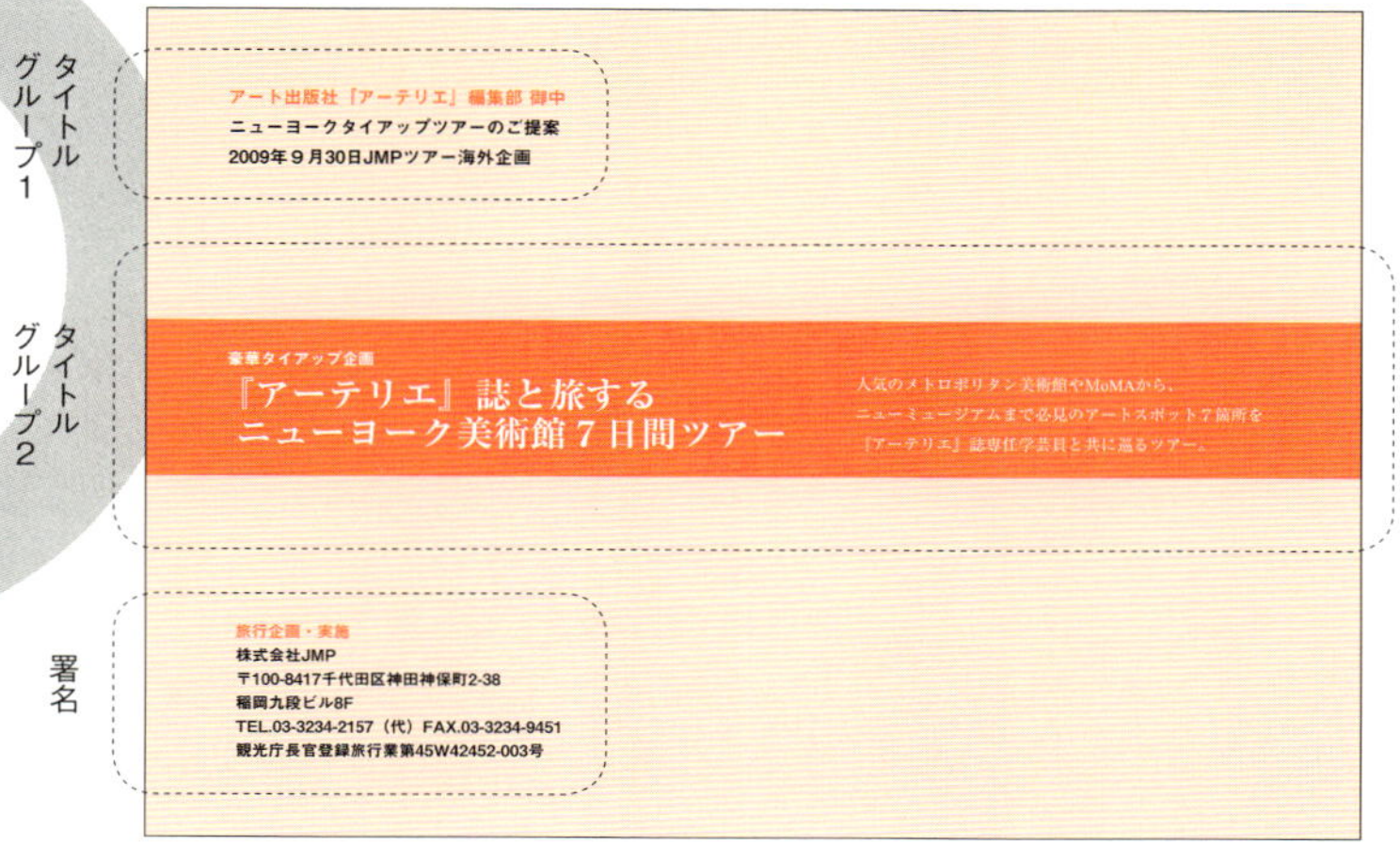
タイトルグループ1
アート出版社『アーテリエ』編集部 御中
ニューヨークタイアップツアーのご提案
2009年９月30日JMPツアー海外企画
タイトルグループ2
豪華タイアップ企画
『アーテリエ』誌と旅する
ニューヨーク美術館７日間ツアー
人気のメトロポリタン美術館やMoMAから、
ニューミュージアムまで必見のアートスポット７箇所を
『アーテリエ』誌専任学芸員と共に巡るツアー。
署名
旅行企画・実施
株式会社JMP
〒100-8417千代田区神田神保町2-38
稲岡九段ビル8F
TEL.03-3234-2157（代）FAX.03-3234-9451
観光庁長官登録旅行業第45W42452-003号

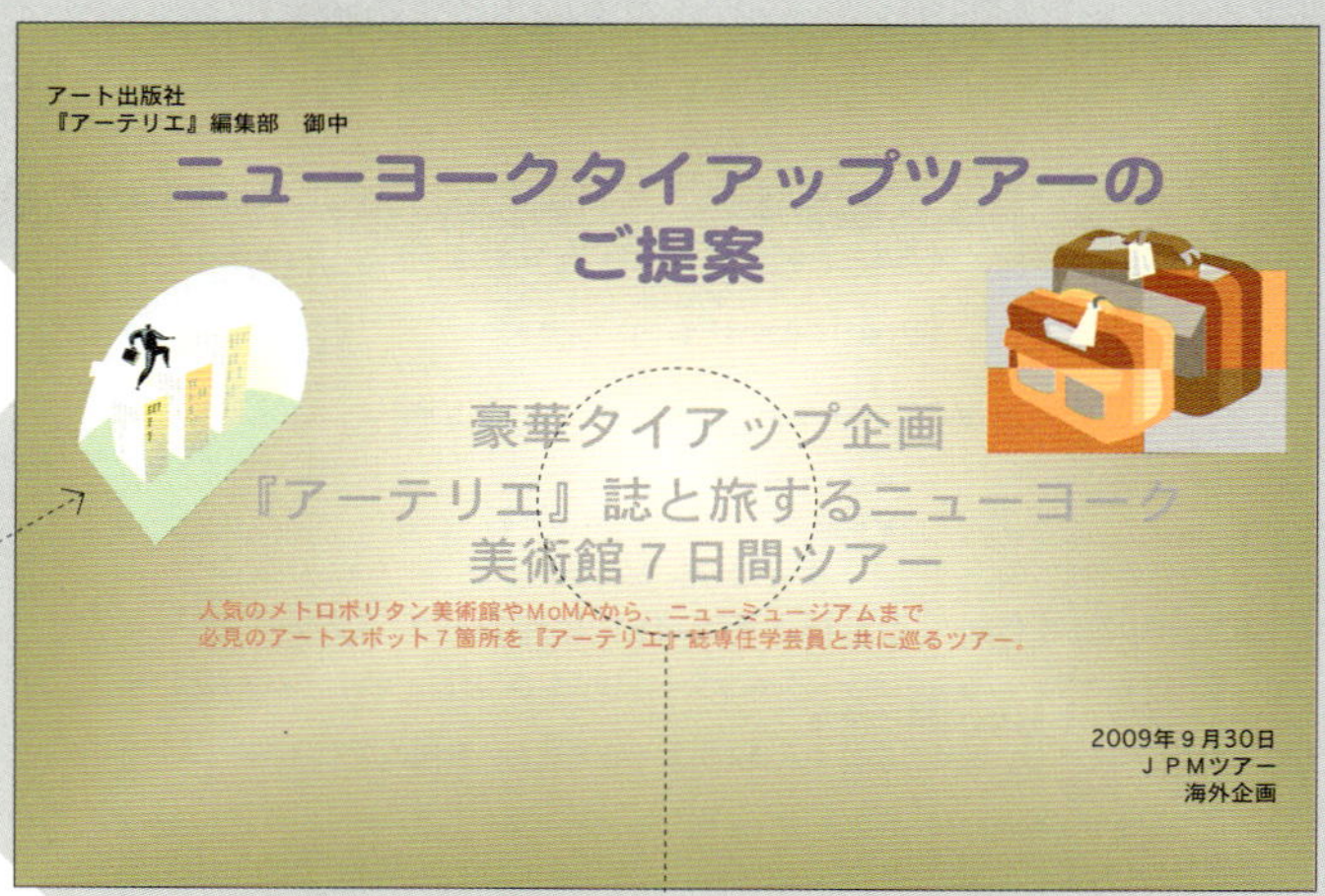
アート出版社
『アーテリエ』編集部　御中
ニューヨークタイアップツアーのご提案
豪華タイアップ企画
『アーテリエ』誌と旅するニューヨーク美術館７日間ツアー
人気のメトロポリタン美術館やMoMAから、ニューミュージアムまで
必見のアートスポット７箇所を『アーテリエ』誌専任学芸員と共に巡るツアー。
2009年９月30日
ＪＰＭツアー
海外企画

文字色と地色に差がなく読みづらい

黄金ルール2-2
ページごとのタイトルのデザインを統一すると、文書全体のレイアウトをコントロールしやすい

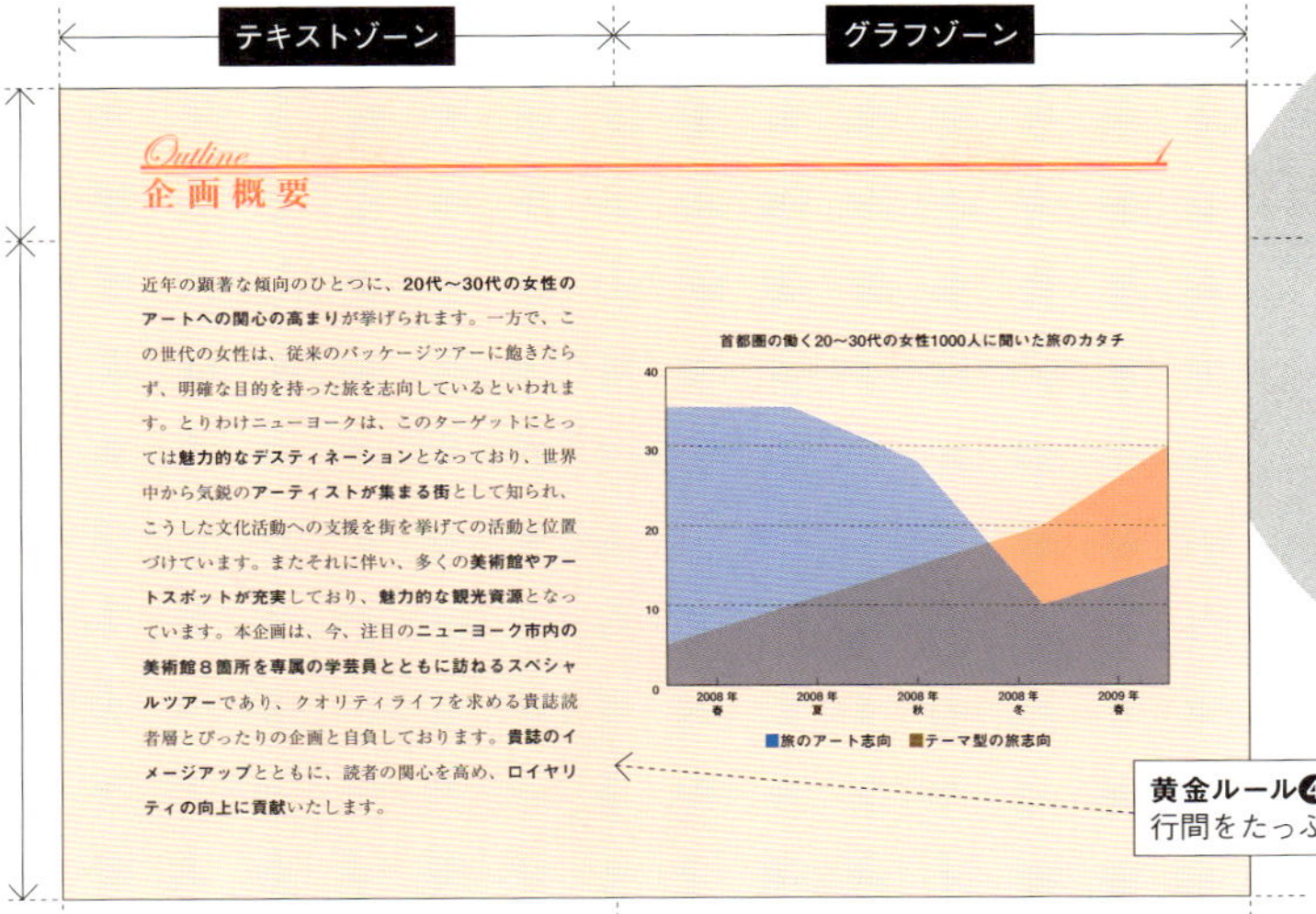
テキストゾーン
グラフゾーン
Outline
1
企画概要
近年の顕著な傾向のひとつに、20代～30代の女性のアートへの関心の高まりが挙げられます。一方で、この世代の女性は、従来のパッケージツアーに飽きたらず、明確な目的を持った旅を志向しているといわれます。とりわけニューヨークは、このターゲットにとっては魅力的なデスティネーションとなっており、世界中から気鋭のアーティストが集まる街として知られ、こうした文化活動への支援を街を挙げての活動と位置づけています。またそれに伴い、多くの美術館やアートスポットが充実しており、魅力的な観光資源となっています。本企画は、今、注目のニューヨーク市内の美術館８箇所を専属の学芸員とともに訪ねるスペシャルツアーであり、クオリティライフを求める貴誌読者層とぴったりの企画と自負しております。貴誌のイメージアップとともに、読者の関心を高め、ロイヤリティの向上に貢献いたします。
首都圏の働く20～30代の女性1000人に聞いた旅のカタチ
40
30
20
10
0
2008年 春
2008年 夏
2008年 秋
2008年 冬
2009年 春
旅のアート志向
テーマ型の旅志向

黄金ルール4
行間をたっぷりとる

本文の強調文字が目立ちすぎて、流れが妨げられる

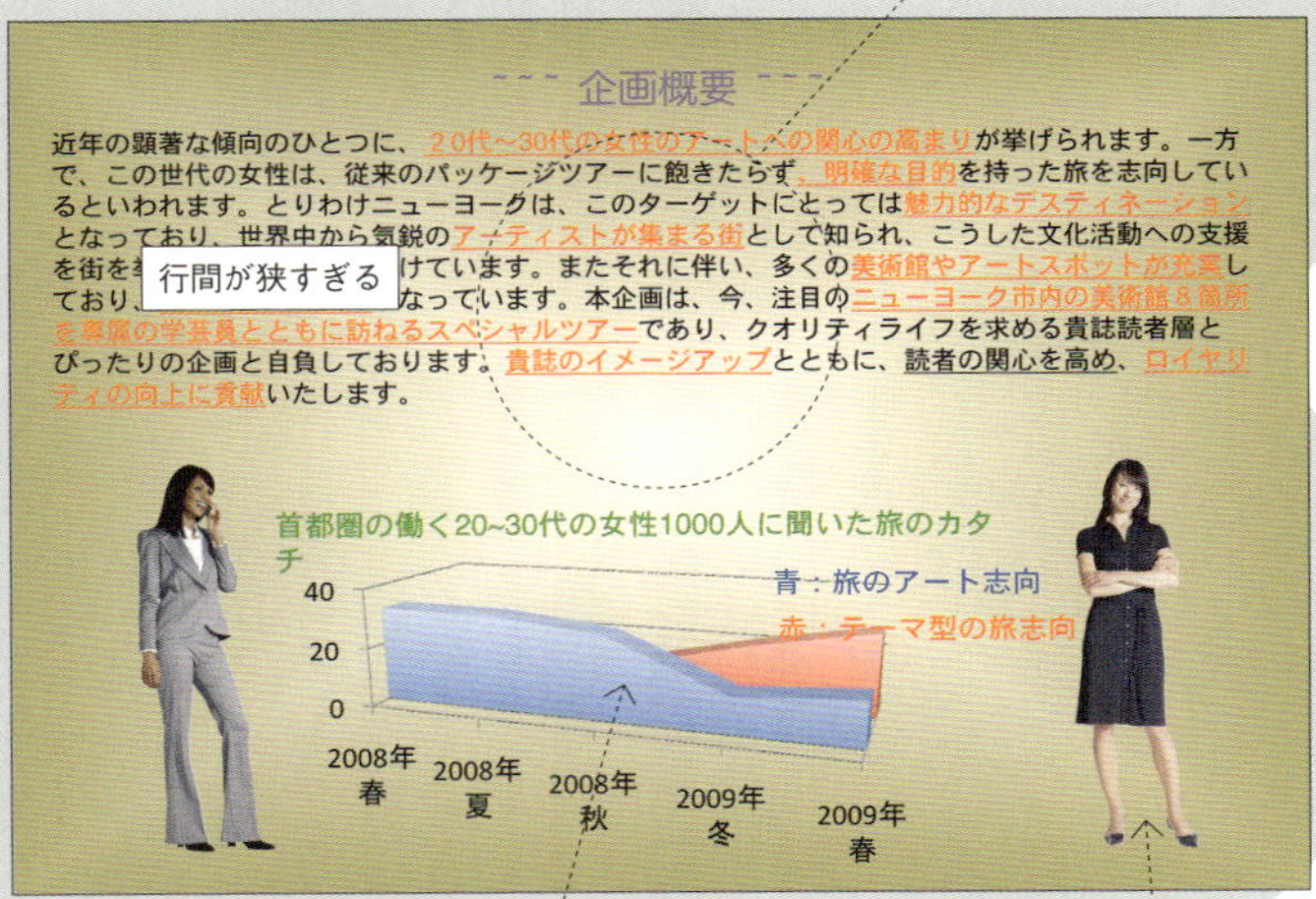
企画概要
近年の顕著な傾向のひとつに、２0代～30代の女性のアートへの関心の高まりが挙げられます。一方で、この世代の女性は、従来のパッケージツアーに飽きたらず、明確な目的を持った旅を志向しているといわれます。とりわけニューヨークは、このターゲットにとっては魅力的なデスティネーションとなっており、世界中から気鋭のアーティストが集まる街として知られ、こうした文化活動への支援を街を
けています。またそれに伴い、多くの美術館やアートスポットが充実しており、
なっています。本企画は、今、注目のニューヨーク市内の美術館８箇所を専属の学芸員とともに訪ねるスペシャルツアーであり、クオリティライフを求める貴誌読者層とぴったりの企画と自負しております。貴誌のイメージアップとともに、読者の関心を高め、ロイヤリティの向上に貢献いたします。
首都圏の働く20~30代の女性1000人に聞いた旅のカタチ
青：旅のアート志向
赤：テーマ型の旅志向
40
20
0
2008年 春
2008年 夏
2008年 秋
2009年 冬
2009年 春

行間が狭すぎる

グラフのデザインが装飾的すぎて一見して分かりにくい

イラストは本当に必要？

黄金ルール❸
文書全体でイラストのテイストを揃える [→p140]

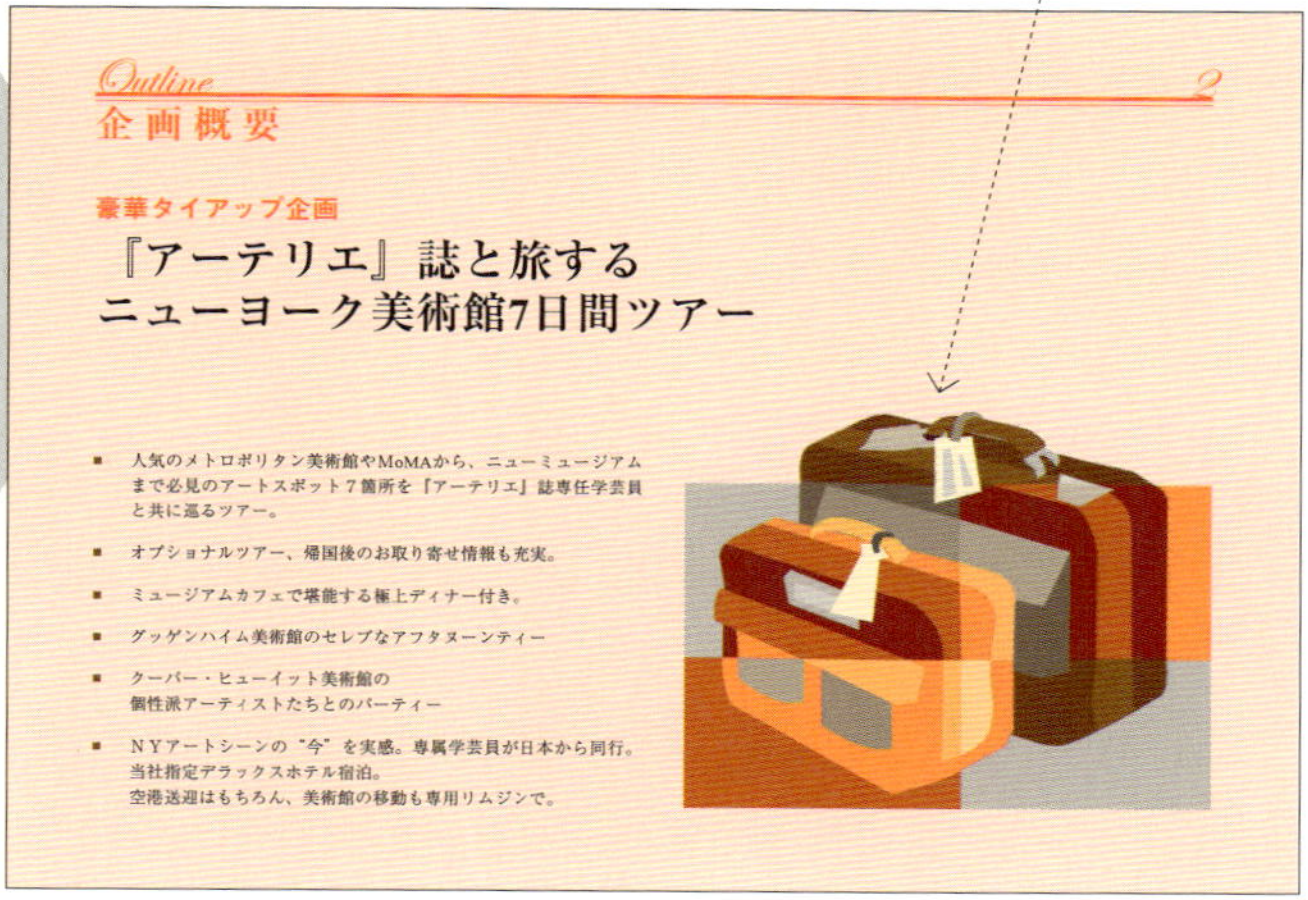
Outline
2
企画概要
豪華タイアップ企画
『アーテリエ』誌と旅する
ニューヨーク美術館7日間ツアー
人気のメトロポリタン美術館やMoMAから、ニューミュージアムまで必見のアートスポット７箇所を『アーテリエ』誌専任学芸員と共に巡るツアー。
オプショナルツアー、帰国後のお取り寄せ情報も充実。
ミュージアムカフェで堪能する極上ディナー付き。
グッゲンハイム美術館のセレブなアフタヌーンティー
クーパー・ヒューイット美術館の
個性派アーティストたちとのパーティー
ＮＹアートシーンの“今”を実感。専属学芸員が日本から同行。
当社指定デラックスホテル宿泊。
空港送迎はもちろん、美術館の移動も専用リムジンで。

内容、ビジュアル、バランスを見てページを構成する

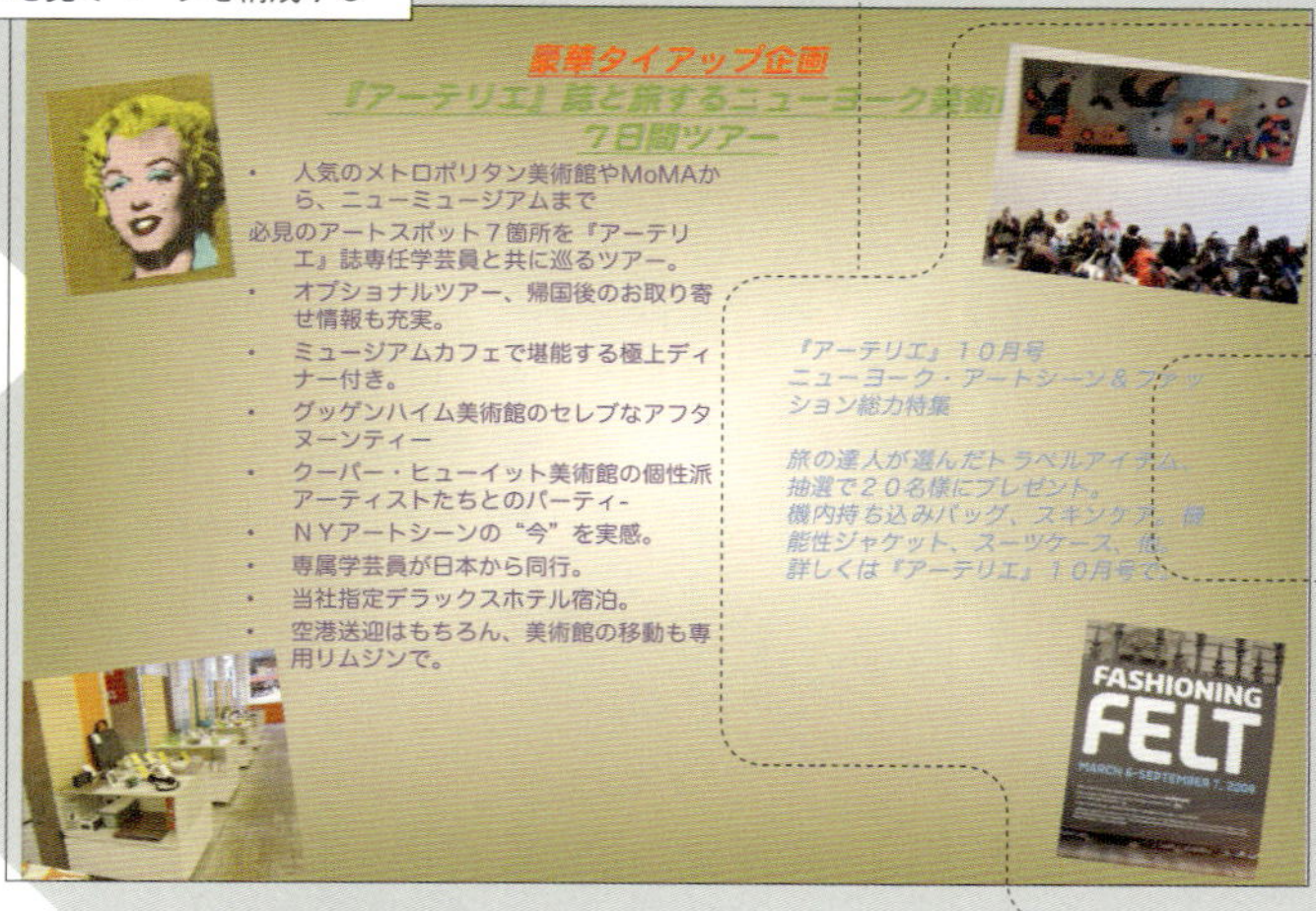
豪華タイアップ企画
『アーテリエ』誌と旅するニューヨーク美術
７日間ツアー
人気のメトロポリタン美術館やMoMAから、ニューミュージアムまで
必見のアートスポット７箇所を『アーテリエ』誌専任学芸員と共に巡るツアー。
オプショナルツアー、帰国後のお取り寄せ情報も充実。
ミュージアムカフェで堪能する極上ディナー付き。
グッゲンハイム美術館のセレブなアフタヌーンティー
クーパー・ヒューイット美術館の個性派アーティストたちとのパーティ-
ＮＹアートシーンの“今”を実感。
専属学芸員が日本から同行。
当社指定デラックスホテル宿泊。
空港送迎はもちろん、美術館の移動も専用リムジンで。
『アーテリエ』１０月号
ニューヨーク・アートシーン＆ファッション総力特集
旅の達人が選んだトラベルアイテム、
抽選で２０名様にプレゼント。
機内持ち込みバッグ、スキンケア、機能性ジャケット、スーツケース、他
詳しくは『アーテリエ』１０月号で。
FASHIONING
FELT

黄金ルール 2-3
記事の趣旨に密接にリンクしない記事は、別デザインでコラム枠を設ける

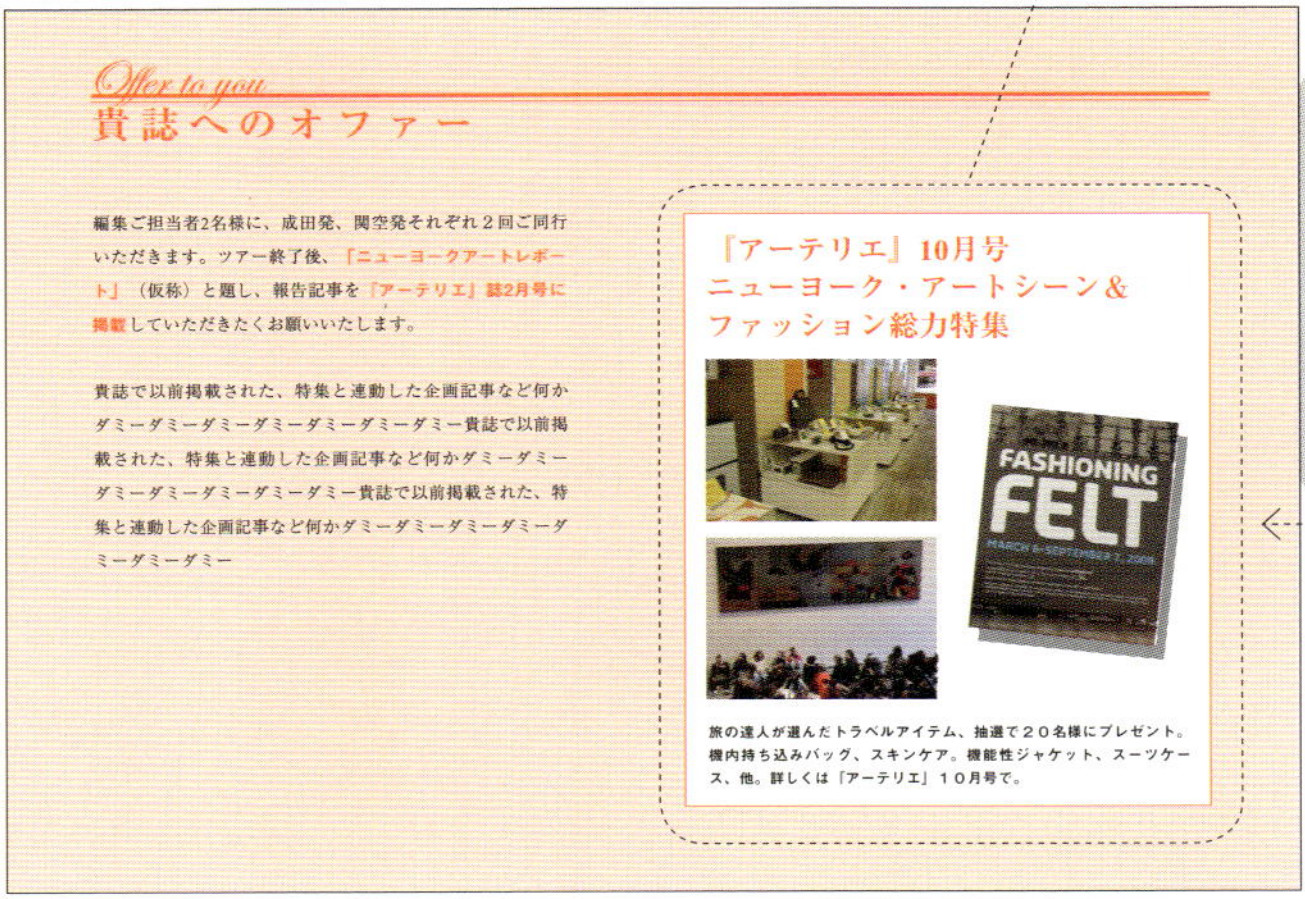
Offer to you
貴誌へのオファー

編集ご担当者2名様に、成田発、関空発それぞれ２回ご同行いただきます。ツアー終了後、「ニューヨークアートレポート」（仮称）と題し、報告記事を『アーテリエ』誌2月号に掲載していただきたくお願いいたします。

貴誌で以前掲載された、特集と連動した企画記事など何かダミーダミーダミーダミーダミーダミー貴誌で以前掲載された、特集と連動した企画記事など何かダミーダミーダミーダミーダミーダミー貴誌で以前掲載された、特集と連動した企画記事など何かダミーダミーダミーダミーダミーダミー

『アーテリエ』10月号
ニューヨーク・アートシーン&
ファッション総力特集

FASHIONING FELT

旅の達人が選んだトラベルアイテム、抽選で２０名様にプレゼント。機内持ち込みバッグ、スキンケア。機能性ジャケット、スーツケース、他。詳しくは「アーテリエ」１０月号で。

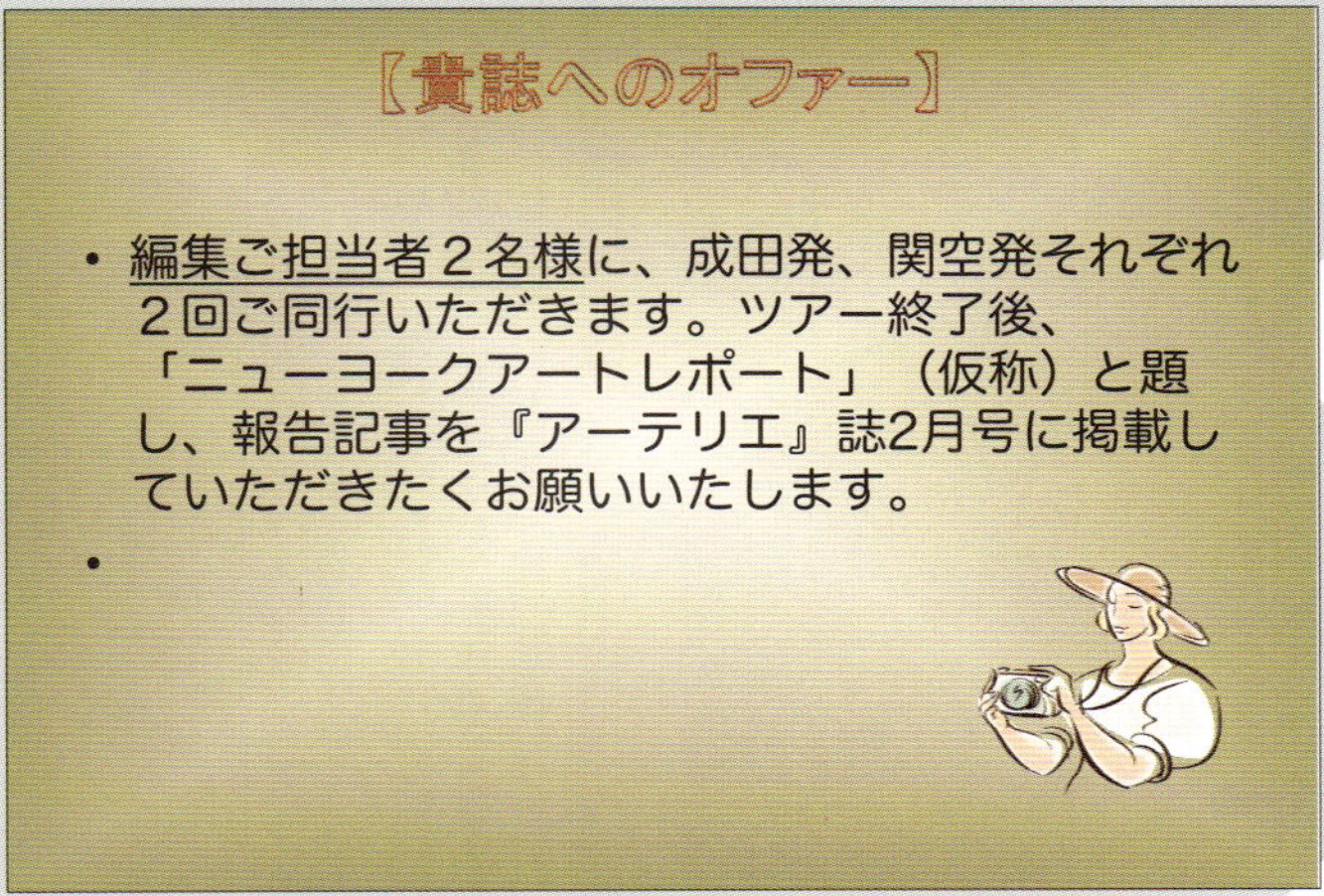
【貴誌へのオファー】
編集ご担当者２名様に、成田発、関空発それぞれ２回ご同行いただきます。ツアー終了後、「ニューヨークアートレポート」（仮称）と題し、報告記事を『アーテリエ』誌2月号に掲載していただきたくお願いいたします。

黄金ルール❸
「見えない線」を引き、意識してレイアウトをする

見えない線

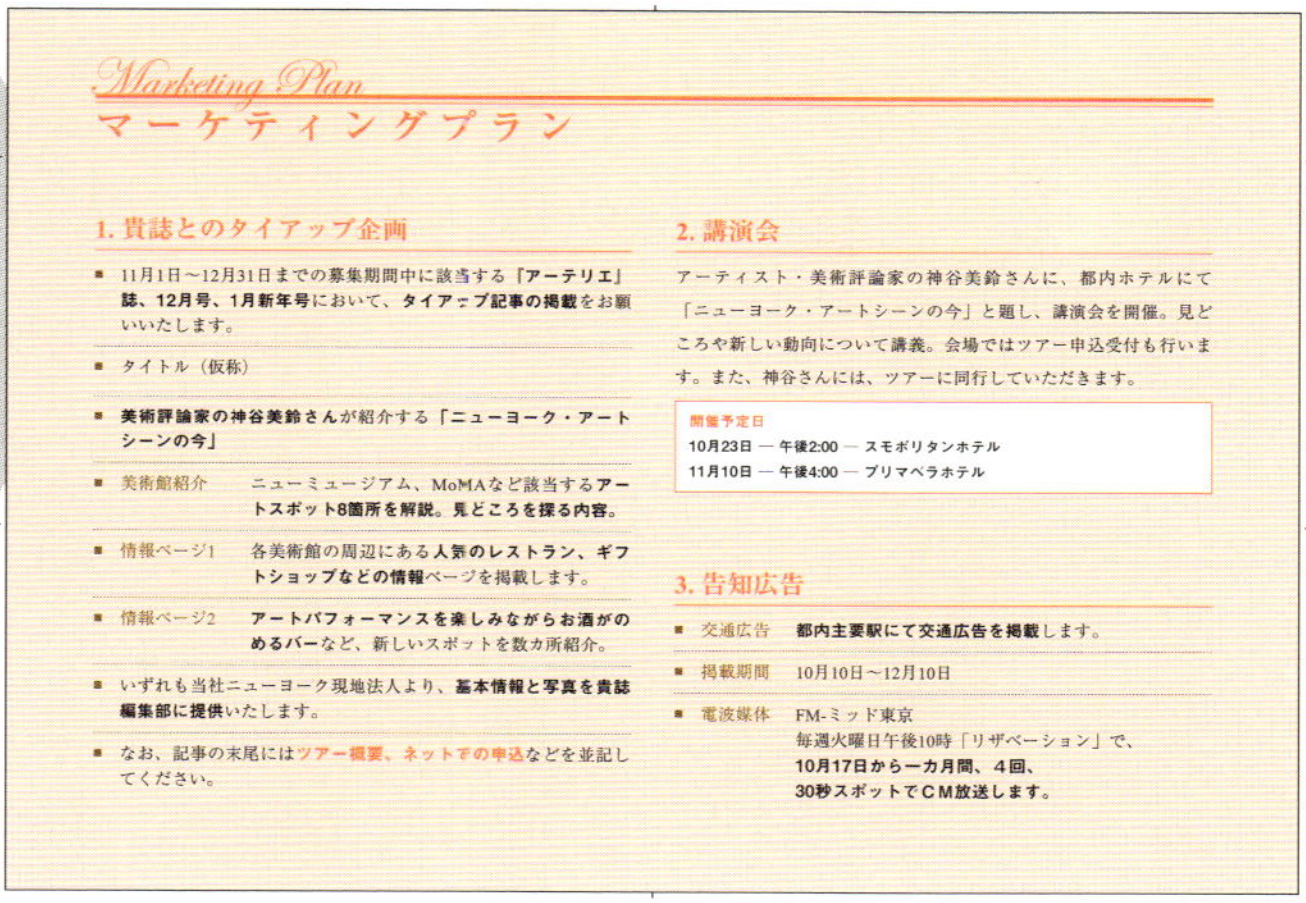
Marketing Plan
マーケティングプラン
1. 貴誌とのタイアップ企画
■ 11月1日～12月31日までの募集期間中に該当する「アーテリエ」誌、12月号、1月新年号において、タイアップ記事の掲載をお願いいたします。
■ タイトル（仮称）
■ 美術評論家の神谷美鈴さんが紹介する「ニューヨーク・アートシーンの今」
■ 美術館紹介　ニューミュージアム、MoMAなど該当するアートスポット8箇所を解説。見どころを探る内容。
■ 情報ページ1　各美術館の周辺にある人気のレストラン、ギフトショップなどの情報ページを掲載します。
■ 情報ページ2　アートパフォーマンスを楽しみながらお酒がのめるバーなど、新しいスポットを数カ所紹介。
■ いずれも当社ニューヨーク現地法人より、基本情報と写真を貴誌編集部に提供いたします。
■ なお、記事の末尾にはツアー概要、ネットでの申込などを並記してください。
2. 講演会
アーティスト・美術評論家の神谷美鈴さんに、都内ホテルにて「ニューヨーク・アートシーンの今」と題し、講演会を開催。見どころや新しい動向について講義。会場ではツアー申込受付も行います。また、神谷さんには、ツアーに同行していただきます。
開催予定日
10月23日 — 午後2:00 — スモポリタンホテル
11月10日 — 午後4:00 — プリマベラホテル
3. 告知広告
■ 交通広告　都内主要駅にて交通広告を掲載します。
■ 掲載期間　10月10日～12月10日
■ 電波媒体　FM-ミッド東京
毎週火曜日午後10時「リザベーション」で、
10月17日から一カ月間、4回、
30秒スポットでCM放送します。

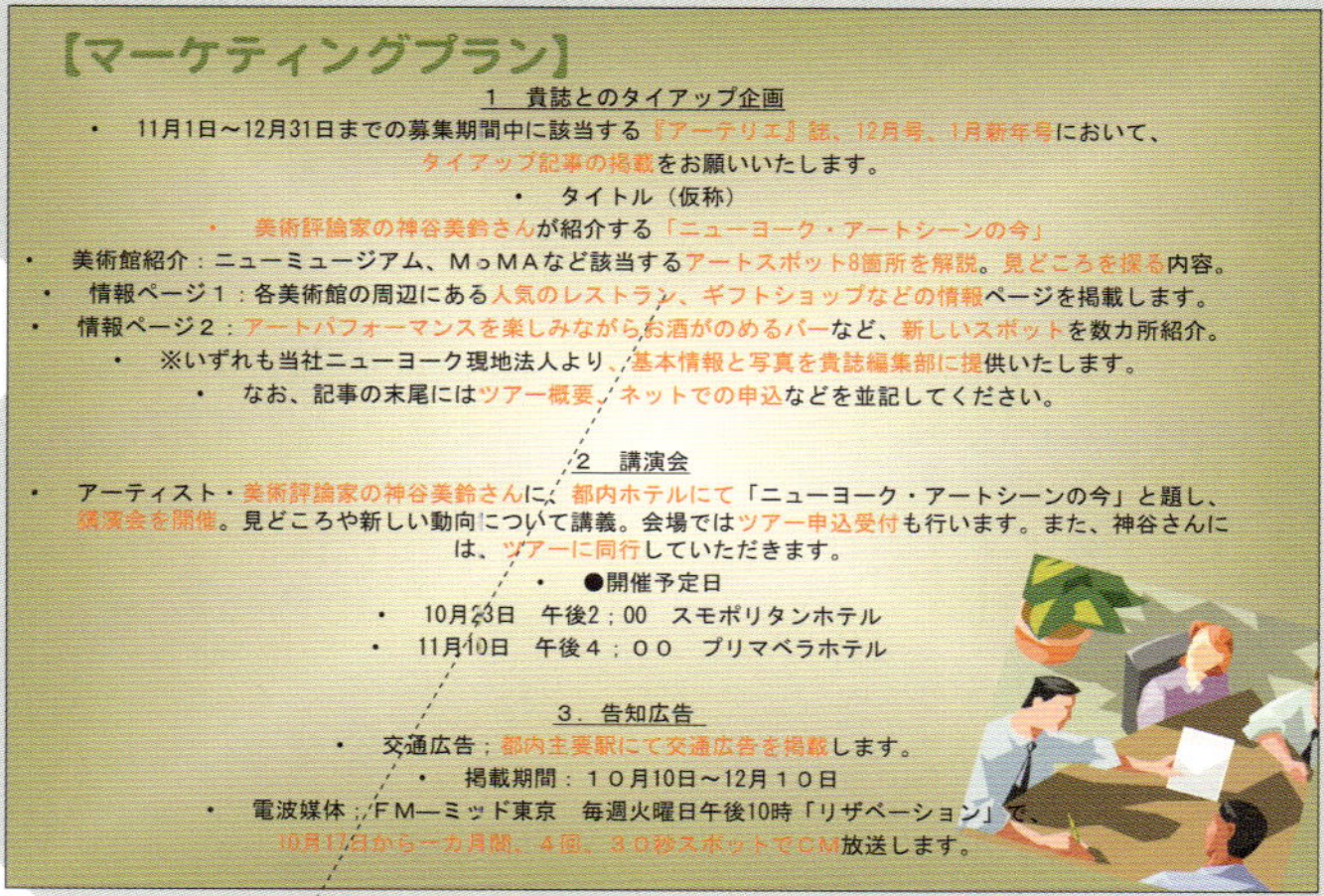
【マーケティングプラン】
1　貴誌とのタイアップ企画
・　11月1日～12月31日までの募集期間中に該当する『アーテリエ』誌、12月号、1月新年号において、
タイアップ記事の掲載をお願いいたします。
・　タイトル（仮称）
・　美術評論家の神谷美鈴さんが紹介する「ニューヨーク・アートシーンの今」
・　美術館紹介：ニューミュージアム、MｏMAなど該当するアートスポット8箇所を解説。見どころを探る内容。
・　情報ページ１：各美術館の周辺にある人気のレストラン、ギフトショップなどの情報ページを掲載します。
・　情報ページ２：アートパフォーマンスを楽しみながらお酒がのめるバーなど、新しいスポットを数カ所紹介。
・　※いずれも当社ニューヨーク現地法人より、基本情報と写真を貴誌編集部に提供いたします。
・　なお、記事の末尾にはツアー概要、ネットでの申込などを並記してください。
2　講演会
・　アーティスト・美術評論家の神谷美鈴さんに、都内ホテルにて「ニューヨーク・アートシーンの今」と題し、
講演会を開催。見どころや新しい動向について講義。会場ではツアー申込受付も行います。また、神谷さんには、ツアーに同行していただきます。
・　●開催予定日
・　10月23日　午後2；00　スモポリタンホテル
・　11月10日　午後４；００　プリマベラホテル
３．告知広告
・　交通広告；都内主要駅にて交通広告を掲載します。
・　掲載期間：１０月10日～12月１０日
・　電波媒体；ＦＭ—ミッド東京　毎週火曜日午後10時「リザベーション」で、
10月17日から一カ月間、４回、３０秒スポットでCM放送します。

一行が長過ぎたり、不必要な中央揃えは読みにくくなる原因

黄金ルール2-2
並列で伝える情報はスペースを等しくとって
フォーマットとして繰り返すと良い

Visited Museum
訪問する美術館
1. Cooper-Hewitt, National Design Museum
クーパー・ヒューイット・ナショナル・デザイン・ミュージアム
所在地　アッパーイースト、セントラルパークに面した、ミュージアムディストリクトの一角
特徴　アメリカ国内はもとより、世界でもっとも数多くのデザインに関するコレクションをほこる。・ミケランジェロの絵画から近代工業デザインの草分けとなったエヴァ・ツァイセルのソルトシェイカーまである。とりわけNational Design Triennial（3年ごとのデザイン展）は話題。デザイン・フォー・ライフは、生活の中の美にフォーカスをあてたその記念エキシビション。家具、食器、装身具などはMoMAやメトロポリタンミュージアムでもアート／工芸作品として展示されているが、このエキシビションではアイロン、壁紙、ひげ剃りや歯ブラシまで展示されている
2. AIGA National Design CenterAIGA
ナショナルデザイン・センター
所在地　ニューヨーク、・マンハッタンのミッドタウンにあるAIGAアメリカン・グラフィック・アーツ協会
特徴　ニューヨークオフィスに併設されたアートスペース。グラフィックデザインの啓蒙を目的とした現代作品展の展示を年間を通して開催している。

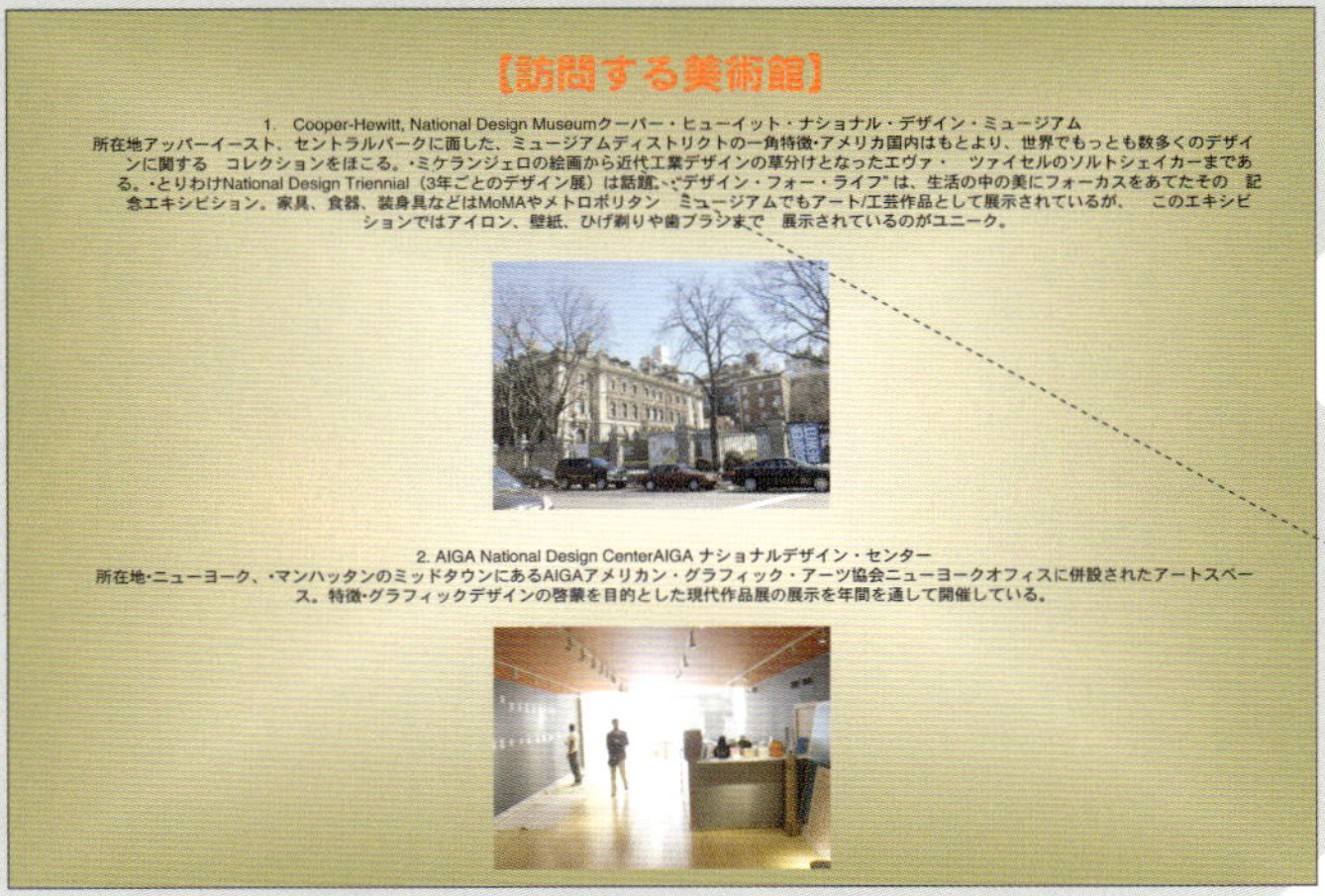
【訪問する美術館】
1.　Cooper-Hewitt, National Design Museumクーパー・ヒューイット・ナショナル・デザイン・ミュージアム
所在地アッパーイースト、セントラルパークに面した、ミュージアムディストリクトの一角特徴・アメリカ国内はもとより、世界でもっとも数多くのデザインに関する　コレクションをほこる。・ミケランジェロの絵画から近代工業デザインの草分けとなったエヴァ・　ツァイセルのソルトシェイカーまである。・とりわけNational Design Triennial（3年ごとのデザイン展）は話題。・“デザイン・フォー・ライフ”は、生活の中の美にフォーカスをあてたその　記念エキシビション。家具、食器、装身具などはMoMAやメトロポリタン　ミュージアムでもアート/工芸作品として展示されているが、　このエキシビションではアイロン、壁紙、ひげ剃りや歯ブラシまで　展示されているのがユニーク。
2. AIGA National Design CenterAIGA ナショナルデザイン・センター
所在地・ニューヨーク、・マンハッタンのミッドタウンにあるAIGAアメリカン・グラフィック・アーツ協会ニューヨークオフィスに併設されたアートスペース。特徴・グラフィックデザインの啓蒙を目的とした現代作品展の展示を年間を通して開催している。

黄金ルール2-1
重複しているか→共通して説明できる項目はあるか→何を軸にするか→内容を整理して、「表組み」の要領でレイアウトする

Travel Condition

旅行条件

A. 成田発デラックスルーム2名1室利用／おひとり様

基本料金

5日間コース
2010年2月11日(水)〜4月20日(木)の火・木曜日出発
207,000円

6日間コース
2010年2月11日(水)〜4月20日(木)の火・木曜日出発
228,000円

7日間コース
2010年2月11日(水)から4月20日(木)の火・木曜日出発
238,000円

宿泊条件

5日間コース
ミッドタウングランドホテルまたはグラマシースイーツ3泊機中1泊

5日間コース
ミッドタウングランドホテルまたはクリプトンニューヨーク4泊機中1泊

7日間コース
ミッドタウングランドホテルまたはセントラルパークハドソンホテル5泊機中1泊

B. 関空発ジュニアスイートルーム2名1室利用／おひとり様

基本料金

6日間コース
2010年2月11日(水)から4月20日(木)の火・木曜日出発
254,000円

7日間コース
2010年2月11日(水)から4月20日(木)の火・木曜日出発
262,000円

※現地空港諸税および日本国内各空港施設使用料は別途となります。
現地空港諸税目安額／6200円（2010年1月31日現在）

宿泊条件

6日間コース
ミッドタウングランドホテル
またはセントラルパークハドソンホテル3泊機中2泊

7日間コース
ミッドタウングランドホテル
またはエリオットホテルニューヨーク4泊機中2泊

※共通事項

利用航空会社
トランスヘミスフィア航空

添乗員
JMPトラベルから日本より1名動向します。
また、現地係員が随時アシストします。

最少催行人員
6名

食事条件
成田発5泊／関空発6日間コース
朝3回、昼3回、夕3回
成田発6泊／関空発7日間コース
朝4回、昼4回、夕4回
機内食は除く

黄金ルール3
文書全体でイラストのテイストを揃える［→p136］

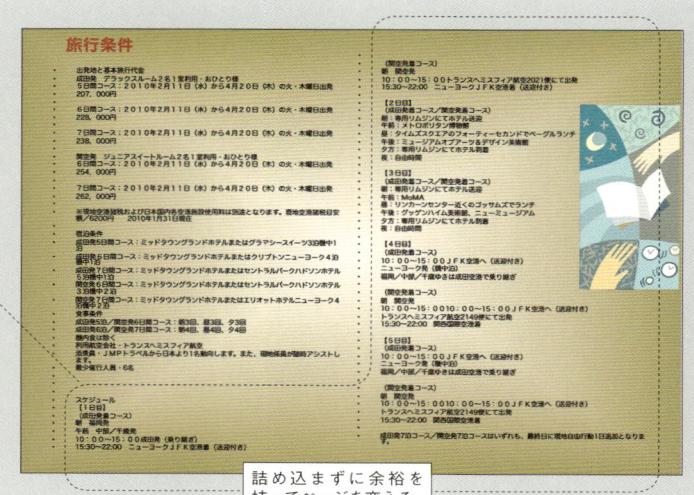

旅行条件

出発地と基本旅行代金
成田発　デラックスルーム2名1室利用・おひとり様
5日間コース：2010年2月11日（水）から4月20日（木）の火・木曜日出発
207，000円

6日間コース：2010年2月11日（水）から4月20日（木）の火・木曜日出発
228，000円

7日間コース：2010年2月11日（水）から4月20日（木）の火・木曜日出発
238，000円

関空発　ジュニアスイートルーム2名1室利用・おひとり様
6日間コース：2010年2月11日（水）から4月20日（木）の火・木曜日出発
254，000円

7日間コース：2010年2月11日（水）から4月20日（木）の火・木曜日出発
262，000円

※現地空港諸税および日本国内各空港施設使用料は別途となります。現地空港諸税目安額／6200円　2010年1月31日現在

宿泊条件
成田発5日間コース：ミッドタウングランドホテルまたはグラマシースイーツ3泊機中1泊
成田発6日間コース：ミッドタウングランドホテルまたはクリプトンニューヨーク4泊機中1泊
成田発7日間コース：ミッドタウングランドホテルまたはセントラルパークハドソンホテル5泊機中1泊
関空発6日間コース：ミッドタウングランドホテルまたはセントラルパークハドソンホテル3泊機中2泊
関空発7日間コース：ミッドタウングランドホテルまたはエリオットホテルニューヨーク4泊機中2泊
食事条件
成田発5泊／関空発6日間コース：朝3回、昼3回、夕3回
成田発6泊／関空発7日間コース：朝4回、昼4回、夕4回
機内食は除く
利用航空会社・トランスヘミスフィア航空
添乗員・JMPトラベルから日本より1名動向します。また、現地係員が随時アシストします。
最少催行人員・6名

スケジュール
【1日目】
（成田発着コース）
朝　福岡発
午前　中部／千歳発
10：00〜15：00成田発（乗り継ぎ）
15:30〜22:00　ニューヨークJFK空港着（送迎付き）

（関空発着コース）
朝　関空発
10：00〜15：00トランスヘミスフィア航空2021便にて出発
15:30〜22:00　ニューヨークJFK空港着（送迎付き）

【2日目】
（成田発着コース／関空発着コース）
朝：専用リムジンにてホテル送迎
午前：メトロポリタン博物館
昼：タイムズスクエアのフォーティーセカンドでベーグルランチ
午後：ミュージアムオブアーツ&デザイン美術館
夕方：専用リムジンにてホテル到着
夜：自由時間

【3日目】
（成田発着コース／関空発着コース）
朝：専用リムジンにてホテル送迎
午前：MoMA
昼：リンカーンセンター近くのゴッサムズでランチ
午後：グッゲンハイム美術館、ニューミュージアム
夕方：専用リムジンにてホテル到着
夜：自由時間

【4日目】
（成田発着コース）
10：00〜15：00JFK空港へ（送迎付き）
ニューヨーク発（機中泊）
福岡／中部／千歳ゆきは成田空港で乗り継ぎ

（関空発着コース）
朝　関空発
10：00〜15：0010：00〜15：00JFK空港へ（送迎付き）
トランスヘミスフィア航空2149便にて出発
15:30〜22:00　関西国際空港着

【5日目】
（成田発着コース）
10：00〜15：00JFK空港へ（送迎付き）
ニューヨーク発（機中泊）
福岡／中部／千歳ゆきは成田空港で乗り継ぎ

（関空発着コース）
朝　関空発
10：00〜15：0010：00〜15：00JFK空港へ（送迎付き）
トランスヘミスフィア航空2149便にて出発
15:30〜22:00　関西国際空港着

成田発7泊コース／関空発7泊コースはいずれも、最終日に現地自由行動1日追加となります。

詰め込まずに余裕を
持ってページを変える

黄金ルール2-2
前ページのフォーマットを利用してレイアウト

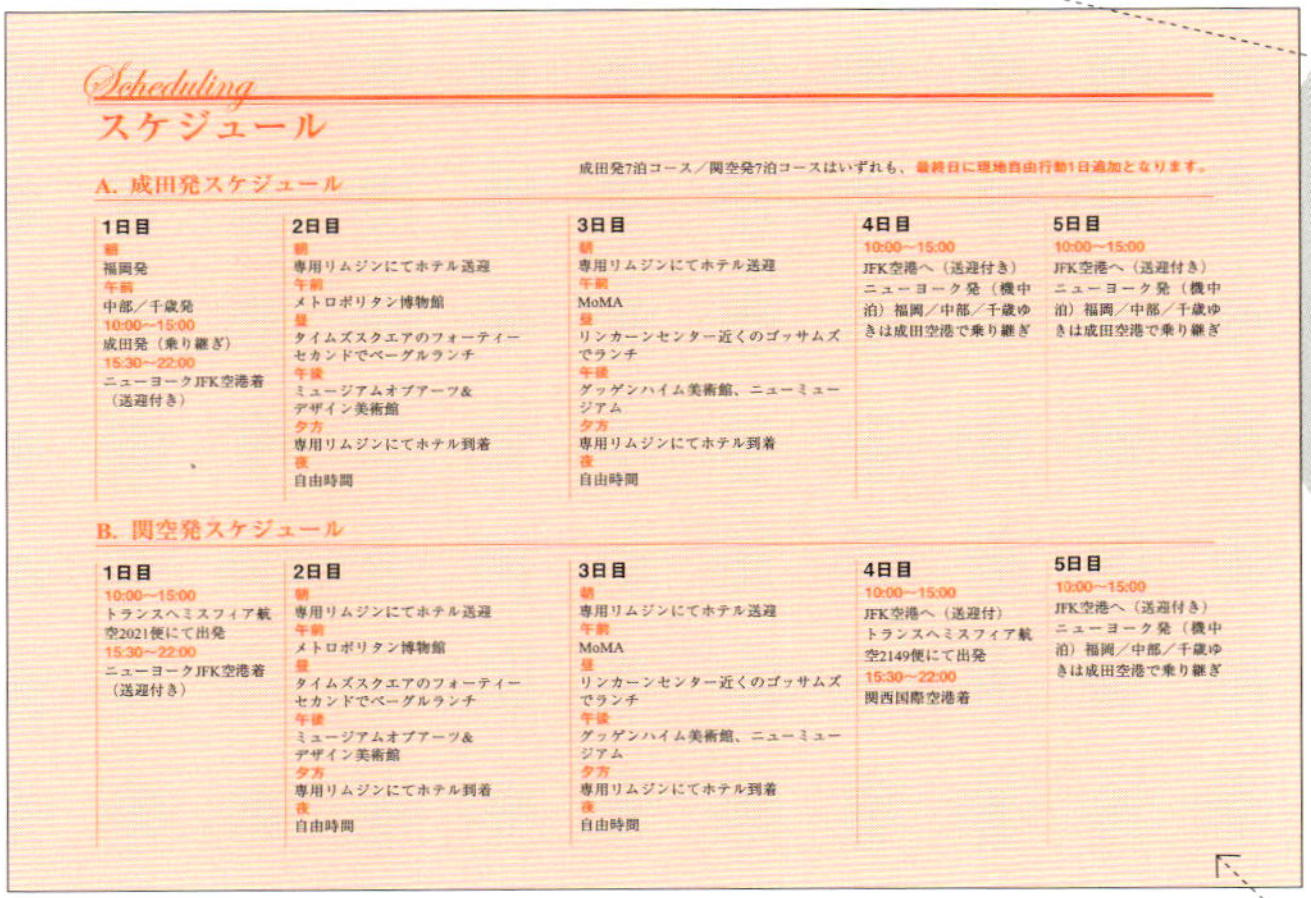

Scheduling
スケジュール

成田発7泊コース／関空発7泊コースはいずれも、最終日に現地自由行動1日追加となります。

A. 成田発スケジュール

1日目	2日目	3日目	4日目	5日目
朝 福岡発 午前 中部／千歳発 10:00〜15:00 成田発（乗り継ぎ） 15:30〜22:00 ニューヨークJFK空港着（送迎付き）	朝 専用リムジンにてホテル送迎 午前 メトロポリタン博物館 昼 タイムズスクエアのフォーティーセカンドでベーグルランチ 午後 ミュージアムオブアーツ&デザイン美術館 夕方 専用リムジンにてホテル到着 夜 自由時間	朝 専用リムジンにてホテル送迎 午前 MoMA 昼 リンカーンセンター近くのゴッサムズでランチ 午後 グッゲンハイム美術館、ニューミュージアム 夕方 専用リムジンにてホテル到着 夜 自由時間	10:00〜15:00 JFK空港へ（送迎付き） ニューヨーク発（機中泊）福岡／中部／千歳ゆきは成田空港で乗り継ぎ	10:00〜15:00 JFK空港へ（送迎付き） ニューヨーク発（機中泊）福岡／中部／千歳ゆきは成田空港で乗り継ぎ

B. 関空発スケジュール

1日目	2日目	3日目	4日目	5日目
10:00〜15:00 トランスヘミスフィア航空2021便にて出発 15:30〜22:00 ニューヨークJFK空港着（送迎付き）	朝 専用リムジンにてホテル送迎 午前 メトロポリタン博物館 昼 タイムズスクエアのフォーティーセカンドでベーグルランチ 午後 ミュージアムオブアーツ&デザイン美術館 夕方 専用リムジンにてホテル到着 夜 自由時間	朝 専用リムジンにてホテル送迎 午前 MoMA 昼 リンカーンセンター近くのゴッサムズでランチ 午後 グッゲンハイム美術館、ニューミュージアム 夕方 専用リムジンにてホテル到着 夜 自由時間	10:00〜15:00 JFK空港へ（送迎付） トランスヘミスフィア航空2149便にて出発 15:30〜22:00 関西国際空港着	10:00〜15:00 JFK空港へ（送迎付き） ニューヨーク発（機中泊）福岡／中部／千歳ゆきは成田空港で乗り継ぎ

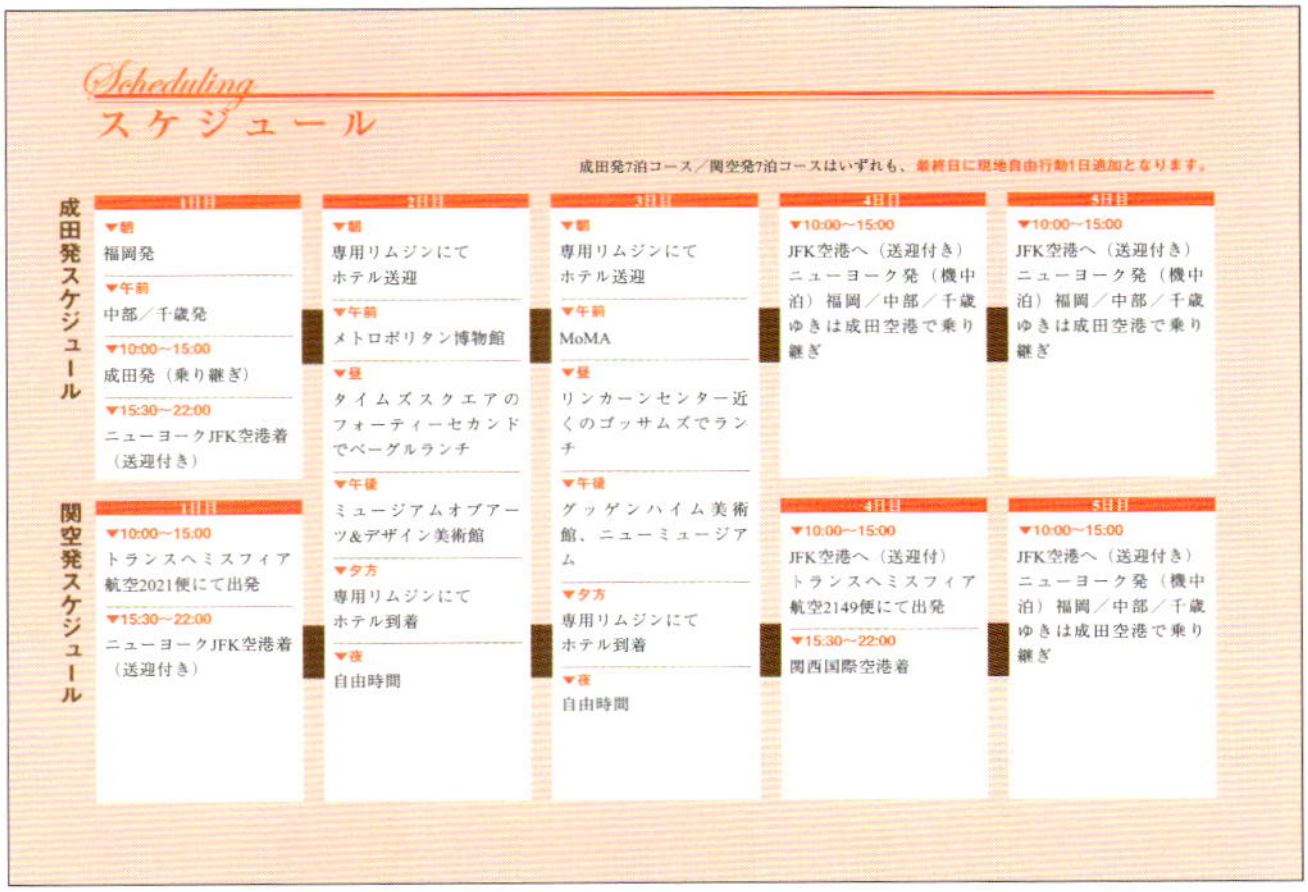

Scheduling
スケジュール

成田発7泊コース／関空発7泊コースはいずれも、最終日に現地自由行動1日追加となります。

	1日目	2日目	3日目	4日目	5日目
成田発スケジュール	▼朝 福岡発 ▼午前 中部／千歳発 ▼10:00〜15:00 成田発（乗り継ぎ） ▼15:30〜22:00 ニューヨークJFK空港着（送迎付き）	▼朝 専用リムジンにてホテル送迎 ▼午前 メトロポリタン博物館 ▼昼 タイムズスクエアのフォーティーセカンドでベーグルランチ ▼午後 ミュージアムオブアーツ&デザイン美術館 ▼夕方 専用リムジンにてホテル到着 ▼夜 自由時間	▼朝 専用リムジンにてホテル送迎 ▼午前 MoMA ▼昼 リンカーンセンター近くのゴッサムズでランチ ▼午後 グッゲンハイム美術館、ニューミュージアム ▼夕方 専用リムジンにてホテル到着 ▼夜 自由時間	▼10:00〜15:00 JFK空港へ（送迎付き） ニューヨーク発（機中泊）福岡／中部／千歳ゆきは成田空港で乗り継ぎ	▼10:00〜15:00 JFK空港へ（送迎付き） ニューヨーク発（機中泊）福岡／中部／千歳ゆきは成田空港で乗り継ぎ
関空発スケジュール	▼10:00〜15:00 トランスヘミスフィア航空2021便にて出発 ▼15:30〜22:00 ニューヨークJFK空港着（送迎付き）			▼10:00〜15:00 JFK空港へ（送迎付） トランスヘミスフィア航空2149便にて出発 ▼15:30〜22:00 関西国際空港着	▼10:00〜15:00 JFK空港へ（送迎付き） ニューヨーク発（機中泊）福岡／中部／千歳ゆきは成田空港で乗り継ぎ

「フローチャート」で作図すると時間の流れを強調できる

黄金ルール❷
図版ゾーンとテキストゾーンを分ける

図版ゾーン　　テキストゾーン

About the Use Hotel

利用ホテルについて

1. ミッドタウングランドホテル
2. グラマシースイーツ
3. クリプトンニューヨーク
4. セントラルパークハドソンホテル
5. エリオットホテル

1. ミッドタウングランドホテル
ニューヨークの中心部に位置し、観光、ショッピングに最適なロケーション。日本語デスク、免税店を完備しています。

2. グラマシースイーツ
映画『ニューヨークアーティスト』の舞台として知られるデザイナーズホテルです。客室からロビーまで、都会的なセンスにあふれています。

3. クリプトンニューヨーク
高級住宅街として有名なアッパーイーストに位置する格調高いホテルです。大改装を終え、モダンで機能的なシティーホテルになりました。

4. セントラルパークハドソンホテル
セントラルパークに面した老舗ホテル。世界中のＶＩＰが宿泊することで知られます。客室はすべてパークビューです。

5. エリオットホテル
ニューヨークのアーティスト達の定宿として知られ、周辺には大小のアートギャラリーが数多く点在しています。

※出発・到着の時間帯（午前・午後など）は、ご利用いただく航空便や交通事情などにより変更となる場合があります。詳細は、直近に作成する「旅行日程表」にて、お客様にお知らせします。

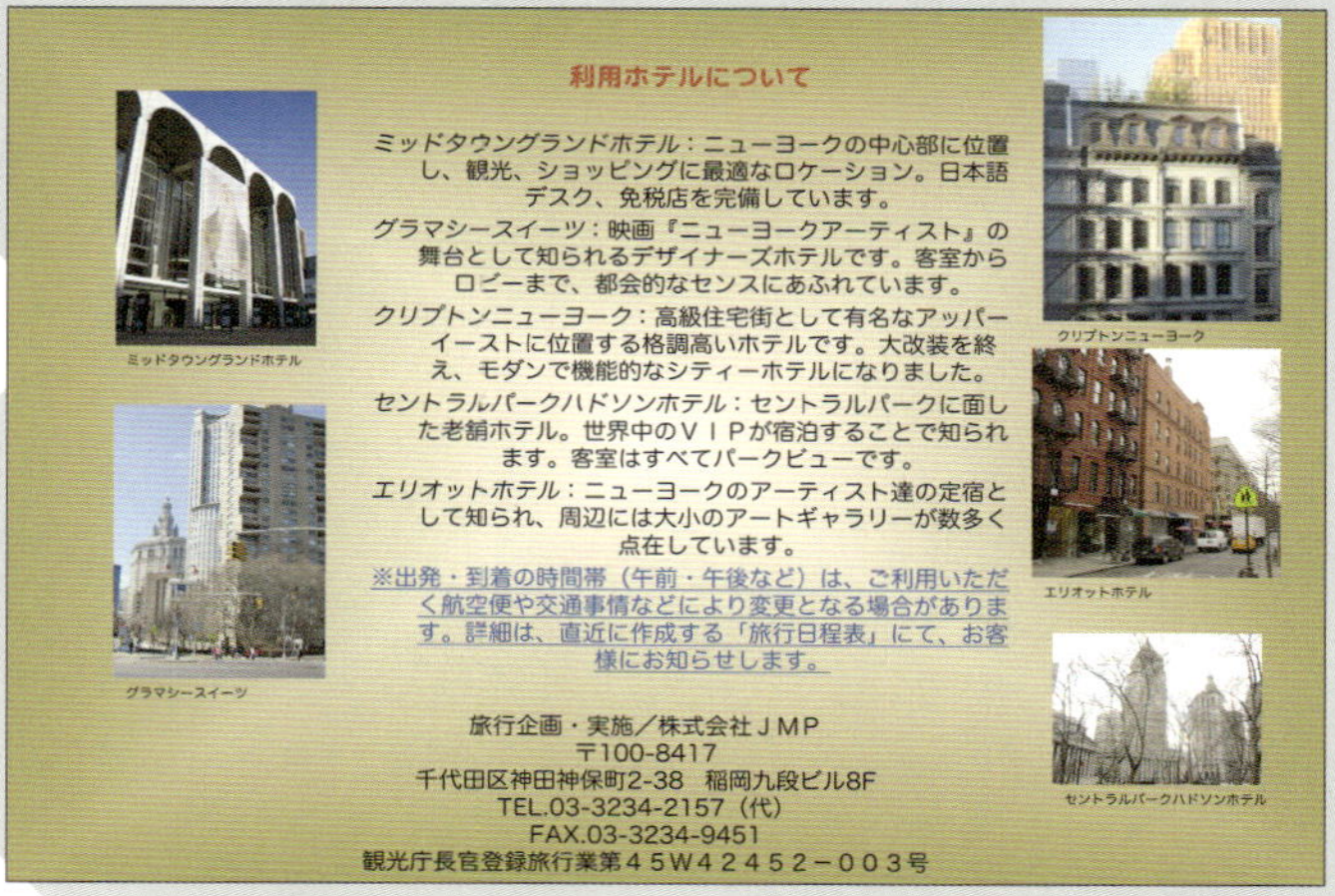
利用ホテルについて

ミッドタウングランドホテル
グラマシースイーツ
クリプトンニューヨーク
エリオットホテル
セントラルパークハドソンホテル

ミッドタウングランドホテル：ニューヨークの中心部に位置し、観光、ショッピングに最適なロケーション。日本語デスク、免税店を完備しています。
グラマシースイーツ：映画『ニューヨークアーティスト』の舞台として知られるデザイナーズホテルです。客室からロビーまで、都会的なセンスにあふれています。
クリプトンニューヨーク：高級住宅街として有名なアッパーイーストに位置する格調高いホテルです。大改装を終え、モダンで機能的なシティーホテルになりました。
セントラルパークハドソンホテル：セントラルパークに面した老舗ホテル。世界中のＶＩＰが宿泊することで知られます。客室はすべてパークビューです。
エリオットホテル：ニューヨークのアーティスト達の定宿として知られ、周辺には大小のアートギャラリーが数多く点在しています。
※出発・到着の時間帯（午前・午後など）は、ご利用いただく航空便や交通事情などにより変更となる場合があります。詳細は、直近に作成する「旅行日程表」にて、お客様にお知らせします。

旅行企画・実施／株式会社ＪＭＰ
〒100-8417
千代田区神田神保町2-38　稲岡九段ビル8F
TEL.03-3234-2157（代）
FAX.03-3234-9451
観光庁長官登録旅行業第４５Ｗ４２４５２－００３号

About the Use Hotel

利用ホテルについて

1. ミッドタウングランドホテル

ニューヨークの中心部に位置し、観光、ショッピングに最適なロケーション。日本語デスク、免税店を完備しています。

2. グラマシースイーツ

映画『ニューヨークアーティスト』の舞台として知られるデザイナーズホテルです。客室からロビーまで、都会的なセンスにあふれています。

3. クリプトンニューヨーク

高級住宅街として有名なアッパーイーストに位置する格調高いホテルです。大改装を終え、モダンで機能的なシティーホテルになりました。

4. セントラルパークハドソンホテル

セントラルパークに面した老舗ホテル。世界中のＶＩＰが宿泊することで知られます。客室はすべてパークビューです。

5. エリオットホテル

ニューヨークのアーティスト達の定宿として知られ、周辺には大小のアートギャラリーが数多く点在しています。

※出発・到着の時間帯（午前・午後など）は、ご利用いただく航空便や交通事情などにより変更となる場合があります。詳細は、直近に作成する「旅行日程表」にて、お客様にお知らせします。

1. ミッドタウングランドホテル

2. グラマシースイーツ

3. クリプトンニューヨーク

4. セントラルパークハドソンホテル

5. エリオットホテル

黄金ルール2-2
元のレイアウトを活かす時も、グリッド、ゾーン分けを意識し、各要素のアキや大きさを揃える

黄金ルール❺
写真の大きさを揃える

case 2

ワードの企画書

出版社への女性向け旅行企画

前出の女性向け旅行企画書のワード版です。最近のワードはグラフィック機能が充実し、パワーポイントと比べても遜色ない性能を備えています。p.146～の悪い例でも、目立たせたい言葉をイタリックにしたり、太くしたりしていますが、これがかえってぎくしゃくした印象を与え、必死の叫びがむなしく響いてくるようです。なによりも全体の統一感が欠け、まるで使い回した企画のつぎはぎのような印象を与えます。ここでは1行あたりの文字数や余白を適正化し、フォーマット化することで一貫性を高めました。

デザインのポイント

- 書体を有効に使おう
- テーマカラーを決めよう
- メリハリをつけよう
- 視線の動きを意識しよう

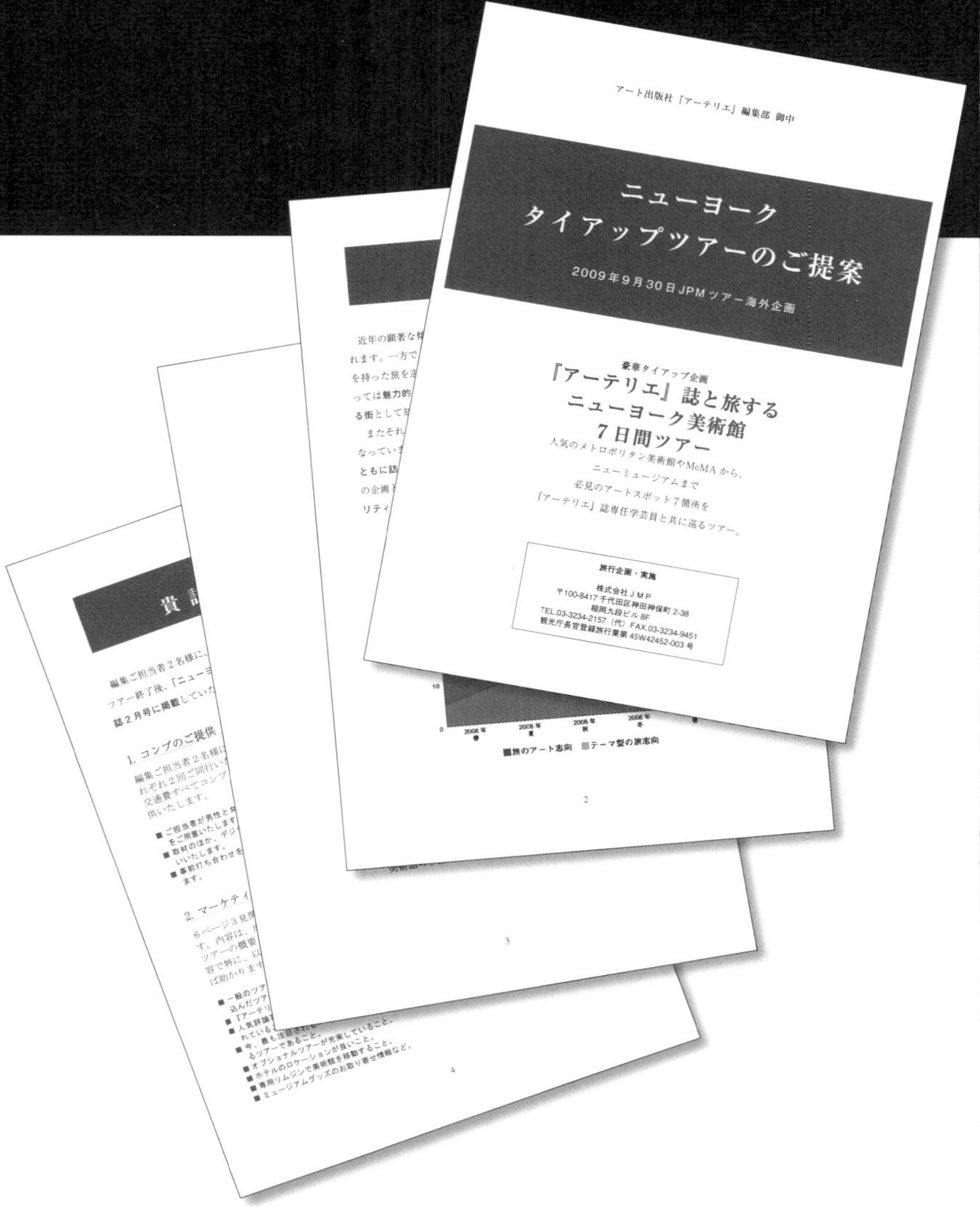
アート出版社『アーテリエ』編集部 御中
ニューヨーク
タイアップツアーのご提案
2009年9月30日 JPMツアー海外企画
豪華タイアップ企画
『アーテリエ』誌と旅する
ニューヨーク美術館
7日間ツアー
人気のメトロポリタン美術館やMoMAから、
ニューミュージアムまで
必見のアートスポット7箇所を
『アーテリエ』誌専任学芸員と共に巡るツアー。
旅行企画・実施
株式会社JMP
〒100-8417 千代田区神田神保町 2-38
稲岡九段ビル 8F
TEL.03-3234-2157（代）FAX.03-3234-9451
観光庁長官登録旅行業第 45W42452-003 号
1. コンプのご提供
2. マーケティ
旅のアート志向
テーマ型の旅志向

それぞれの要素をどこに揃えるか意識する

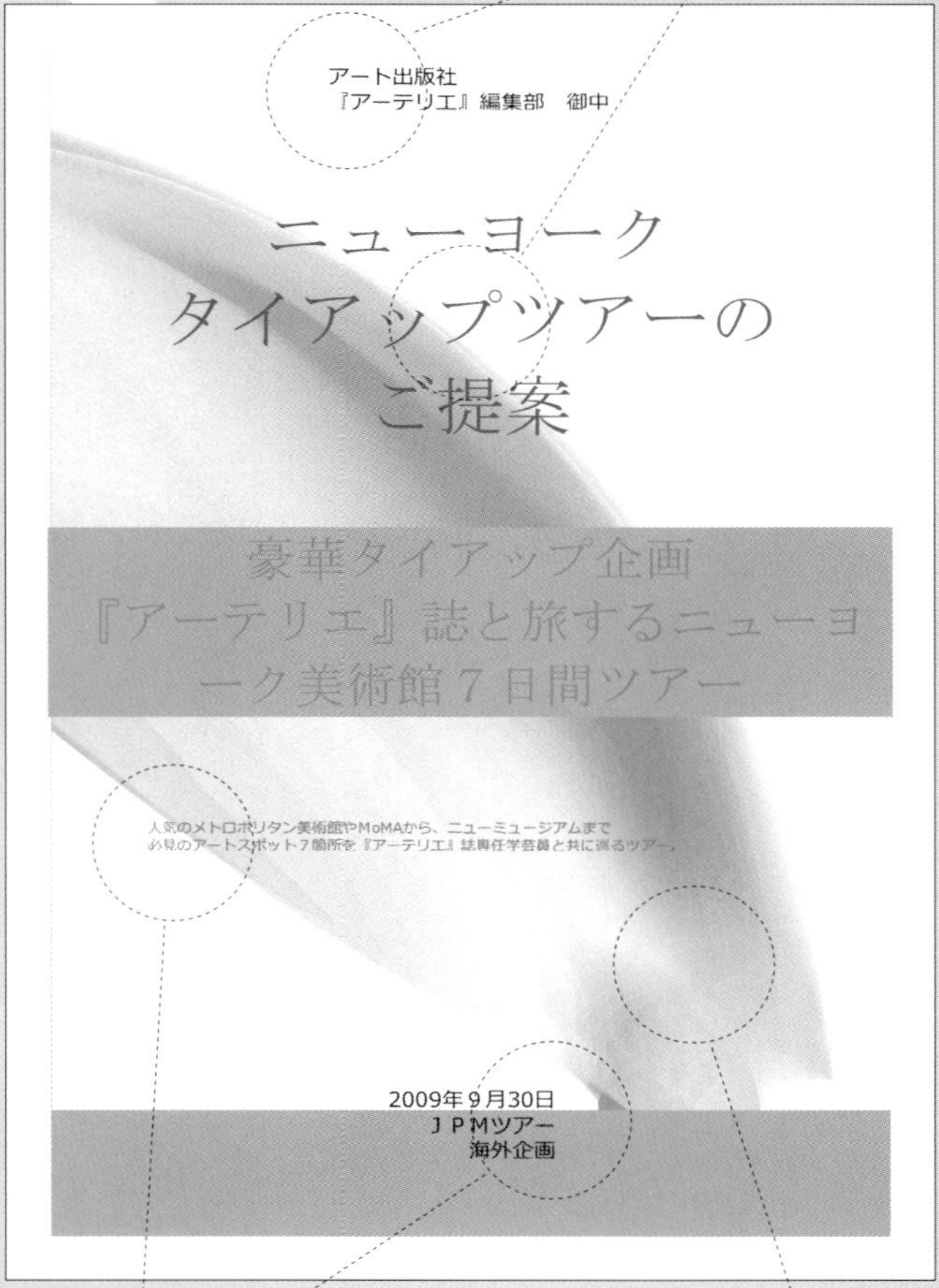
アート出版社
『アーテリエ』編集部　御中
ニューヨーク
タイアップツアーの
ご提案
豪華タイアップ企画
『アーテリエ』誌と旅するニューヨ
ーク美術館７日間ツアー
人気のメトロポリタン美術館やMoMAから、ニューミュージアムまで
必見のアートスポット７箇所を『アーテリエ』誌専任学芸員と共に巡るツアー。
2009年９月30日
ＪＰＭツアー
海外企画

それぞれの要素をどこに揃えるか意識する

バックの文様は本当に必要？

黄金ルール❻
書体・タイトルの大きさなど、まずはシンプルに仕上げることを心がけよう

黄金ルール❼
テーマカラーはモノクロコピーされることを想定して、「白」との明度差がはっきりした色を選ぶとよい

アート出版社『アーテリエ』編集部 御中

ニューヨーク
タイアップツアーのご提案

2009年9月30日JPMツアー海外企画

豪華タイアップ企画

『アーテリエ』誌と旅する
ニューヨーク美術館
7日間ツアー

人気のメトロポリタン美術館やMoMAから、
ニューミュージアムまで
必見のアートスポット7箇所を
『アーテリエ』誌専任学芸員と共に巡るツアー。

旅行企画・実施

株式会社ＪＭＰ
〒100-8417 千代田区神田神保町 2-38
稲岡九段ビル 8F
TEL.03-3234-2157（代）FAX.03-3234-9451
観光庁長官登録旅行業第 45W42452-003 号

テキストをセンターに合わせた

1行が長すぎる

本文の強調文字が目立ちすぎて、流れが妨げられる

企画概要

近年の顕著な傾向のひとつに、２０ 代～30 代の女性のアートへの関心の高まりが挙げられます。一方で、この世代の女性は、従来のパッケージツアーに飽きたらず、明確な目的を持った旅を志向しているといわれます。とりわけニューヨークは、このターゲットにとっては魅力的なデスティネーションとなっており、世界中から気鋭のアーティストが集まる街として知られ、こうした文化活動への支援を街を挙げての活動と位置づけています。またそれに伴い、多くの美術館やアートスポットが充実しており、魅力的な観光資源となっています。本企画は、今、注目のニューヨーク市内の美術館８箇所を専属の学芸員とともに訪ねるスペシャルツアーであり、クオリティライフを求める貴誌読者層とぴったりの企画と自負しております。貴誌のイメージアップとともに、読者の関心を高め、ロイヤリティの向上に貢献いたします。

首都圏の働く20~30代の女性1000人に聞いた旅のカタチ

赤:テーマ型の旅志向

青:旅のアート志向

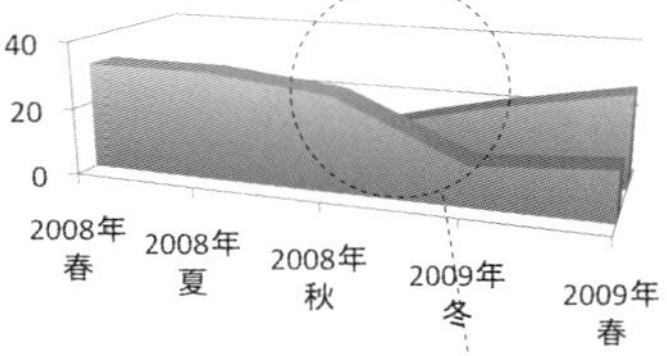
40
20
0
2008年春
2008年夏
2008年秋
2009年冬
2009年春

モダンアート展における動員内訳（2008年度・首都圏開催）

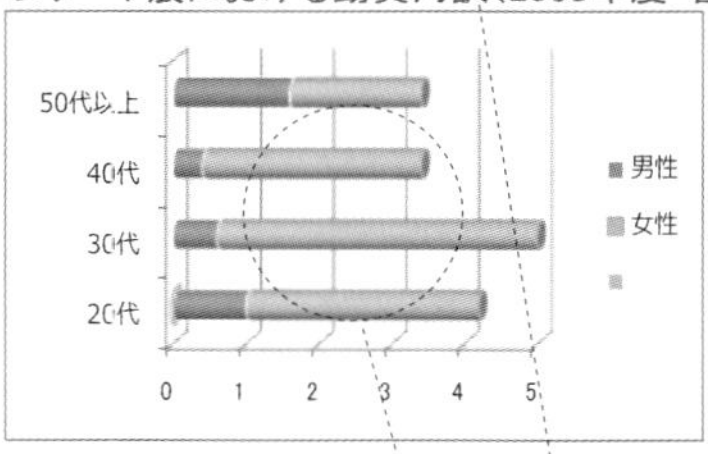
50代以上
40代
30代
20代
0
1
2
3
4
5
男性
女性

2

この写真は本当に必要？

グラフ同士のテイストがバラバラな上、不必要に装飾的

黄金ルール❺
強調文はモノクロでも識別しやすいように、書体差もつける

黄金ルール❹
行間をあける

Outline 1

企画概要

近年の顕著な傾向のひとつに、**20 代〜30 代の女性のアートへの関心の高まり**が挙げられます。一方で、この世代の女性は、従来のパッケージツアーに飽きたらず、明確な目的を持った旅を志向しているといわれます。とりわけニューヨークは、このターゲットにとっては**魅力的なデスティネーション**となっており、世界中から気鋭の**アーティストが集まる街**として知られ、こうした文化活動への支援を街を挙げての活動と位置づけています。

またそれに伴い、**多くの美術館やアートスポットが充実**しており、**魅力的な観光資源**となっています。本企画は、今、注目の**ニューヨーク市内の美術館８箇所を専属の学芸員とともに訪ねるスペシャルツアー**であり、クオリティライフを求める貴誌読者層とぴったりの企画と自負しております。**貴誌のイメージアップ**とともに、読者の関心を高め、**ロイヤリティの向上に貢献**いたします。

首都圏の働く20〜30代の女性1000人に聞いた旅のカタチ

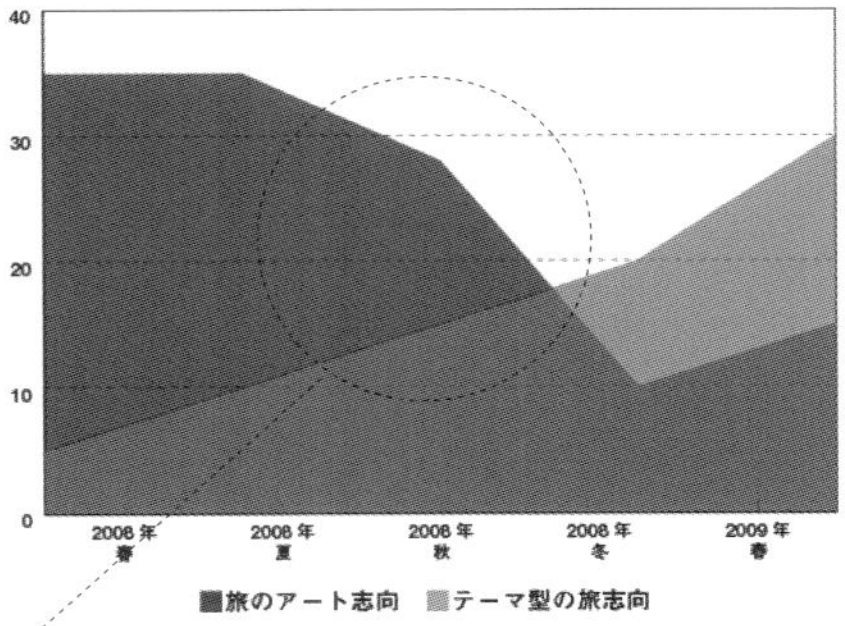

黄金ルール❼
明度差で比較できるように想定して作図する。
（この場合グレースケールのみ）

2

黄金ルール❸
ワードの特性上、一段組みがコントロールしやすい。一行の文字量が多すぎてしまわないよう、左右の余白で調整するのもひとつの手である

ページ（内容）ごとにデザインが変わりすぎている

豪華タイアップ企画
『アーテリエ』誌と旅するニューヨーク美術館
７日間ツアー

必見のアートスポット７箇所を『アーテリエ』誌専任学芸員と共に巡るツアー。

１．ＮＹアートシーンの“今”を実感。

専属学芸員が日本から同行。

ミュージアムカフェで堪能する極上ディナー付き。

グッゲンハイム美術館のセレブなアフタヌーンティー
クーパー・ヒューイット美術館の個性派アーティストたちとのパーティ。

２．ニューヨークツアーの魅力を満載。

当社指定デラックスホテル宿泊。

空港送迎はもちろん、美術館の移動も専用リムジンで。

週末出発も可能なスケジュール。

『アーテリエ』１０月号

３．ツアー概要とニューヨークの魅力を貴誌『アーテリエ』１０月号において読者に事前告知。関心を高め、ツアー参加者増大をねらいます。

ニューヨーク・アートシーン＆ファッション総力特集
旅の達人が選んだトラベルアイテム、抽選で２０名様にプレゼント。

機内持ち込みバッグ、スキンケア。機能性ジャケット、スーツケース、他。

詳しくは『アーテリエ』１０月号で。

3

メインに伝えたいこととバランスをとって編集の余地がある

黄金ルール❷-❷
「タイトル」と「本文」のスペースを定め、フォーマット化する（他ページ参照）

タイトル

豪華タイアップ企画

『アーテリエ』誌と旅する ニューヨーク美術館 ７日間ツアー

本文

- ■ 人気のメトロポリタン美術館やMoMA から、
ニューミュージアムまで
- ■ 必見のアートスポット７箇所を
『アーテリエ』誌専任学芸員と共に巡るツアー。
- ■ オプショナルツアー、
帰国後のお取り寄せ情報も充実。
- ■ ミュージアムカフェで堪能する極上ディナー付き。
- ■ グッゲンハイム美術館のセレブな
アフタヌーンティー
- ■ クーパー・ヒューイット美術館の
個性派アーティストたちとのパーティー
- ■ ＮＹアートシーンの“今”を実感。
専属学芸員が日本から同行。
当社指定デラックスホテル宿泊。
空港送迎はもちろん、
美術館の移動も専用リムジンで。

3

黄金ルール❸
テキストが左揃えでも、
左右の余白は均等に

1文字だけとびださなさいように

ページ(内容) ごとにデザインが変わりすぎている

【貴誌へのオファーと要望】

1　コンプのご提供

編集ご担当者２名様に、成田発、関空発それぞれ２回ご同行いただきます。ご宿泊、交通費すべてコンプリメンタリーにてご提供いたします。

● ご提供の概要

・ ご担当者が男性と女性の場合はお一人様の部屋をご用意いたします。
・ 取材のほか、デジタルカメラによる撮影をお願いいたします。
・ 事前打ち合わせを２回ほど、持たせていただきます。

2　マーケティング用の集客記事

● 掲載記事の概要

6ページ3見開きでの展開を希望いたします
内容は、成田発、関空発のそれぞれのツアーの概要と見どころをフォローする内容で・
特に、以下の点を強調していただければ助かります。
・ 一般のツアーでは体験できない、アートに絞り込んだツアーであること。
・ 『アーテリエ』誌専任の学芸員が同行すること。
・ 人気評論家の神谷美鈴さんとの会食が組み込まれていること。
・ 今、最も注目されるニューヨークの美術館を巡るツアーであること。
・ オプショナルツアーが充実していること。
・ ホテルのロケーションが良いこと。
・ 専用リムジンで美術館を移動すること。
・ その他、ミュージアムグッズのお取り寄せ情報など。
・

3　フォローアップ記事

ツアー終了後、「ニューヨークアートレポート」（仮称）と題し、報告記事を『アーテリエ』誌２月号に掲載していただきたくお願いいたします。

● 掲載記事の概要

6ページ3見開きでの展開を規模いたします
・ ツアー参加者の生の声をなるべく豊富に掲載してください。
・ 『アーテリエ』誌専任の学芸員による見どころの総括を掲載してください。
・ 美術評論家の神谷美鈴さんのコラムをぜひ掲載してください。
・ ニューヨークの各美術館のキュレーターのコメントを写真入りで掲載してください。
・ オプショナルツアーレポート、ホテルの内外館、アメニティーなど。
・ 専用リムジンで美術館を移動するシーンを入れてください。
・ その他、ミュージアムグッズのお取り寄せ情報などをフォローしてください。

4

Offering

貴誌へのオファー

編集ご担当者２名様に、成田発、関空発それぞれ２回ご同行いただきます。
ツアー終了後、**「ニューヨークアートレポート」**（仮称）と題し、報告記事を**『アーテリエ』誌２月号に掲載**していただきたくお願いいたします。

1. コンプのご提供

編集ご担当者２名様に、成田発、関空発それぞれ２回ご同行いただきます。ご宿泊、交通費すべてコンプリメンタリーにてご提供いたします。

■ ご担当者が男性と女性の場合はお一人様の部屋をご用意いたします。
■ 取材のほか、デジタルカメラによる撮影をお願いいたします。
■ 事前打ち合わせを２回ほど、持たせていただきます。

2. マーケティング用の集客記事

６ページ３見開きでの展開を希望いたします。内容は、成田発、関空発のそれぞれのツアーの概要と見どころをフォローする内容で特に、以下の点を強調していただければ助かります。

■ 一般のツアーでは体験できない、アートに絞り込んだツアーであること。
■ 『アーテリエ』誌専任の学芸員が同行すること。
■ 人気評論家の神谷美鈴さんとの会食が組み込まれていること。
■ 今、最も注目されるニューヨークの美術館を巡るツアーであること。
■ オプショナルツアーが充実していること。
■ ホテルのロケーションが良いこと。
■ 専用リムジンで美術館を移動すること。
■ ミュージアムグッズのお取り寄せ情報など。

3. フォローアップ記事

ツアー終了後、「ニューヨークアートレポート」（仮称）と題し、報告記事を『アーテリエ』誌２月号に掲載していただきたくお願いいたします。

■ ６ページ３見開きでの展開を規模いたします
■ ツアー参加者の生の声をなるべく豊富に掲載してください。
■ 『アーテリエ』誌専任の学芸員による見どころの総括を掲載してください。
■ 美術評論家の神谷美鈴さんのコラムをぜひ掲載してください。
■ ニューヨークの各美術館のキュレーターのコメントを写真入りで掲載してください。
■ オプショナルツアーレポート、ホテルの内外館、アメニティーなど。
■ 専用リムジンで美術館を移動するシーンを入れてください。
■ その他、ミュージアムグッズのお取り寄せ情報などをフォローしてください。

ツアー概要とニューヨークの魅力を貴誌『アーテリエ』１０月号において読者に事前告知。関心を高め、ツアー参加者増大をねらいます。

4

段組みが変わるときに、項目の頭を揃えるとよい

黄金ルール2-3
項目、改行が多く、行数がかさみそうなときは二段組みでレイアウトする

×

文字色が異なると読みづらい

【マーケティングプラン】

1　貴誌とのタイアップ企画

11月1日～12月31日までの募集期間中に該当する『アーテリエ』誌、12月号、1月新年号において、
　　記事募集のタイアップ記事の掲載をお願いいたします。

タイトル（仮称）

美術評論家の神谷美鈴さんが紹介する「ニューヨーク・アートシーンの今」

美術館紹介：ニューミュージアム、ＭoＭＡなど該当するアートスポット8箇所を解説。見どころを探る内容。

情報ページ１：各美術館の周辺にある人気のレストラン、ギフトショップなどの情報ページを掲載します。

情報ページ２：アートパフォーマンスを楽しみながらお酒がのめるバーなど、新しいスポットを数カ所紹介。

_いずれも当社ニューヨーク現地法人より、基本情報と写真を貴紙編集部に提供いたします。なお、記事の末尾にはツアー概要、ネットでの申込などを並記してください。

２講演会

アーティスト・美術評論家の神谷美鈴さんに、都内ホテルにて「ニューヨーク・アートシーンの今」と題し、講演会を開催。見どころや新しい動向について講義。会場ではツアー申込受付も行います。また、神谷さんには、ツアーに同行していただきます。
_開催予定日
10月23日　午後2；00　スモポリタンホテル
11月10日　午後４；００　プリマベラホテル

３告知広告

•交通広告；都内主要駅にて交通広告を掲載します。
掲載期間：１０月10日～12月１０日
電波媒体；ＦＭ—ミッド東京　毎週火曜日午後10時「リザベーション」で、
10月17日から一カ月間、４回、３０秒スポットでＣＭ放送します。

5

幅の短い図版を底部に置くと左右に不自然なアキができ、すわりも悪くなる

黄金ルール2-3
二段組みでレイアウトして、改行をスムーズにする

Marketing Plan

マーケティングプラン

前ページと同じく項目の頭を揃える

1. 貴誌とのタイアップ企画

■11 月 1 日〜12 月 31 日までの募集期間中に該当する『アーテリエ』誌、12 月号、1 月新年号において、タイアップ記事の掲載をお願いいたします。

■タイトル（仮称）

■美術評論家の神谷美鈴さんが紹介する「ニューヨーク・アートシーンの今」

■美術館紹介

ニューミュージアム、MoMA など該当するアートスポット 8 箇所を解説。見どころを探る内容。

■情報ページ 1

各美術館の周辺にある人気のレストラン、ギフトショップなどの情報ページを掲載します。

■情報ページ 2

アートパフォーマンスを楽しみながらお酒がのめるバーなど、新しいスポットを数カ所紹介。

■いずれも当社ニューヨーク現地法人より、基本情報と写真を貴紙編集部に提供いたします。

■なお、記事の末尾にはツアー概要、ネットでの申込などを並記してください。

2. 講演会

■アーティスト・美術評論家の神谷美鈴さんに、都内ホテルにて「ニューヨーク・アートシーンの今」と題し、講演会を開催。見どころや新しい動向について講義。会場ではツアー申込受付も行います。また、神谷さんには、ツアーに同行していただきます。

開催予定日
10月23日　午後2:00　スモポリタンホテル
11月10日　午後4:00　プリマベラホテル

3. 告知広告

■交通広告

都内主要駅にて交通広告を掲載します。

■掲載期間

10 月 10 日〜12 月 10 日

■電波媒体

FM-ミッド東京

毎週火曜日午後 10 時「リザベーション」で、10 月 17 日から一カ月間、4 回、30 秒スポットでＣM放送します。

5

「2」の内容を続けて流さずに、段組みを変える

図版の上にテキストをのせると読みづらい

【訪問する美術館】

1.Cooper-Hewitt, National Design Museumクーパー・ヒューイット・ナショナル・デザイン・ミュージアム

所在地アッパーイースト、セントラルパークに面した、ミュージアムディストリクト
の一角特徴·アメリカ国内はもとより、世界でもっとも数多くのデザインに関するコ
レクションをほこる。・ミケランジェロの絵画から近代工業デザインの草分けとなっ
たエヴァ・ ツァイセルのソルトシェイカーまである。とりわけNational Design
Triennial（3年ごとのデザイン展）は話題。・"デザイン・フォー・ライフ"は、生
活の中の美にフォーカスをあてたその 記念エキシビション。家具、食器、装身具な
どはMoMAやメトロポリタン・ミュージアムでもアート作品として展示されて
いるが、このエキシビションではアイロン、壁紙、
されているのがユニーク

2. AIGA National Design CenterAIGA ナショナルデザイン・センター

所在地·ニューヨーク、·マンハッタンのミッドタウンにある AIGA アメリカン・グラフィック・アーツ協会ニューヨークオフィスに併設されたアートスペース。特徴·グラフィックデザインの啓蒙を目的とした現代作品展の展示を年間を通して開催している。

6

図版の大きさがバラバラ

黄金ルール 2-2
並列で伝える情報はスペースを等しくとって
フォーマットとして繰り返すと良い

Visited Museum

訪 問 す る 美 術 館

1. Cooper-Hewitt, National Design Museum

クーパー・ヒューイット・ナショナル・デザイン・ミュージアム

所在地
アッパーイースト、セントラルパークに面した、ミュージアムディストリクトの一角
特徴
アメリカ国内はもとより、世界でもっとも数多くのデザインに関する　コレクションをほこる。ミケランジェロの絵画から近代工業デザインの草分けとなったエヴァ・　ツァイセルのソルトシェイカーまである。

2. AIGA National Design CenterAIGA

ナショナルデザイン・センター

所在地
ニューヨーク、・マンハッタンのミッドタウンにある AIGA アメリカン・グラフィック・アーツ協会ニューヨークオフィスに併設されたアートスペース。
特徴
グラフィックデザインの啓蒙を目的とした現代作品展の展示を年間を通して開催している。

6

全体的にメリハリがなくフラットな印象

二段組みで収まっているが、内容が中途半端なところで切り替わっている

旅行条件

〔出発地と基本旅行代金〕
成田発　デラックスルーム２名１室利用・おひとり様
・５日間コース；２０１０年２月１１日（水）から４月２０日（木）の火・木曜日出発
207，000円

・６日間コース；２０１０年２月１１日（水）から４月２０日（木）の火・木曜日出発
228，000円
・７日間コース；２０１０年２月１１日（水）から４月２０日（木）の火・木曜日出発
238，000円

関空発　ジュニアスイートルーム２名１室利用・おひとり様
・６日間コース；２０１０年２月１１日（水）から４月２０日（木）の火・木曜日出発
254，000円
・７日間コース；２０１０年２月１１日（水）から４月２０日（木）の火・木曜日出発
262，000円

_現地空港諸税および日本国内各空港施設使用料は別途となります。現地空港諸税目安額／6200円　　2010年1月31日現在

〔宿泊条件〕
成田発5日間コース：ミッドタウングランドホテルまたはグラマシースイーツ3泊機中1泊
成田発６日間コース：ミッドタウングランドホテルまたはクリプトンニューヨーク４泊機中1泊
成田発７日間コース：ミッドタウングランドホテルまたはセントラルパークハドソンホテル５泊機中1泊
関空発６日間コース：ミッドタウングランドホテルまたはセントラルパークハドソンホテル３泊機中２泊
関空発７日間コース：ミッドタウングランドホテルまたはエリオットホテルニューヨーク４泊機中２泊
食事条件
成田発5泊／関空発6日間コース：朝3回、昼3回、夕3回
成田発6泊／関空発7日間コース：朝4回、昼4回、夕4回
機内食は除く
利用航空会社・トランスヘミスフィア航空
添乗員・ＪＭＰトラベルから日本より1名動向します。また、現地係員が随時アシストします。
最少催行人員・6名

〔スケジュール〕
【１日目】
（成田発着コース）
朝　福岡発
午前　中部／千歳発
10：００～15：００成田発（乗り継ぎ）
15:30～22:00　ニューヨークＪＦＫ空港着（送迎付き）

（関空発着コース）
朝　関空発
10：００～15：００トランスヘミスフィア航空2021便にて出発
15:30～22:00　ニューヨークＪＦＫ空港着（送迎付き）

【２日目】
（成田発着コース／関空発着コース）
朝：専用リムジンにてホテル送迎
午前：メトロポリタン博物館
昼：タイムズスクエアのフォーティーセカンドでベーグルランチ
午後：ミュージアムオブアーツ＆デザイン美術館
夕方：専用リムジンにてホテル到着
夜：自由時間

【３日目】
（成田発着コース／関空発着コース）
朝：専用リムジンにてホテル送迎
午前：MoMA
昼：リンカーンセンター近くのゴッサムズでランチ
午後：グッゲンハイム美術館、ニューミュージアム
夕方：専用リムジンにてホテル到着
夜：自由時間

【４日目】
（成田発着コース）
10：００～15：００ＪＦＫ空港へ（送迎付き）
ニューヨーク発（機中泊）
福岡／中部／千歳ゆきは成田空港で乗り継ぎ

（関空発着コース）
朝　関空発
10：００～15：００10：００～15：００ＪＦＫ空港へ（送迎付き）
トランスヘミスフィア航空2149便にて出発
15:30～22:00　関西国際空港着

【５日目】
（成田発着コース）
10：００～15：００ＪＦＫ空港へ（送迎付き）
ニューヨーク発（機中泊）
福岡／中部／千歳ゆきは成田空港で乗り継ぎ

（関空発着コース）
朝　関空発
10：００～15：００10：００～15：００ＪＦＫ空港へ（送迎付き）
トランスヘミスフィア航空2149便にて出発
15:30～22:00　関西国際空港着
成田発7泊コース／関空発7泊コースはいずれも、最終日に現地自由行動1日追加となります。

9

黄金ルール2-3 ❹
一段組みでも罫線を利用して、内容の切り替えを明確にする。
収まらなかった情報はレイアウトを優先して次ページに送る

Travel Condition

旅行条件

A. 成田発デラックスルーム２名１室利用／おひとり様

■基本料金

５日間コース	2010年２月11日（水）〜4月20日（木）の火・木曜日出発	207,000円
６日間コース	2010年２月11日（水）〜4月20日（木）の火・木曜日出発	228,000円
７日間コース	2010年２月11日（水）から４月20日（木）の火・木曜日出発	238,000円

■宿泊条件

５日間コース　ミッドタウングランドホテルまたはグラマシースイーツ３泊機中１泊
６日間コース　ミッドタウングランドホテルまたはクリプトンニューヨーク４泊機中１泊
７日間コース　ミッドタウングランドホテルまたはセントラルパークハドソンホテル５泊機中１泊

B. 関空発ジュニアスイートルーム２名１室利用／おひとり様

■基本料金

６日間コース	2010年２月11日（水）〜4月20日（木）の火・木曜日出発	254,000円
７日間コース	2010年２月11日（水）から４月20日（木）の火・木曜日出発	262,000円

■宿泊条件

６日間コース　ミッドタウングランドホテルまたはセントラルパークハドソンホテル３泊機中２泊
７日間コース　ミッドタウングランドホテルまたはエリオットホテルニューヨーク４泊機中２泊

※共通事項

■利用航空会社　トランスヘミスフィア航空

■添乗員　JMPトラベルから日本より１名動向します。また、現地係員が随時アシストします。

■最少催行人員　６名

■食事条件

成田発５泊／関空発６日間コース　朝３回、昼３回、夕３回
成田発６泊／関空発７日間コース　朝４回、昼４回、夕４回
※機内食は除く

7

黄金ルール❻
書体・サイズでメリハリをつける

写真と説明が離れている

利用ホテルについて

ミッドタウングランドホテル：ニューヨークの中心部に位置し、観光、ショッピングに最適なロケーション。日本語デスク、免税店を完備しています。グラマシースイーツ：映画『ニューヨークアーティスト』の舞台として知られるデザイナーズホテルです。客室からロビーまで、都会的なセンスにあふれています。
クリプトンニューヨーク：高級住宅街として有名なアッパーイーストに位置する格調高いホテルです。大改装を終え、モダンで機能的なシティーホテルになりました。
セントラルパークハドソンホテル：セントラルパークに面した老舗ホテル。世界中のＶＩＰが宿泊することで知られます。客室はすべてパークビューです。
エリオットホテル：ニューヨークのアーティスト達の定宿として知られ、周辺には大小のアートギャラリーが数多く点在しています。

出発・到着の時間帯（午前・午後など）は、ご利用いただく航空便や交通事情などにより変更となる場合があります。詳細は、直近に作成する「旅行日程表」にて、お客様にお知らせします。

旅行企画・実施／株式会社ＪＭＰ
〒100-8417千代田区神田神保町2-38　稲岡九段ビル8F
TEL.03-3234-2157（代）
FAX.03-3234-9451
観光庁長官登録旅行業第４５Ｗ４２４５２_００３号

11

黄金ルール❸
p157と同様に、並列で伝える情報は均等にスペースをとる

About the Use Hotel

利用ホテルについて

※出発・到着の時間帯（午前・午後など）は、ご利用いただく航空便や交通事情などにより変更となる場合があります。詳細は、直近に作成する「旅行日程表」にて、お客様にお知らせします。

1. ミッドタウングランドホテル

ニューヨークの中心部に位置し、観光、ショッピングに最適なロケーション。日本語デスク、免税店を完備しています。

2. グラマシースイーツ

映画『ニューヨークアーティスト』の舞台として知られるデザイナーズホテルです。客室からロビーまで、都会的なセンスにあふれています。

3. クリプトンニューヨーク

ニューヨークの中心部に位置し、観光、ショッピングに最適なロケーション。日本語デスク、免税店を完備しています。

4. クリプトンニューヨーク

セントラルパークに面した老舗ホテル。世界中のＶＩＰが宿泊することで知られます。客室はすべてパークビューです。

10

黄金ルール❺
トリミングの関係で、図版を同サイズに揃えられない場合は、縦か横のどちらかの長さを合わせるとよい（この場合、縦のサイズを合わせている）

case

3

ニューズレター

不動産会社のDM（A3二ツ折り）

顧客に定期的に送る業界動向や物件情報など、やや長めの記事を載せた文書例です。ありがちなミスとして、長い本文を読ませる工夫をしていないこと。タイトル、リード文は導入として必ずほしいところです。また、小見出しをところどころに入れて、本文を分けることも大切。データの切り貼りを繰り返すと、どうしても間取り図やグラフのテイストがばらばらになりがち。図版を引用する際は、紙面としての統一をはかることが大切です。巻末のお知らせやコラムの扱いは、本文記事と明確に分ける処理も必要です。

デザインのポイント

- コーポレートカラーに揃えよ
- テイストを揃えよう
- 見出しをつけよう
- フォーマット化しよう

不動産総合情報
Quality Lifestage News
リブ&ライフ
一緒に検討してみたいと思います。まず、どんな時代、どんな市
今月のトレンド
昨年から買い手市場に転じた不動産売買市場。地価下落、史上稀に見る低金利といった好材料を受け、いちだんと物件をお求めやすくなりました。金融機関の貸付枠拡大も追い風。まずは、ご希望の物件リサーチから始めましょう。
生活の質を上げる物件がぞくぞくオンセール
首都圏ではこの春、横浜、川崎を中心に、新築物件が多数販売されます。一戸建て、マンションともに供給意欲はひじょうに旺盛です。ただ、今回のトレンドは、過去と際だった違いが目立ちます。それは、物件が非常に多様性に富んでいるという点です。従来ですと、マンションの場合、３ＬＤＫで延べ床面積が70平米というひとつの基準がありました。もちろん、今回の物件の主流もこの広さです。しかし、よく見てみると、100平米超の物件が多数見られます。そして、公共スペースをたっぷりと取り、高質な居住空間が確保されているのが特徴です。間仕切りも、従来の箱を切り取ったようなものだけでなく、角地を確保したり、意識的に建物に凹凸を持たせたりして、窓や外気とのふれあう面を広くしている物件が目立ちます。もちろんそのぶん価格帯も1000万円から3000万円ほど高くなりますが、むしろ、これまで抜け落ちていた市場セグメントにフィットするカタチで、こうしたハイグレードな物件が出てきているといえます。当社でもこれまで、予算面では問題ないけれど、希望の物件が見つからないという買い手が多数いたことは、販売の現場の実感としてつねにありました。そうした富裕層や準富裕層のための高質な物件がようやく出そろったという見方もでき、今回のマンションのトレンドの大き
をなしているといえるわけです。一方、3000万
ラスの、比較的手軽な物件の中に
間デザインを施した
状況を
SUMISONEA
スミソネア不動産株式会社
とが大切です。これは最初に、紹介してもらった物件情報（場所や広さなど）が間違っていないかを確認することから始まります。さらに、書類だけでは確認できないチェック項目、たとえば材質、色、使い勝手、音の響き具合といったディテールをしっかりとチェックしましょう。もちろん、間取り図からも、おおよその広さは想像できます。しかし、実際は家具や荷物の量、部屋のレイアウトなどによって生活空間の広さは変わってくるもの。物件を実際に見てみなければわからないこともたくさんあります。ですので、最初からピンポイントでこれでなきゃダメというのではなく、希望する間取りにもある程度、選択の自由度を持たせておくことが物件探しのコツといえるでしょう。これはなにも妥協しろと言っているのではありません。暮らし方は住む人が主体的に作り上げていくものですが、人間は適応能力が高い生き物です。置かれた環境のなかでベストな居住空間を作っていくことができるのです。逆にガチガチの希望だと、それ以外に住み心地を良くする工夫がなかなか出てこないもの。ですから、物件探しは柔軟に捉えるべきだといえます。そのほか気をつけたい点としては、共用スペース、たとえば物件の入口部分などや最寄駅までの距離、環境など物件周辺の下見も忘れずにチェックしましょう。駅から物件までを実際に歩いてみると距離感がつかめます。「駅から徒歩10分」という表示があっても、それは、信号にもひっかからず大人が一人ですたすた歩いた場合と考えておいたほうが無難です。子供連れだったりするとおそらく10分では歩けないはず。このあたりの感覚は、本当に歩いてみないと何とも言えませんし、10分と
う表示があるにもかかわらず実際には15分という表示があった
せよ、現行法では罰則にあたりません。あくまでも目安という
にとどめ、実地リサーチあるのみです。さて、実際に、訪問・
見を予約する場合はどんな手順が待っているのでしょうか。
シミュレーションしてみますと、まず、平日に働いてい
不動産総合情報 | Quality Lifestage News
リブ＆ライフ
UMISONEA
no.235
平成22年1月20日号
今月のトレンド
昨年から買い手市場に転じた不動産売買市場。地価下落、史上稀に見る低金利といった好材料を受け、いちだんと物件をお求めやすくなりました。金融機関の貸付枠拡大も追い風。まずは、ご希望の物件リサーチから始めましょう。
生活の質を上げる
物件がぞくぞく
オンセール
Topic 1
100平米超の上質な物件も多数登場
首都圏ではこの春、横浜、川崎を中心に、新築物件が多数販売されます。一戸建て、マンションともに供給意欲はひじょうに旺盛です。ただ、今回のトレンドは、過去と際だった違いが目立ちます。それは、物件が非常に多様性に富んでいるという点です。従来ですと、マンションの場合、３ＬＤＫで延べ床面積が70平米というひとつの基準がありました。もちろん、今回の物件の主流もこの広さです。しかし、よく見てみると、100平米超の物件が多数見られます。そして、公共スペースをたっぷりと取り、高質な居住空間が確保されているのが特徴です。間仕切りも、従来の箱を切り取ったようなものだけでなく、角地を確保したり、意識的に建物に凹凸を持たせたりして、窓や外気とのふれあう面を広くしている物件が目立ちます。もちろんそのぶん価格帯も1000万円から3000万円ほど高くなりますが、むしろ、これまで抜け落ちていた市場セグメントにフィットするカタチで、こうしたハイグレードな物件が出てきているといえます。当社でもこれまで、予算面では問題ないけれど、希望の物件が見つからないという買い手が多数いたことは、販売の現場の実感としてつねにありました。そうした富裕層や準富裕層のための高質な物件がようやく出そろったという見方もでき、今回のマンションのトレンドの大きな主流をなしているといえるわけです。
一方、3000万円から5000万円クラスの、比較的手軽な物件の中にも、非常に多様な間取りや、空間デザインを施した個性的なものが目立ちます。そのような今の状況を背景に、よりよい物件の探し方について今回は皆さんとご一緒に検討してみたいと思います。
希望する間取りに選択の自由度を
まず、どんな時代、どんな市場環境でもそうですが、物件を実際に見てみることが大切です。これは最初に、紹介してもらった物件情報（場所や広さなど）が間違っていないかを確認することから始まります。さらに、書類だけでは確認できないチェック項目、たとえば材質、色、使い勝手、音の響き具合といったディテールをしっかりとチェックしましょう。
もちろん、間取り図からも、おおよその広さは想像でき
01
不動産総合情報 Quality Lifestage News | リブ＆ライフ | no.235

写真が不自然に変形している

黄金ルール❷
本文と見出しのメリハリがない

SUMISONEA
スミソネア不動産株式会社

今月のトレンド

昨年から買い手市場に転じた不動産売買市場。地価下落、史上稀に見る低金利といった好材料を受け、いちだんと物件をお求めやすくなりました。金融機関の貸付枠拡大も追い風。まずは、ご希望の物件リサーチから始めましょう。

生活の質を上げる物件がぞくぞくオンセール

首都圏ではこの春、横浜、川崎を中心に、新築物件が多数販売されます。一戸建て、マンションともに供給意欲はひじょうに旺盛です。ただ、今回のトレンドは、過去と際だった違いが目立ちます。それは、物件が非常に多様性に富んでいるという点です。従来ですと、マンションの場合、３ＬＤＫで延べ床面積が70平米というひとつの基準がありました。もちろん、今回の物件の主流もこの広さです。しかし、よく見てみると、100平米超の物件が多数見られます。そして、公共スペースをたっぷりと取り、高質な居住空間が確保されているのが特徴です。間仕切りも、従来の箱を切り取ったようなものだけでなく、角地を確保したり、意識的に建物に凹凸を持たせたりして、窓や外気とのふれあう面を広くしている物件が目立ちます。もちろんそのぶん価格帯も1000万円から3000万円ほど高くなりますが、むしろ、これまで抜け落ちていた市場セグメントにフィットするカタチで、こうしたハイグレードな物件が出てきているといえます。当社でもこれまで、予算面では問題ないけれど、希望の物件が見つからないという買い手が多数いたことは、販売の現場の実感としてつねにありました。そうした富裕層や準富裕層のための高質な物件がようやく出そろったという見方もでき、今回のマンションのトレンドの大きな主流をなしているといえるわけです。一方、3000万円から5000万円クラスの、比較的手軽な物件の中にも、非常に多様な間取りや、空間デザインを施した個性的なものが目立ちます。そのような今の状況を背景に、よりよい物件の探し方について今回は皆さんとご

とが大切です。これは最初に、紹介してもらった物件情報(場所や広さなど)が間違っていないかを確認することから始まります。さらに、書類だけでは確認できないチェック項目、たとえば材質、色、使い勝手、音の響き具合といったディテールをしっかりとチェックしましょう。_もちろん、間取り図からも、おおよその広さは想像できます。しかし、実際は家具や荷物の量、部屋のレイアウトなどによって生活空間の広さは変わってくるもの。物件を実際に見てみなければわからないこともたくさんあります。ですので、最初からピンポイントでこれでなきゃダメというのではなく、希望する間取りにもある程度、選択の自由度を持たせておくことが物件探しのコツといえるでしょう。これはなにも妥協しろと言っているのではありません。暮らし方は住む人が主体的に作り上げていくものですが、人間は適応能力が高い生き物です。置かれた環境のなかでベストな居住空間を作っていくことができるのです。逆にガチガチの希望だと、それ以外に住み心地を良くする工夫がなかなか出てこないもの。ですから、物件探しは柔軟に捉えるべきだといえます。そのほか気をつけたい点としては、共用スペース、たとえば物件の入口部分などや最寄駅までの距離、環境など物件周辺の下見も忘れずにチェックしましょう。駅から物件までを実際に歩いてみると距離感がつかめます。「駅から徒歩10分」という表示があっても、それは、信号にもひっかからず大人が一人ですたすた歩いた場合と考えておいたほうが無難です。子供連れだったりするとおそらく10分では歩けないはず。このあたりの感覚は、本当に歩いてみないと何とも言えませんし、10分という表示があるにもかかわらず実際には15分という表示があったにせよ、現行法では罰則にあたりません。あくまでも目安という程度にとどめ、実地リサーチあるのみです。さて、実際に、訪問・物件下見を予約する場合はどんな手順が待っているのでしょうか。ちょっとシミュレーションしてみますと、まず、平日に働いてい

左右のアキが段組み同士のアキよりもせまい

黄金ルール❼
コーポレートカラー（紺色）を差し色に使うと文書全体のテイストがなじみやすい

不動産総合情報｜Quality Lifestage News

リブ＆ライフ

no.235
平成22年1月20日号

今月のトレンド

昨年から買い手市場に転じた不動産売買市場。地価下落、史上稀に見る低金利といった好材料を受け、いちだんと物件をお求めやすくなりました。金融機関の貸付枠拡大も追い風。まずは、ご希望の物件リサーチから始めましょう。

生活の質を上げる 物件がぞくぞく オンセール

Topic. 1

100平米超の上質な物件も多数登場

首都圏ではこの春、横浜、川崎を中心に、新築物件が多数販売されます。一戸建て、マンションともに供給意欲はひじょうに旺盛です。ただ、今回のトレンドは、過去と際だった違いが目立ちます。それは、物件が非常に多様性に富んでいるという点です。従来ですと、マンションの場合、３ＬＤＫで延べ床面積が70平米というひとつの基準がありました。もちろん、今回の物件の主流もこの広さです。しかし、よく見てみると、100平米超の物件が多数見られます。そして、公共スペースをたっぷりと取り、高質な居住空間が確保されているのが特徴です。間仕切りも、従来の箱を切り取ったようなものだけでなく、角地を確保したり、意識的に建物に凹凸を持たせたりして、窓や外気とのふれあう面を広くしている物件が目立ちます。もちろんそのぶん価格帯も1000万円から3000万円ほど高くなりますが、むしろ、これまで抜け落ちていた市場セグメントにフィットするカタチで、こうしたハイグレードな物件が出てきているといえます。当社でもこれまで、予算面では問題ないけれど、希望の物件が見つからないという買い手が多数いたことは、販売の現場の実感としてつねにありました。そうした富裕層や準富裕層のための高質な物件がようやく出そろったという見方もでき、今回のマンションのトレンドの大きな主流をなしているといえるわけです。

一方、3000万円から5000万円クラスの、比較的手軽な物件の中にも、非常に多様な間取りや、空間デザインを施した個性的なものが目立ちます。そのような今の状況を背景に、よりよい物件の探し方について今回は皆さんとご一緒に検討してみたいと思います。

希望する間取りに選択の自由度を

まず、どんな時代、どんな市場環境でもそうですが、物件を実際に見てみることが大切です。これは最初に、紹介してもらった物件情報(場所や広さなど)が間違っていないかを確認することから始まります。さらに、書類だけでは確認できないチェック項目、たとえば材質、色、使い勝手、音の響き具合といったディテールをしっかりとチェックしましょう。

もちろん、間取り図からも、おおよその広さは想像でき

不動産総合情報 Quality Lifestage News｜リブ＆ライフ｜no.235｜ 01

黄金ルール❹
行間をあける

ページ物のデザインの場合、ノンブル（ページ番号）は小口側（ページをめくる側）につけるのが慣例（分かりやすい）

グラフのテイスト・大きさがバラバラ

る人の多くは週末を利用して不動産会社を訪問しようと思われることでしょう。そんなふうに考える人は案外多く、思ったより週末は混み合います。_また、午後になるほど本気度の高い下見や相談の人が増えてくるので、落ち着いて話を聞いてもらうことが難しくなる場合があります。ですから、不動産会社とのアポイントは、できるだけ午前中に入れることをおすすめします。午前中なら、そのまま何件も物件の下見に周ることができるメリットもあります。たくさん見て回れば理想の物件に出会うチャンスも高まり、もしかすると夕方までに決定できるかもしれません。また、知っておきたいのは、引越シーズンといわれる1～3月は店舗に人が殺到するということ。この時期には、平日に予定を入れたほうが無難です。思い切って有給休暇を取るのもおすすめします。なんと言っても住宅は高い買い物となるわけですから。ところで、_ _訪問する際のマナーですけれども、これも実は良い物件を捜すためのポイントとなります。意外に思われるでしょうが、あまりだらしない服装はひかえたいもの。関係ないといえばそれまでですが、例えば、部屋を貸す人と立場からするなら、共同住宅のルールを守れる人を選びたいと考えるのは当然でしょう。だらしない服装をしている人は、ルールを守れないというイメージを与えかねません。できるだけ好感をもたれる清潔感のある服装を心がけましょう。次に実際の物件の探し方ですが、情報誌などをチェックするなどメール・電話で希望物件の確認をします。そして気に入った物件をリストアップしたら、メールや電話で仲介している不動産会社にコンタクトを取ります。_好条件の物件は人気が高いので、あなた以外にもたくさんの人が興味を持ちます。もし迷っているなら、まず連絡しておくことがポイントです。残念ながら、希望の物件が既に決まっていたとしても、連絡をしておくことで近い条件の物件を探してくれます。__ちなみにメールで問い合わせをする場合は、物件が掲載してあったメディアや、物件ナンバー、それに探している物件のおおまかな希望内容などをはっきりと伝えましょう。また_物件の問い合わせをする際には、あなたの連絡先を伝えることも忘れないように。 来店の予約や物件下見の予約も事前にしておくと無駄なく捜すことができます。下見した物件の断り方については、迅速を心がけることです。不動産会社をハシゴして、できるだけ多くの物件を下見することはとても大切です。その過程で、いくつかの物件を仮予約してもらう場合も当然でてきます。ですが、本当に希望の物件が見つかったら、できるだけ早く断りの連絡を入れるようにしましょう。他のところで希望の物件が見つかったので、先ほどの物件はお断りしますという内容を、電話で伝えるだけで大丈夫です。不動産会社も希望に合う物件を親身になって探してくれるわけですから、誠意のある対応で応えたいものです。

【住宅ローン金利の推移】

固定金利（単位・パーセント）

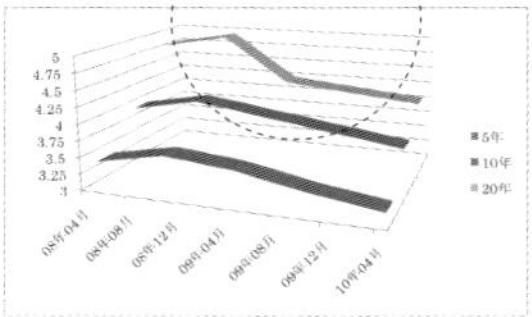

変動金利（単位・パーセント）

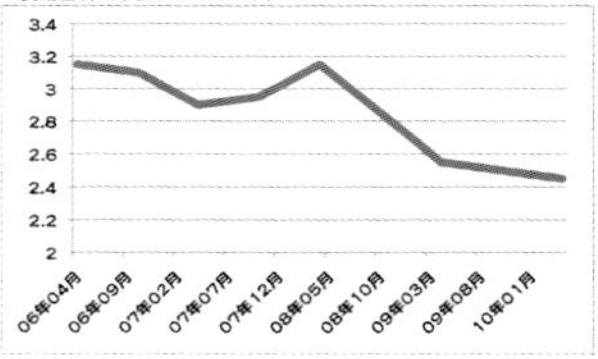

銀行別住宅ローン金利比較　15年満期（(単位・パーセント）

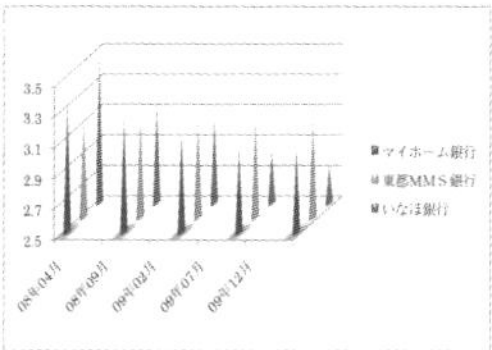

2

黄金ルール❺
目につく見出しのデザインにすると、内容の切り替わりが一目瞭然（前ページからはみ出さない分量に編集するのがベスト）

黄金ルール❸
グラフのテイストを揃える

前ページからの続き

ます。しかし、実際は家具や荷物の量、部屋のレイアウトなどによって生活空間の広さは変わってくるもの。物件を実際に見てみなければわからないこともたくさんあります。ですので、最初からピンポイントでこれでなきゃダメというのではなく、希望する間取りにもある程度、選択の自由度を持たせておくことが物件探しのコツといえるでしょう。これはなにも妥協しろと言っているのではありません。暮らし方は住む人が主体的に作り上げていくものですが、人間は適応能力が高い生き物です。置かれた環境のなかでベストな居住空間を作っていくことができるのです。逆にガチガチの希望だと、それ以外に住み心地を良くする工夫がなかなか出てこないもの。

不動産会社とのアポイントはできるだけ午前中に　Topic. 2

引越シーズンは店舗に人が殺到

ですから、物件探しは柔軟に捉えるべきだといえます。そのほか気をつけたい点としては、共用スペース、たとえば物件の入口部分などや最寄駅までの距離、環境など物件周辺の下見も忘れずにチェックしましょう。駅から物件までを実際に歩いてみると距離感がつかめます。「駅から徒歩 10 分」という表示があっても、それは、信号にもひっかからず大人が一人ですたすた歩いた場合と考えておいたほうが無難です。子供連れだったりするとおそらく 10 分では歩けないはず。このあたりの感覚は、本当に歩いてみないと何とも言えませんし、10 分という表示があるにもかかわらず実際には 15 分という表示があったにせよ、現行法では罰則にあたりません。あくまでも目安という程度にとどめ、実地リサーチあるのみです。さて、実際に、訪問・物件下見を予約する場合はどんな手順が待っているのでしょうか。ちょっとシミュレーションしてみますと、まず、平日に働いている人の多くは週末を利用して不動産会社を訪問しようと思われることでしょう。

そんなふうに考える人は案外多く、思ったより週末は混み合います。_また、午後になるほど本気度の高い下見や相談の人が増えてくるので、落ち着いて話を聞いてもらうことが難しくなる場合があります。ですから、不動産会

参考資料　住宅ローン金利の推移

■ 固定金利［単位：%］

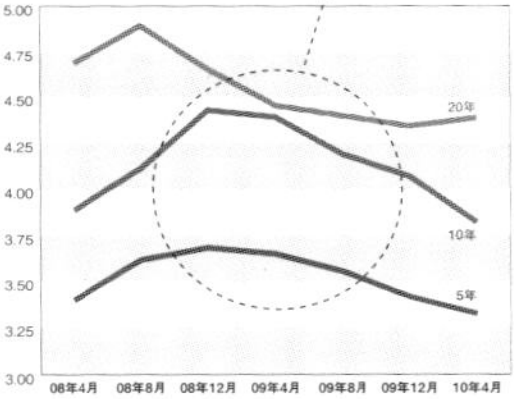

■ 変動金利［単位：%］

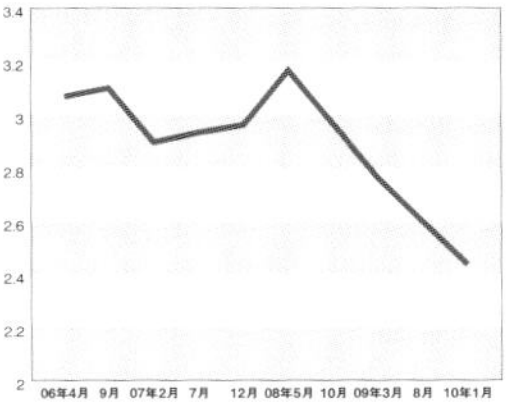

■ 銀行別住宅ローン金利比較 15 年満期［単位：%］

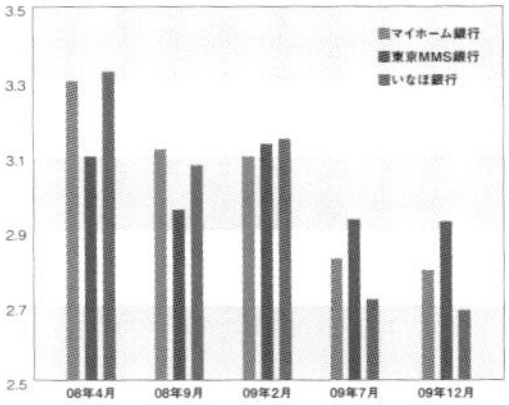

02

本文と同じ書式では読みづらい内容

L&L厳選、今月のおすすめ物件

パークコート一橋

東城区一橋に2010年3月完成予定の新築タワーマンション「パークコート一橋ザ タワー」

間取り別販売価格／1LDK・4,230万円（41.24m²）～、2LDK・6,210万円（66.55m²）～、3LDK・8,034万円（84.90m²）～東京メトロ都心部線、都営北南線「森の塚」駅が最寄り駅。■1月30日（土）・31日（日）　価格発表会／販売住戸発表会を開催予定。_販売個数：25戸。間取り1LDK（3戸）・2LDK（5戸）・3LDK（18戸）。バルコニー面積：7.72平米（1戸）～15.82平米（1戸）。オール電化。管理費：月額 10910円～25370円、全体管理費：月額 1120円～2200円。修繕積立金：月額 2420円～5130円 全体修繕積立金：月額 2210円～5190円。駐車場：総戸数 230戸 に対して 敷地内機械式 200台（月額 28000円～47000円） 敷地内平面 18台（月額 57000円～66000円） ※403戸に対して240台（407戸には店舗3区画・オフィス2区画含む）。受付期間：平成22年2月06日（土）～平成22年03月16日（日）

ベリスタ小金沢

八千代台ニュータウンに2010年6月完成予定の新築タウンハウス

中心販売価格／3LDK・6,255万円（94.90m²）～東都高速鉄道、都営ニュータウン線「ミズキが丘」駅が最寄り駅。■1月30日（土）・31日（日）　価格発表会／販売住戸発表会を開催予定。_販売個数：25戸。間取り1LDK（3戸）・2LDK（5戸）・3LDK（18戸）。バルコニー面積：7.72平米（1戸）～15.82平米（1戸）。オール電化。管理費：月額 10910円～25370円、全体管理費：月額 1120円～2200円。修繕積立金：月額 2420円～5130円 全体修繕積立金：月額 2210円～5190円。駐車場：総戸数 230戸 に対して 敷地内機械式 200台（月額 28000円～47000円） 敷地内平面 18台（月額 57000円～66000円） 受付期間：平成22年2月06日（土）～平成22年03月16日（日）

隅田川アクアハイム

東城区一橋に2010年3月完成予定の新築一戸建て｛ヨーロピアンスタイルの注文建築住宅｝

間取り別販売価格／1LDK・4,230万円（41.24m²）～、2LDK・6,210万円（66.55m²）～、3LDK・8,034万円（84.90m²）～東京メトロ都心部線、都営北南線「森の塚」駅が最寄り駅。■1月30日（土）・31日（日）　価格発表会／販売住戸発表会を開催予定。_販売個数：25戸。間取り1LDK（3戸）・2LDK（5戸）・3LDK（18戸）。バルコニー面積：7.72平

3

内容がページ分かれしている

黄金ルール2-3
「物件情報」を一件ごとのフォーマットで作る（一枚のカードとして考えるとよい）

簡単なイラストなら書いてしまおう！

L&L 厳選　今月のお勧め物件

パークコート 一橋

東城区一橋に2010年３月完成予定の新築タワーマンション

東京メトロ都心部線、都営北南線「森の塚」駅が最寄り駅。

間取り別販売価格
1LDK(41.24㎡)4,230万円～／2LDK(66.55㎡)6,210万円～
3LDK(84.90㎡)8,034万円～
1月30日(土)・31日(日) 価格発表会／販売住戸発表会を開催予定

販売個数	25戸。間取り1LDK(3戸)・2LDK(5戸)・3LDK(18戸)
バルコニー面積	7.72㎡(1戸)～15.82㎡(1戸)。オール電化
管理費	月額10,910円～25,370円
全体管理費	月額1,120円～2,200円
修繕積立金	月額2,420円～5,130円
全体修繕積立金	月額2,210円～5,190円
駐車場	総戸数230戸に対して敷地内機械式200台(月額 28,000円～47,000円) 敷地内平面 18台(月額 57,000円～66,000円) ※403戸に対して240台(407戸には店舗3区画・オフィス2区画含む)
受付期間	平成22年2月06日(土)～平成22年3月16日(日)

ベリスタ小金沢

八千代台ニュータウンに2010年６月完成予定の新築タウンハウス

JR小金沢(快速)線「武蔵小金沢」駅が最寄り駅。

間取り別販売価格
1LDK(41.24㎡)4,230万円～／2LDK(66.55㎡)6,210万円～
3LDK(84.90㎡)8,034万円～
1月30日(土)・31日(日) 価格発表会／販売住戸発表会を開催予定

販売個数	25戸。間取り1LDK(3戸)・2LDK(5戸)・3LDK(18戸)
バルコニー面積	7.72㎡(1戸)～15.82㎡(1戸)。オール電化
管理費	月額10,910円～25,370円
全体管理費	月額1,120円～2,200円
修繕積立金	月額2,420円～5,130円
全体修繕積立金	月額2,210円～5,190円
駐車場	総戸数230戸に対して敷地内機械式200台(月額 28,000円～47,000円) 敷地内平面 18台(月額 57,000円～66,000円) ※403戸に対して240台(407戸には店舗3区画・オフィス2区画含む)
受付期間	平成22年2月06日(土)～平成22年3月16日(日)

不動産総合情報 Quality Lifestage News ｜リブ＆ライフ｜ no.235 ｜　03

文字の位置を揃える

黄金ルール2-2
テイストの違う「間取り図」も周囲のデザイン（囲みフォーマット）を揃えれば、多少なじむ

イラストも含めて、唐突なデザイン

米（1戸）～15.82平米（1戸）。オール電化。管理費：月額 10910円～25370円、全体管理費：月額 1120円～2200円。修繕積立金：月額 2420円～5130円 全体修繕積立金：月額 2210円～5190円。駐車場：総戸数 230戸 に対して 敷地内機械式 200台（月額 28000円～47000円） 敷地内平面 18台（月額 57000円～66000円） ※403戸に対して240台（407戸には店舗3区画・オフィス2区画含む）。受付期間：平成22年2月06日（土）～平成22年03月16日（日）

浴室
洋室6帖
LDK12帖
洗面
洋室6帖

住み替えクラブ
会員募集中
今のお住まいを有効活用して、
もっと快適な暮らしの環境を。
建て替え、二世帯住宅、バリアフリー住宅
などをお考えの皆様に。
0120-000000
9；00~18：00年中無休

変動金利？ or 固定金利？

多くの住宅取得希望者が住宅ローンを組む際に迷う点は、なんといっても、変動金利・固定金利のどちらにするか？ということ。住宅ローンの変動金利・固定金利はどちらが優れているというものではありません。それぞれに一長一短があるので、返済の計画に合わせて選ぶよう心がけたいもの。通常言われるような、変動金利のほうが有利なわけでは決してありませんのでご注意を。やはり、マンションや戸建てを購入する時の住宅ローンを借り入れる際、変動金利・固定金利のどちらを選択するかは、それぞれ長所・短所をふまえ、ご自身で判断しなければいけません。ここ10年来、歴史的な低金利が続く日本経済、変動金利のほうが固定金利よりもかなり低く設定されています。しかし、銀行やテレビのコメンテーターのいうことをうのみにして、即、変動金利を選ぶのは禁物です。きたるべきインフレ時代の到来にそなえ、返済計画と合わせて慎重に吟味しましょう。

アパート経営セミナー
開催のお知らせ
東京・名古屋・大阪・福岡・札幌・仙台・
2010年1月13日から全国キャラバン開催

『次世代へつなぐ賃貸経営セミナー』と題し、より多くのオーナーの皆様と共に、これからの賃貸経営のあり方を研究してまいります。すべてのオーナー様が対象です。詳しくは 0120－000－000まで。各会場ともに先着先180名様にて締め切らせていただきます。

『Quality Lifestage News リブ＆ライフ』　NO.235　平成22年1月20日号
毎月10日発行　　発行：SUMISONEA　スミソネア不動産株式会社
〒100－０３４３　東京都千代田区神田神保町2-38　稲岡九段ビル8F
TEL.03-3234-2173　FAX.03-3234-9451　　http://book.bijutsu.co.jp/

4

黄金ルール❷
ゾーニングする

物件情報（前ページの続き）

隅田川アクアハイム

ヨーロピアンスタイルの
注文建築住宅

東京メトロ森蔵門線、東部三勢崎線「引上」駅が最寄り駅。

間取り別販売価格
1LDK(41.24㎡)4,230万円～／2LDK(66.55㎡)6,210万円～
3LDK(84.90㎡)8,034万円～
1月30日(土)・31日(日) 価格発表会／販売住戸発表会を開催予定

販売個数	25戸。間取り1LDK(3戸)・2LDK(5戸)・3LDK(18戸)
バルコニー面積	7.72㎡(1戸)～15.82㎡(1戸)。オール電化
管理費	月額10,910円～25,370円
全体管理費	月額1,120円～2,200円
修繕積立金	月額2,420円～5,130円
全体修繕積立金	月額2,210円～5,190円
駐車場	総戸数230戸に対して敷地内機械式200台(月額 28,000円～47,000円) 敷地内平面 18台(月額 57,000円～66,000円) ※403戸に対して240台(407戸には店舗3区画・オフィス2区画含む)
受付期間	平成22年2月06日(土)～平成22年3月16日(日)

Column

変動金利？ or 固定金利？

ですから、物件探しは柔軟に捉えるべきだといえます。そのほか気をつけたい点としては、共用スペース、たとえば物件の入口部分などや最寄駅までの距離、環境など物件周辺の下見も忘れずにチェックしましょう。駅から物件までを実際に歩いてみると距離感がつかめます。「駅から徒歩10分」という表示があっても、それは、信号にもひっかからず大人が一人ですたすた歩いた場合と考えておいたほうが無難です。子供連れだったりするとおそらく10分では歩けないはず。このあたりの感覚は、本当に歩いてみないと何とも言えませんし、10分という表示があるにもかかわらず実際には15分という表示があったにせよ、現行法では罰則にあたりません。あくまでも目安という程度にとどめ、実地リサーチあるのみです。さて、実際に、訪問・物件下見を予約する場合はどんな手順が待っているのでしょうか。

Infromation

▶ 住み替えクラブ会員募集中！

今のお住まいを有効活用して、もっと快適な暮らしの環境を。建て替え、二世帯住宅、バリアフリー住宅などをお考えの皆様に。

お問い合わせ(フリーダイアル)
0120-000-000

▶ アパート経営セミナー開催！

東京・名古屋・大阪・福岡・札幌・仙台の各都市で
2010年1月13日から全国キャラバン開催！

「次世代へつなぐ賃貸経営セミナー」と題し、より多くのオーナーの皆様と共に、これからの賃貸経営のあり方を研究してまいります。全てのオーナー様が対象です。

お問い合わせ(フリーダイアル)
0120-000-000

各会場とも先着180名様にて締め切らせていただきます。

Quality Lifestage News リブ＆ライフ　no.235
平成22年1月20日号／毎月10日発行

発行：SUMISONEA　スミソネア不動産株式会社
〒100-0343　千代田区神田神保町2-38　稲岡九段ビル8F
TEL.03-3234-2173　FAX.03-3234-9451
http://www.bijutsu.co.jp/

04

コラム

広告スペース

奥付

黄金ルール❸
（使用規定がないのであれば）広告もできる限りテイストを合わせるとよい

case

4

新商品・セミナーの案内文書

パターン1：証券会社のFAXレター

資産運用セミナーの案内など、定期的に配布するセールスツールの事例です。申込書が下段についたA4一枚という体裁です。FAXレター、DM、街頭チラシなどもこの仲間に分類されます。ここでは典型的なてんこ盛りの事例を紹介しながら、情報のグループ化、紙面の分割などをもとに全体を整理し直してみました。

パターン2：化粧品メーカーのチラシ

メーカーから販売店に向けたチラシです。対象はエンドユーザーではありませんが、化粧品ブランドとしての一定のイメージを保持することが求められます。飾り文字を入れたり、斜めに英文を挿入したりしているのですが、かえって読みにくくしてしまっています。ここでは、文字に大小のメリハリをつけながら、各製品の紹介とそれ以外の情報とを峻別し、グルーピングによってスペースを有効活用しました。

デザインのポイント

- お弁当レイアウトで区分けしよう
- メリハリをつけよう
- 見えない線を利用して整理しよう
- モノクロ時の明度差を意識しよう

無料！
「個人様向け資産運用セミナーのお知らせ」
MOBアセットCEO 山本祐介が語る
「これからの資産運用」
MOBアセットでは、個人投資家の皆様を対象に、資産運用に関する基本的な知識やゴールドの最新情報や投資ノウハウを提供する資産運用セミナーを開催しております。参加費は無料です。
個人様向け資産運用セミナーのお知らせ
MOBアセットCEO山本祐介が語る
これからの資産運用
MOBアセットでは、個人投資家の皆様を対象に、資産運用に関する基本的な知識やゴールドの最新情報や投資ノウハウを提供する資産運用セミナーを開催しております。参加費は無料です。
2009年11月20日（金）14:00～18:00
・募集人数700人・参加費無料・どなたでもご参加いただけます
資産運用のビジョンを描くために
「最強の資産運用DS」の話
REITを活用したアクティブ資産運用法
販売店の皆様へ。
新商品のご予約受付を開始しました。
キャンペーン！
こんな時代だから高付加価値なアイテムを！！
新機能、新使用感
秋冬の新商品
セールスワンポイント
Sence of Beauty
販売店のみなさまへ！ 新商品のご予約受付を開始しました!
新機能、新使用感
秋冬の新商品
¥1,880
ミルキーフィール・フェイスウォッシュ
新商品
新企画
¥4,390
ボックス・テン
¥3,940
エクストラ・モイストローション
季節限定
アルテミス化粧品の3つのこだわり
原材料へのこだわり
処方へのこだわり
使用感へのこだわり
0120-00-0000
http://www.artemis.com/shop/promotion/index.html

パターン1：証券会社のFAXレター

キャッチコピーが不必要に多く、メインコピーが分からない。不必要な情報は削除する

全体的にコンテンツをうまく整理できておらず、メリハリがなくフラットで窮屈な印象

投資信託に関するリスク投資信託は、国内外の債券や株式などを投資対象にしますので、組み入れた債券や株式などの価格の下落、発行会社の倒産、為替の変動等により、損失が生じるおそれがあります。

無料！

個人様向け資産運用セミナーのお知らせ

MOBアセットCEO 山本祐介が語る

「これからの資産運用」

*MOBアセットでは、個人投資家の皆様を対象に、**資産運用**に関する**基本的な知識**やゴールドの**最新情報**や**投資ノウハウ**を提供する**資産運用セミナー**を開催しております。**参加費は無料**です。*

【セミナーのポイント】その1）．50代から学ぶ定年後の資産のつくり方について、資産計画の立て方とリスクヘッジについてご紹介します。それぞれの人生観にあった投資スタイルを見つけ、10年後の生き甲斐ある人生に備えましょう。
その2）．景気回復とインド～株式市場の現状と見通し～世界景気後退を乗り越え、インド市場の力強い株価上昇。本セミナーでは、2009年の株価判断材料を探り、インド株式市場の今後の展望についてお話します。
次回セミナー予定）「ＦＸ投信で必ず勝つ秘訣とは」講師：M0Bアセットマネジメント・チーフストラテジスト　笹崎彰伸。ＦＸ投資2年で＋２９８を実現。年率３２パーセントを期待できる方法を詳述。
※今年度は特に株価の上昇局面にあって、特に新興国の相対的な優位を保つとみられている国、ASEAN諸国をご重点投資国とします。とりわけ景気回復期における新興国への分散投資の手法を徹底分析します。

開催日2009年１１月２０日(金)　14：00～1８：00（開場13：30）　**会場**　トンプソングランドホテル　東京〒100-０１３３ 東京都千代田区大手町1-1-1　**会場アクセス**　http://homepage.mobasset.co.jp　**主催**　MOBアセットマネジメント株式会社　**協賛**MOBイー・トレード証券株式会社　株式会社パラリーガルメディアイブニングスター　トレーダーズ株式会社　**プログラム 第一部**（14:00～16:30）：「資産運用のビジョンを描くために」（MOBアセット代表取締役執行役員CEO山本祐介）　**第二部**（16:30～18:00）：①16:30～17:00「『最強の資産運用ＤＳ』の話」（パラリーガルメディア代表取締役社長　清澄英彦）②17:00～18:00「REITを活用したアクティブ資産運用法」（イブニングスター代表取締役COO　正臣）　**募集人数**　700人（先着順）参加費無料応募資格どなたでもご参加いただけます。

行間が詰まりすぎ

講師プロフィール　山本祐介：1994年より米国トンプキン・ライダット証券投信ファンドマネジャー、1998年、同アセッ ネジメント主査を歴任。2003年よりMOBアセットマネジメント主席ストラテジスト就任、現在に至る。ウェルスマネジメント分野の著書多数。

はじめてのＦＸ業者選び方　初心者は、やはり大手ＦＸがお勧めです。サポート体制、管理画面の扱いやすさ、システム堅牢性などが確実だからです。万が一の際のロスカット発動も大手なら安心といえます。そして、なるべく少ない資金で開始できるＦＸ業者を選びましょう。通常は口座開設料は全業者無料ですが、実際のトレード開始には、初回入金規定や最低証拠金（トレード資金原資）などがあるので、なるべく低い金額でトレード開始できる業者がよいでしょう。

アキが不均等

◇◇投資信託のリスクは、投資信託の商品ごとに異なりますので、詳しくは各商品の投資信託説明資料（投資目論見書）の「投資リスク」をご確認ください。投資信託に関する手数料等お客さまには、次の費用をご負担いただきます。◇◇◇

◇◇◇投資信託に関するご留意点など当社ホームページに記載のセミナーは、特定の投資信託を推奨、または勧誘するものではありません。保険商品は、預金ではなく、元本保証はありません。商品種類・運用状況・経過年数等によっては、国内外の債券等で運用することによる価格変動リスク・金利変動リスク・為替変動リスク・信用リスク等により、元本割れの場合があります。商品によっては、ご契約時の契約初期費用のほか、ご契約後も信託関係費用・運用関係費用・年金管理費用等がかかる場合があります。また、ご契約から一定期間内の解約時に解約控除がかかる場合があります。ご負担いただく手数料種類やその料率等は商品によって異なりますので、具体的な金額・計算方法は記載することができません。詳しくは、各商品のパンフレットや「契約概要」「注意喚起情報」等でご確認ください。◇◇◇

セミナーFAX申込書

○印をご記入のうえ、FAXにてご返信ください。

Ⅰ.2009年11月20日(金曜日)11月20日　第一部　１４：００　～16:30に参加する
Ⅱ.2009年11月20日(金曜日)11月20日　第二部　１６：３０　～18:00に参加する
Ⅲ.当日の都合がつかないので資料（無料）送付を希望する

御社名		TEL		ご参加者（1）		お役職	
ご住所	〒	FAX		ご参加者（2）		お役職	
		社員数		事業内容			

※お問い合わせ　℡　０３－５４００－１１００　MOBアセットマネジメント株式会社　資産運用セミナー受付係まで

黄金ルール❺
書体・サイズでメリハリをつける

黄金ルール2-2
紙面を分割して、内容ごとにスペースを割り当てる

メインタイトル

個人様向け資産運用セミナーのお知らせ

ＭＯＢアセットＣＥＯ山本祐介が語る

これからの資産運用

ＭＯＢアセットでは、個人投資家の皆様を対象に、資産運用に関する基本的な知識やゴールドの最新情報や投資ノウハウを提供する資産運用セミナーを開催しております。参加費は無料です。

● 募集人数700人 ● 参加費無料 ● どなたでもご参加いただけます

概要1

2009年11月20日（金）14:00～18:00 [開場13:00]
トンプソングランドホテル 東京
〒100-0133 東京都千代田区大手町1-1-1

会場アクセス　http://homepage.mobasset.co.jp
主催　MOBアセットマネジメント株式会社
協賛　MOBイー・トレード証券株式会社　株式会社バラリーガルメディアイブニングスタートレーダーズ株式会社

概要2

▼第一部▼ 14:00～16:30

資産運用のビジョンを描くために

MOBアセット代表取締役執行役員CEO　山本祐介

講師プロフィール　1994年より米国トンプキン・ライダット証券投信ファンドマネジャー。1998年、同アセットマネジメント主査を歴任。2003年よりMOBアセットマネジメント主席ストラテジスト就任、現在に至る。ウェルスマネジメント分野の著書多数。

▼第二部▼ 16:30～18:00

①16:30～17:00

「最強の資産運用ＤＳ」の話

バラリーガルメディア代表取締役社長　清澄英彦

②17:00～18:00

REITを活用したアクティブ資産運用法

イブニングスター代表取締役COO　秀島正臣

備考（コラム）

セミナーのポイント 1
50代から学ぶ定年後の資産のつくり方について、資産計画の立て方とリスクヘッジについてご紹介します。それぞれの人生観にあった投資スタイルを見つけ、10年後の生き甲斐ある人生に備えましょう。

セミナーのポイント 2
景気回復とインド～株式市場の現状と見通し～「界景気後退を乗り越え、インド市場の力強い株価上昇。本セミナーでは、2009年の株価判断材料を探り、インド株式市場の今後の展望についてお話します。

はじめてのＦＸ業者選び方
初心者は、やはり大手ＦＸがお勧めです。サポート体制、管理画面の扱いやすさ、システム堅牢性などが確実だからです。万が一の際のロスカット発動も大手なら安心といえます。
そして、なるべく少ない資金で開始できるＦＸ業者を選びましょう。通常は口座開設料は全業者無料ですが、実際のトレード開始には、初回入金規定や最低証拠金（トレード資金原資）などがあるので、なるべく低い金額でトレード開始できる業者がよいでしょう。

備考

※投資信託のリスクは、投資信託の商品ごとに異なりますので、詳しくは各商品の投資信託説明資料（投資目論見書）の「投資リスク」をご確認ください。投資信託に関する手数料等お客さまには、次の費用をご負担いただきます。
※投資信託に関するリスク投資信託は、国内外の債券や株式などを投資対象にしますので、組み入れた債券や株式などの価格の下落、発行会社の倒産、為替の変動等により、損失が生じるおそれがあります。
※投資信託に関するご留意点など当社ホームページに記載のセミナーは、特定の投資信託を推奨、または勧誘するものではありません。保険商品は、預金ではなく、元本保証はありません。商品種類・運用状況・経過年数等によっては、国内外の債券等で運用することによる価格変動リスク・金利変動リスク・為替変動リスク・信用リスク等により、元本割れの場合があります。商品によっては、ご契約時の契約初期費用のほか、ご契約後も信託関係費用・運用関係費用・年金管理費用等がかかる場合があります。また、ご契約から一定期間内の解約時に解約控除がかかる場合があります。ご負担いただく手数料種類やその料率等は商品によって異なりますので、具体的な金額・計算方法は記載することができません。詳しくは、各商品のパンフレットや「契約概要」「注意喚起情報」等でご確認ください。

申し込み用紙

セミナーＦＡＸ申込書

□内に○印をご記入のうえ、FAXにてご返信ください。
- □ 2009年11月20日（金）11月20日 第一部 14:00～16:30に参加する
- □ 2009年11月20日（金）11月20日 第二部 16:30～18:00に参加する
- □ 当日の都合がつかないので資料（無料）送付を希望する

御社名		TEL		ご参加者（1）		お役職	
ご住所	〒	FAX		ご参加者（2）		お役職	
		社員数		事業内容			

お問い合わせ　☎03－5400－1100　MOBアセットマネジメント株式会社　資産運用セミナー受付係まで

黄金ルール❺
思いきって小さくしよう（読める程度に）

パターン2：化粧品メーカーのチラシ

キャッチコピーが不必要に多く、
メインコピーが分からない

全体的に書体の種類、
ビジュアル要素が多く
雑然としている

キャンペーン！
販売店の皆様へ。
新商品のご予約受付を開始しました。
販売店様、卸売業の皆様向けです。℡でのご相談のほか、当社の営業部員が商品サンプルと共に、ご説明にお伺い致します。
新機能、新使用感
秋冬の新商品
こんな時代だから
高付加価値な
アイテムを！！
プロフェッショナルサロン仕様の高機能新商品！
セールスワンポイント
乾燥肌系商品の基本トーク
新商品
商品番号　1032－3432
ミルキーフィール・フェイスウォッシュ
きめ細かい“ふわふわ泡”で洗い上がりさっぱり！
肌にやさしい香りと心地よい刺激の洗顔料です！
○無香料、無鉱物質、オイルフリー、アルコールフリー
○植物由来洗浄成分、アロエベラエキス、レチノール配合
税込みプロモーション価格￥1，880　150ml
お客様はお肌のトラブルを事前に体験しているはず。スキンケアの基本は保湿であるように、乾燥肌は正しい知識がないために起こる場合がほとんど。適切な情報を提供することがお店への信頼を築き、売上増、利益増につながります。
新企画
商品番号　1053－0323
10周年の感謝の気持ちを込めて
～「ボックステン」～
10周年スペシャルとして、今だけの記念セットを小売店の皆様に特別価格にてご用意！！！アルテミスが厳選したエイジングケアや美白の高機能アイテムなどを、「オリジナルボックステン」とともにお届けします。
税込みセット価格￥4，390
季節限定
商品番号　4969－0
エクストラモイストローション
やわらかなジェル感覚のローション。肌なじみと浸透感を
さらにアップ。感想ダメージからお肌を守る
すぐれた保湿技術が生きています。
○弱酸性、無鉱物質、オイルフリー、アルコールフリー
○植物由来洗浄成分、モイスチャライジング成分、ホオノキエキス配合
税込みプロモーション価格￥3，940　200ml
アルテミス化粧品の3つのこだわり
原材料へのこだわり　アルテミス化粧品は、国産原料100%。生産履歴のわかる有機原料のみをたっぷり使用。有機JAS認証を取得しています。
処方へのこだわり　植物由来成分のみを用い、植物を栽培する過程でも化学肥料や農薬を最小限にとどめたものだけを使用しています。
使用感へのこだわり　すっきり軽い伸びと、しっとりうるおう感触こそ化粧品の商品価値。定期的なモニタ調査でも、お肌のハリや弾力、そして透明感の各項目で、高いレベルの実感をいただいています。
お問い合わせ＆お電話での商品仕入方法
フリーダイヤル0120－00－0000
通話料無料　担当：井川
受付時間　9：00～22：00
★★携帯・PHSからもご利用いただけます。
インターネットでのご購入はこちらから
http://www.altemis.com/shop/promotion/index.html
まずはお気軽にお電話ください。

商品写真のバック地が
出てしまうと美しくな
い…（切り抜きにする
か角版にするか決める）

過度・不要な装飾

行間が詰まりすぎている

黄金ルール❼
モノクロコピーを考えた明度差を意識しつつも、内容に合わせてやわらかい色使い

必要な要素のレイアウトが落ち着き、なおかつ有効に使えるスペースがあるなら、装飾を入れるのもあり

黄金ルール❸
「見えない線」を意識して要素を整理／整列する

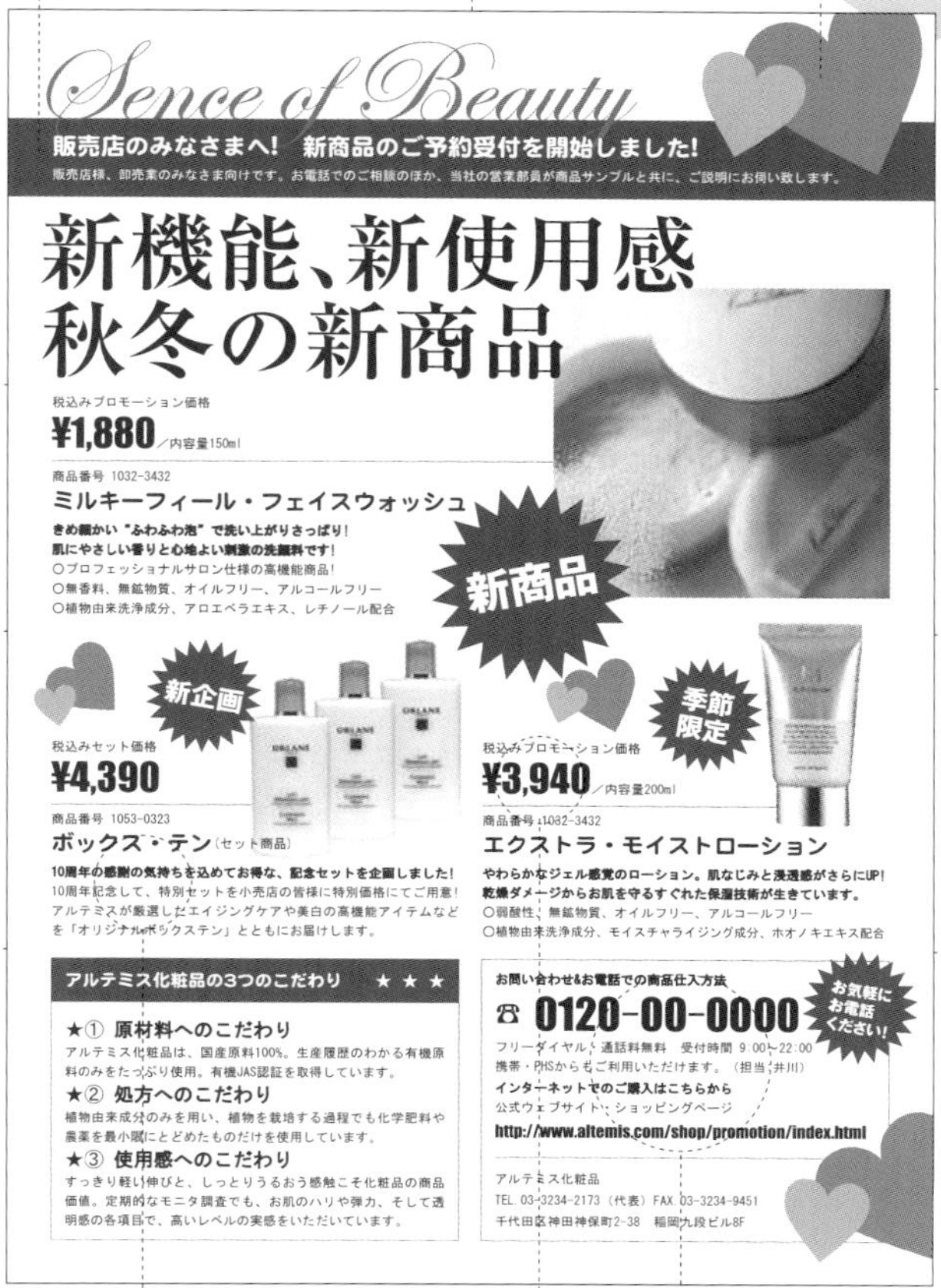
Sence of Beauty
販売店のみなさまへ！　新商品のご予約受付を開始しました!
販売店様、卸売業のみなさま向けです。お電話でのご相談のほか、当社の営業部員が商品サンプルと共に、ご説明にお伺い致します。
新機能、新使用感
秋冬の新商品
税込みプロモーション価格
¥1,880／内容量150ml
商品番号 1032-3432
ミルキーフィール・フェイスウォッシュ
きめ細かい“ふわふわ泡”で洗い上がりさっぱり!
肌にやさしい香りと心地よい刺激の洗顔料です!
○プロフェッショナルサロン仕様の高機能商品!
○無香料、無鉱物質、オイルフリー、アルコールフリー
○植物由来洗浄成分、アロエベラエキス、レチノール配合
新商品
新企画
税込みセット価格
¥4,390
商品番号 1053-0323
ボックス・テン（セット商品）
10周年の感謝の気持ちを込めてお得な、記念セットを企画しました!
10周年記念して、特別セットを小売店の皆様に特別価格にてご用意!
アルテミスが厳選したエイジングケアや美白の高機能アイテムなどを「オリジナルボックステン」とともにお届けします。
季節限定
税込みプロモーション価格
¥3,940／内容量200ml
商品番号 1032-3432
エクストラ・モイストローション
やわらかなジェル感覚のローション。肌なじみと浸透感がさらにUP!
乾燥ダメージからお肌を守るすぐれた保湿技術が生きています。
○弱酸性、無鉱物質、オイルフリー、アルコールフリー
○植物由来洗浄成分、モイスチャライジング成分、ホオノキエキス配合
アルテミス化粧品の3つのこだわり ★★★
★① 原材料へのこだわり
アルテミス化粧品は、国産原料100%。生産履歴のわかる有機原料のみをたっぷり使用。有機JAS認証を取得しています。
★② 処方へのこだわり
植物由来成分のみを用い、植物を栽培する過程でも化学肥料や農薬を最小限にとどめたものだけを使用しています。
★③ 使用感へのこだわり
すっきり軽い伸びと、しっとりうるおう感触こそ化粧品の商品価値。定期的なモニタ調査でも、お肌のハリや弾力、そして透明感の各項目で、高いレベルの実感をいただいています。
お問い合わせ&お電話での商品仕入方法
☎ 0120-00-0000
お気軽にお電話ください!
フリーダイヤル：通話料無料　受付時間 9:00～22:00
携帯・PHSからもご利用いただけます。（担当：井川）
インターネットでのご購入はこちらから
公式ウェブサイト：ショッピングページ
http://www.altemis.com/shop/promotion/index.html
アルテミス化粧品
TEL.03-3234-2173（代表）FAX.03-3234-9451
千代田区神田神保町2-38　稲岡九段ビル8F

黄金ルール❺
書体違いでメリハリをつける

黄金ルール❺
和文を使わない、金額や電話番号、アドレスなどを押し出したい時は装飾的に欧文書体を使うと効果的

case

5

FAXシート

製品の発注書

FAXしか受信手段のない工場、店舗売場などで読まれる帳票類という想定です。忙しい現場では何の書類なのか瞬時に伝える必要があります。ところが、いきなり飾り立てたロゴや意味のない英文メッセージのオンパレードだと、チラシと間違えて捨てられる危険性すらあります。また、FAXだと潰れて読めない個所も問題。メインの発注情報をはっきりと、間違いなく伝える。そして、通信欄など補足情報は、明確に区分けする。これらの注意点をふまえ、改善しました。

デザインのポイント

- グループ化しよう
- フォーマット化しよう
- 明暗ははっきりつけよう

発注日：2010年5月15日　発注番号　M1314-3508-221

注文書

milano
Est. 1994
Luxury and Comfort design for Working Women

ミラノファッション株式会社
購買部レディース発注担当　榊原絵里香
〒104-2343 東京都渋谷区千駄ヶ谷3-6-47
ヴァンネス原宿プラザ1階
電話 03-3434-4530
ファクス 03-3434-4533
e_sakakibara@milanofashion.co.jp

株式会社錦織ファブリックス
西葛西縫製センター
オーダーメード事業部
婦人服課 ブティック受注担当
三芳 淳司様

〒193-2343
東京都江戸川区西葛西5-44-3
ファクシミリ 03-8098-7474　電話 03-8098-7474

拝啓

時下ますますご健勝のこととお慶び申し上げます。日頃より弊社に格別のご協力を頂き、誠にありがとうございます。

発注内容は以下の通りです。何卒よろしくお願い申し上げます。

敬具

❶品番：SKU 30043-A433-01
品名）夏物プリントワンピース　数量）20着
仕様）紺色、右脇ファスナー開き、共リボンベルト付、5分袖、袖口ゴム、ひざ下丈、身頃部分裏地付、綿100%
納品日）2010年6月15日　納品場所）ブティック・ベルエポック青山店

❷品番 SKU 3443-N401-14
品名）プリントシフォン綿柳チュニック　数量）10着
仕様）袖口および裾はメロウステッチ始末、右脇ファスナー開き、7分袖、両脇スリット入（約22cm）、綿50%、麻50%
納品日）2010年6月20日　納品場所）トスカーナ代官山店

❸品番）SKU 5188-D992-71
品名）麻混刺しゅうパンツ　数量 10着
仕様）ベルト通し付、前ファスナー開き、股上浅め、両脇および後ろ両ポケット付、綿40%、麻40%、ポリエステル20%
納品日）2010年6月18日　納品場所）横浜ラルース店

通信欄
今年は早めに商品の発注を行いたいと思います。
せしました通りのラインナップで準備を進めたいと思います。
商品との混載は避け、単品で梱包のうえ、配送をお願いいたします。
納品の際は社員通用口のインターコムからご連絡いただければ解錠
いたします。

システムの変更について
ます。当社発行の発注書・納品書・請求書の三枚綴りの書式に、社
ださい。なお、お支払いは従来同様、翌月末となります。ご質問等
担当栗林（電話 03-438-3434）までお願いいたします。

2010年 5月 15日

milano
Est. 1994
Luxury and Comfort design for Working Women

発注番号　M1314-3508-221

注文書

株式会社錦織ファブリックス
西葛西縫製センター
オーダーメード事業部婦人服課 ブティック受注担当
三芳 淳司 様

〒193-2343
東京都江戸川区西葛西5-44-3
FAX 03-8098-7474
TEL 03-8098-7474

拝啓
時下ますますご健勝のこととお慶び申し上げます。日頃より弊社に格別のご協力を頂き、誠にありがとうございます。

本格的な夏物商戦を間近に控え、今年は早めに商品の発注を行いたいと思います。

先日、弊社デザイナーを交えてお打ち合わせしました通りのラインナップで準備を進めさせていただきます。

ベルエポック青山店への納品の際は、他の発注商品との混載は避け単品で梱包のうえ配送をお願いいたします。

横浜ラルース店は定休日（6月18日）ですので、納品時は社員通用口のインターコムからご連絡いただければ解錠いたします。

敬具

	品番	品名	数量	仕様	納品日	納品場所
1	SKU 30043-A433-01	夏物プリントワンピース	20	紺色、右脇ファスナー開き、共リボンベルト付、5分袖、袖口ゴム、ひざ下丈、身頃部分裏地付、綿100%	2010年6月15日	ブティック・ベルエポック青山店
2	SKU 3443-N401-14	プリントシフォン綿柳チュニック	10	袖口および裾はメロウステッチ始末、右脇ファスナー開き、7分袖、両脇スリット入（約22cm）、綿50%、麻50%	2010年6月20日	トスカーナ代官山店
3	SKU 5188-D992-71	麻混刺しゅうパンツ	10	ベルト通し付、前ファスナー開き、股上浅め、両脇および後ろ両ポケット付、綿40%、麻40%、ポリエステル20%	2010年6月18日	横浜ラルース店
4	—	—	—	—	—	—
5	—	—	—	—	—	—

伝票処理システムの変更について
来期より、ご請求書の処理システムが変更となります。
当社発行の発注書・納品書・請求書の三枚綴りの書式に、社判を押印のうえ、
月末までに経理部までご郵送ください。なお、お支払いは従来同様、翌月末となります。
ご質問等は当社経理部アカウントシステム担当
栗林（電話 03-438-3434）までお願いいたします。

ミラノファッション株式会社
購買部レディース発注担当　榊原絵里香
〒104-2343 東京都渋谷区千駄ヶ谷3-6-47
ヴァンネス原宿プラザ1階
電話 03-3434-4530　ファクス 03-3434-4533
e_sakakibara@milanofashion.co.jp

全体的に要素の整理の仕方は悪くはないが、デザイン的にメリハリがなくフラットな印象

元がカラーのロゴを単純にグレースケール化している（この明度差ではFAXで消えてしまう）

レターヘッド

発注日：2010年5月15日　発注番号：M1314-3508-221

注文書

読みにくい書体

milano
Est. 1994
Luxury and Comfort design
for Working Women

株式会社錦織ファブリックス
西葛西縫製センター
オーダーメード事業部
婦人服課 ブティック受注担当
三芳 淳司様

〒193-2343
東京都江戸川区西葛西5-44-3
ファクシミリ:03-8098-7474　電話:03-8098-7474

ミラノファッション株式会社
購買部レディース発注担当：榊原絵里香
〒104-2343 東京都渋谷区千駄ヶ谷3-6-47
ヴァンネス原宿プラザ1階
電話:03-3434-4530
ファクス:03-3434-4533
e_sakakibara@milanofashion.co.jp

メインコンテンツ

拝啓
時下ますますご健勝のこととお慶び申し上げます。日頃より弊社に格別のご協力を頂き、誠にありがとうございます。
発注内容は以下の通りです。何卒よろしくお願い申し上げます。
敬具

上下左右の余白に揃えることを意識しすぎて無駄な余白が生まれる

❶品番:SKU 30043-A433-01
品名）夏物プリントワンピース　数量）20着
仕様）紺色、右脇ファスナー開き、共リボンベルト付、5分袖、袖口ゴム、ひざ下丈、身頃部分裏地付、綿100%
納品日）2010年6月15日　納品場所）ブティック・ベルエポック青山店

❷品番:SKU 3443-N401-14
品名）プリントシフォン楊柳チュニック　数量）10着
仕様）袖口および裾はメロウステッチ始末、右脇ファスナー開き、7分袖、両脇スリット入(約22cm)、綿50%、麻50%
納品日）2010年6月20日　納品場所）トスカーナ代官山店

汎用性がない上、「発注リスト」には適さない書式

❸品番）SKU 5188-D992-71
品名）麻混刺しゅうパンツ　数量:10着
…通し付、前ファスナー開き、股上浅め、両脇および後ろ両ポケット付、綿40%、麻40%、ポリエステル20%
納品日）2010年6月18日　納品場所）横浜ラルース店

備考

通信欄
本格的な夏物商戦を間近に控え、今年は早めに商品の発注を行いたいと思います。

先日、弊社デザイナーを交えてお打ち合わせしました通りのラインナップで準備を進めたいと思います。

ベルエポック青山店への納品の際は、他の発注商品との混載は避け、単品で梱包のうえ、配送をお願いいたします。

また、横浜ラルース店は9月18日定休日ですので、納品の際は社員通用口のインターコムからご連絡いただければ解錠いたします。

伝票処理システムの変更について
来期より、ご請求書の処理システムが変更となります。当社発行の発注書・納品書・請求書の三枚綴りの書式に、社判を押印のうえ、月末までに経理部までご郵送ください。なお、お支払いは従来同様、翌月末となります。ご質問等は当社経理部アカウントシステム担当栗林(電話:03-438-3434)までお願いいたします。

中央揃えで読みにくい文字組み

黄金ルール2-2
上部をフォーマット化する。その上で項目を書き換えることで、「見積書」「請求書」などその他の文書にも使える

黄金ルール5
明暗をはっきりつける

レターヘッド（共通フォーマット）

2010年 5月 15日

milano
Est. 1994
Luxury and Comfort design for Working Women

注 文 書

発注番号：M1314-3508-221

株式会社錦織ファブリックス
西葛西縫製センター
オーダーメード事業部婦人服課 ブティック受注担当
三芳 淳司 様

〒193-2343
東京都江戸川区西葛西5-44-3
FAX:03-8098-7474
TEL:03-8098-7474

メインコンテンツ

拝啓

時下ますますご健勝のこととお慶び申し上げます。日頃より弊社に格別のご協力を頂き、誠にありがとうございます。

本格的な夏物商戦を間近に控え、今年は早めに商品の発注を行いたいと思います。

先日、弊社デザイナーを交えてお打ち合わせしました通りのラインナップで準備を進めさせていただきます。

ベルエボック青山店への納品の際は、他の発注商品との混載は避け単品で梱包のうえ配送をお願いいたします。

横浜ラルース店は定休日（6月18日）ですので、納品時は社員通用口のインターコムからご連絡いただければ解錠いたします。

敬具

	品番	品名	数量	仕様	納品日	納品場所
1	SKU 30043-A433-01	夏物プリントワンピース	20	紺色、右脇ファスナー開き、共リボンベルト付、5分袖、袖口ゴム、ひざ下丈、身頃部分裏地付、綿100%	2010年6月15日	ブティック・ベルエボック青山店
2	SKU 3443-N401-14	プリントシフォン楊柳チュニック	10	袖口および裾はメロウステッチ始末、右脇ファスナー開き、7分袖、両脇スリット入（約22cm）、綿50%、麻50%	2010年6月20日	トスカーナ代官山店
3	SKU 5188-D992-71	麻混刺しゅうパンツ	10	ベルト通し付、前ファスナー開き、股上浅め、両脇および後ろ両ポケット付、綿40%、麻40%、ポリエステル20%	2010年6月18日	横浜ラルース店
4	—	—	—	—	—	—
5	—	—	—	—	—	—

品目が増えても対応できる表組を作る

備考・署名

伝票処理システムの変更について
来期より、ご請求書の処理システムが変更となります。
当社発行の発注書・納品書・請求書の三枚綴りの書式に、社判を押印のうえ、
月末までに経理部までご郵送ください。なお、お支払いは従来同様、翌月末となります。
ご質問等は当社経理部アカウントシステム担当
栗林（電話：03-438-3434）までお願いいたします。

ミラノファッション株式会社
購買部レディース発注担当：榊原絵里香
〒104-2343 東京都渋谷区千駄ヶ谷3-6-47
ヴァンネス原宿プラザ1階
電話:03-3434-4530　ファクス:03-3434-4533
e_sakakibara@milanofashion.co.jp

黄金ルール2-1
要素同士のアキは余白より広くとらないのが基本形

case 6

メールマガジン

通販サイトのお知らせ

コーヒー器具専門店から配信される定期情報を採り上げています。メールマガジンは、見出しまわりを魅力的に飾ることがとても大切。また、画面上で読むことを想定して本文は短めに、行の長さも一定で折り返すようにしたいもの。この事例ではとにかく行が長く、1行の長さもばらついているのが難点です。そして、中途半端な位置で改行されてしまい、箱組(行の最後を揃えて箱形にする組み方)になっていません。凝りすぎたタイトル回りをシンプルに処理し直すことで際だたせ、改行がなかった本文をすっきりと短く整理しました。

デザインのポイント

- グループ化しよう
- 行間を十分にとろう
- 書体を効果的に使おう
- 余白と見えない線を意識しよう

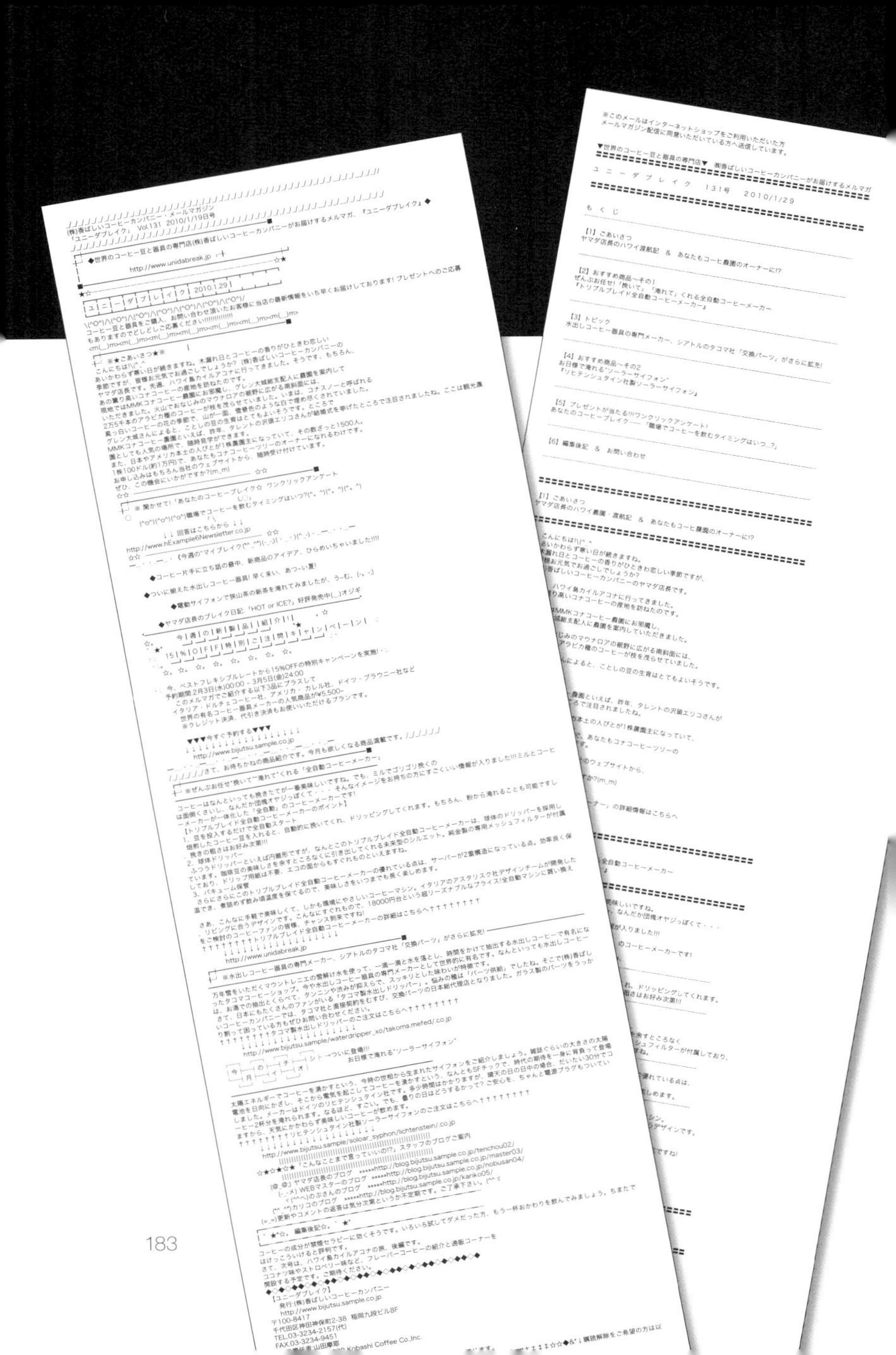
(株)香ばしいコーヒーカンパニー・メールマガジン
『ユニーダブレイク』 Vol.131 2010/1/19日号
(株)香ばしいコーヒーカンパニーがお届けするメルマガ、『ユニーダブレイク』◆
世界のコーヒー豆と器具の専門店(株)香ばしいコーヒーカンパニー

◆世界のコーヒー豆と器具の専門店
http://www.unidabreak.jp
★☆
ユ|ニ|ー|ダ|ブ|レ|イ|ク| 2010.1.29|
\(^O^)/\(^O^)/\(^O^)/\(^O^)/\(^O^)/\(^O^)/\(^O^)/
コーヒー豆と器具をご購入、お問い合わせ頂いたお客様に当店の最新情報をいち早くお届けしております! プレゼントへのご応募もありますのでどしどしご応募ください!!!!!!!!!!!!!!!
<m(_)m><m(_)m><m(_)m><m(_)m><m(_)m><m(_)m><m(_)m>

※★ごあいさつ★※
こんにちは!\(^_^
あいかわらず寒い日が続きますね。木漏れ日とコーヒーの香りがひときわ恋しい
季節ですが、皆様お元気でお過ごしでしょうか? (株)香ばしいコーヒーカンパニーの
ヤマダ店長です。先週、ハワイ島カイルアコナに行ってきました。そうです、もちろん、
あの薫り高いコナコーヒーの産地を訪ねたのです。
現地ではMMKコナコーヒー農園にお邪魔し、グレン大城総支配人に農園を案内して
いただきました。火山でおなじみのマウナロアの裾野に広がる南斜面には、
2万5千本のアラビカ種のコーヒーが枝を茂らせていました。いまは、コナスノーと呼ばれる
真っ白いコーヒーの花の季節で、山が一面、鶯色のような白で埋め尽くされていました。
グレン大城さんによると、ことしの豆の生育はとてもよいそうです。ところで
MMKコナコーヒー農園といえば、昨年、タレントの沢頭エリコさんが結婚式を挙げたところで注目されましたね。ここは観光農
園としても人気の場所で、随時見学ができます。
また、日本やアメリカ本土の人びとが1株農園主になっていて、その数ざっと1500人。
1株100ドル(約1万円)で、あなたもコナコーヒーツリーのオーナーになれるわけです。
お申し込みはもちろん当社のウェブサイトから、随時受け付けています。
ぜひ、この機会にいかがですか?(m_m)

☆☆ あなたのコーヒーブレイク☆ ワンクリックアンケート
※ 聞かせて!「あなたのコーヒーブレイク」
(^o^)(^o^)(^o^)職場でコーヒーを飲むタイミングはいつ?(^。^)(^。^)(^。^)
↓↓ 回答はこちらから ↓↓
http://www.hExample6Newsletter.co.jp ☆☆
《今週の"マイブレイク(^^_^^)(-_-)(・_・)(^_-)
コーヒー片手に立ち話の最中、新商品のアイデア、ひらめいちゃいました!!!!
◆コーヒー片手に立ち話の最中、新商品のアイデア。早く来い、あつ〜い夏!
◆ついに揃えた水出しコーヒー器具! 早く来い、あつ〜い夏!
◆ついに揃えた水出しコーヒー器具で狭山茶の新茶を淹れてみましたが、う〜む。(-。-;)
◆電動サイフォンで狭山茶の新茶を淹れてみましたが、「HOT or ICE?」好評発売中(_)オジギ
◆ヤマダ店長のブレイク日記「HOT or ICE?」
今|週|の|新|製|品|紹|介|!!
☆。★ キ|ャ|ン|ペ|ー|ン|
15|%|O|F|F|特|別|ご|注|問|
☆。☆。☆。☆。☆。☆。☆。

今、ベストフレキシブルレートから15%OFFの特別キャンペーンを実施!
予約期間:2月3日(水)00:00 - 3月5日(金)24:00
このメルマガでご紹介する以下3品にプラスして
イタリア・ドルチェコーヒー社、アメリカ・カレル社、ドイツ・ブラウニー社など
世界の有名コーヒー器具メーカーの人気商品が¥5,500-
※クレジット決済、代引き決済もお使いいただけるプランです。

▼▼▼今すぐ予約する▼▼▼
↓↓↓↓↓↓↓↓↓↓↓↓↓↓↓↓↓↓
http://www.bijutsu.sample.co.jp
さて、お待ちかねの商品紹介です。今月も欲しくなる商品満載です。
「全自動コーヒーメーカー」
※ぜんぶお任せ"挽いて""淹れて"くれる「全自動コーヒーメーカー」
コーヒーはなんといっても挽きたてが一番美味しいですね。でも、ミルでゴリゴリ挽くのは面倒くさいし、なんだか団塊オヤジっぽくて・・・ そんなイメージをお持ちの方にすごくいい情報が入りました!!!ミルとコーヒーメーカーが一体化した「全自動」のコーヒーメーカーです!

【トリプルブレイド全自動コーヒーメーカーのポイント】
1、豆を投入するだけで全自動スタート
焙煎したコーヒー豆を入れると、自動的に挽いてくれ、ドリッピングしてくれます。もちろん、粉から淹れることも可能ですし
挽きの粗さはお好み次第!!!
2、球体ドリッパー
ふつうドリッパーといえば円錐形ですが、なんとこのトリプルブレイド全自動コーヒーメーカーは、球体のドリッパーを採用しています。珈琲豆の美味しさを余すところなくに引き出してくれる未来型のシルエット。純金製の専用メッシュフィルターが付属しており、ドリップ用紙は不要。エコの面からもすぐれものといえますね。
3、バキューム保管
さらにさらにこのトリプルブレイド全自動コーヒーメーカーの優れている点は、サーバーが2重構造になっている点。効率良く保温でき、煮詰めず飲み頃温度を保てるので、美味しさをいつまでも長く楽しめます。

さあ、こんなに手軽で美味しくて、しかも環境にやさしいコーヒーマシン。イタリアのアスタリスク社デザインチームが開発した、リビングに合うデザインです。こんなにすぐれもので、18000円台という超リーズナブルなプライス!全自動マシンに買い換えをご検討のコーヒーファンの皆様、チャンス到来ですね!
††††††††トリプルブレイド全自動コーヒーメーカーの詳細はこちらへ††††††††
↓↓↓↓↓↓↓↓↓↓↓↓↓↓↓↓↓↓
http://www.unidabreak.jp
水出しコーヒー器具の専門メーカー、シアトルのタコマ社「交換パーツ」がさらに拡充!
※水出しコーヒー器具の専門メーカー
万年雪をいただくマウントレニエの雪解け水を使って、一滴一滴と水を落とし、時間をかけて抽出する水出しコーヒーで有名になったタコマコーヒーショップ。今や水出しコーヒー器具の専門メーカーとして世界的に有名です。なんといっても水出しコーヒーは、お湯での抽出とくらべて、タンニンや渋みが抑えらで、スッキリとした味わいが特徴です。
さて、日本にもたくさんのファンがいる「タコマ製水出しドリッパー」。悩みの種は「パーツ供給」でしたね。そこで(株)香ばしいコーヒーカンパニーでは、タコマ社と直接契約をむすび、交換パーツの日本総代理店となりました。ガラス製のパーツをうっかり割って困っている方もぜひお問い合わせください。
††††††††タコマ製水出しドリッパーのご注文はこちらへ††††††††
↓↓↓↓↓↓↓↓↓↓↓↓↓↓↓↓↓↓
http://www.bijutsu.sample/waterdripper_xo/takoma.mefed/.co.jp
今|月|の|イ|チ|オ|シ → ついに登場!!!
お日様で淹れる"ソーラーサイフォン"
太陽エネルギーでコーヒーを沸かすという、今時の世相から生まれたサイフォンをご紹介しましょう。雑誌ぐらいの大きさの太陽電池を日向にかざし、そこから電気を起こしてコーヒーを沸かすという、なんともSFチックで、時代の期待を一身に背負って登場しました。メーカーはドイツのリヒテンシュタイン社です。多少時間はかかりますが、晴天の日の日中の場合、だいたい30分でコーヒー2杯分を淹れられます。なるほど、すごい。でも、曇りの日はどうするかって? ご安心を、ちゃんと電源プラグもついていますから、天気にかかわらず美味しいコーヒーが飲めます。
††††††††リヒテンシュタイン社製ソーラーサイフォンのご注文はこちらへ††††††††
↓↓↓↓↓↓↓↓↓↓↓↓↓↓↓↓↓↓
http://www.bijutsu.sample/soloar_syphon/lichtenstein/.co.jp
☆★☆★☆★「こんなことまで言っていいの!?」スタッフのブログご案内
(@_@) ヤマダ店長のブログ »»»»»http://blog.bijutsu.sample.co.jp/tenchou02/
(-_-メ) WEBマスターのブログ »»»»»http://blog.bijutsu.sample.co.jp/master03/
<(^^ヘ)のぶさんのブログ »»»»»http://blog.bijutsu.sample.co.jp/nobusan04/
(^^_^^)カリコのブログ »»»»»http://blog.bijutsu.sample.co.jp/kariko05/
(=_=)更新やコメントの返答は気分次第というか不定期です。ご了承下さい。(^^ゞ
★☆。編集後記☆。★
コーヒーの成分が禁煙セラピーに効くそうです。いろいろ試してダメだった方、もう一杯おかわりを飲んでみましょう。ちまたではけっこういけると評判です。

さて、次号は、ハワイ島カイルアコナの旅、後編です。

ココナツ味やストロベリー味など、フレーバーコーヒーの紹介と通販コーナーを開設する予定です。ご期待ください。
◆◇◆◇◆◇◆◇◆◇◆◇◆◇◆◇◆◇◆◇
【ユニーダブレイク】
発行:(株)香ばしいコーヒーカンパニー
http://www.bijutsu.sample.co.jp
〒100-8417
千代田区神田神保町2-38 稲岡九段ビル8F
TEL.03-3234-2157(代)
FAX.03-3234-9451
Kobashi Coffee Co.,Inc.
↓購読解除をご希望の方は以

※このメールはインターネットショップをご利用いただいた方
メールマガジン配信に同意いただいている方へ送信しています。
▼世界のコーヒー豆と器具の専門店▼ (株)香ばしいコーヒーカンパニーがお届けするメルマガ
ユ ニ ー ダ ブ レ イ ク　131号　2010/1/29
もくじ
【1】ごあいさつ
ヤマダ店長のハワイ渡航記 & あなたもコーヒ農園のオーナーに!?
【2】おすすめ商品〜その1
ぜんぶお任せ!「挽いて」「淹れて」くれる全自動コーヒーメーカー
『トリプルブレイド全自動コーヒーメーカー』
【3】トピック
水出しコーヒー器具の専門メーカー、シアトルのタコマ社「交換パーツ」がさらに拡充!
【4】おすすめ商品〜その2
お日様で淹れる"ソーラーサイフォン"
『リヒテンシュタイン社製ソーラーサイフォン』
【5】プレゼントが当たる!!!ワンクリックアンケート!
あなたのコーヒーブレイク――「職場でコーヒーを飲むタイミングはいつ...?」
【6】編集後記 & お問い合わせ
【1】ごあいさつ
ヤマダ店長のハワイ農園・渡航記 & あなたもコーヒ農園のオーナーに!?
こんにちは!\(^_^

全体的に装飾の種類が多すぎて目移りする

_//
(株)香ばしいコーヒーカンパニー・メールマガジン
「ユニーダブレイク」 Vol.131 2010/1/19日号
_/

◆世界のコーヒー豆と器具の専門店(株)香ばしいコーヒーカンパニーがお届けするメルマガ、『ユニーダブレイク』◆

http://www.unidabreak.jp

★☆――――――――――――――――――――――――――――――☆★

ユ | ニ | ー | ダ | ブ | レ | イ | ク | 2010.1.29

\(^O^)/\(^O^)/\(^O^)/\(^O^)/\(^O^)/\(^O^)/\(^O^)/
コーヒー豆と器具をご購入、お問い合わせ頂いたお客様に当店の最新情報をいち早くお届けしております! プレゼントへのご応募もありますのでどしどしご応募ください!!!!!!!!!!!!!!!!
<m(__)m><m(__)m><m(__)m><m(__)m><m(__)m><m(__)m><m(__)m>

※★ごあいさつ★※

こんにちは!\(^_^
あいかわらず寒い日が続きますね。木漏れ日とコーヒーの香りがひときわ恋しい
季節ですが、皆様お元気でお過ごしでしょうか? (株)香ばしいコーヒーカンパニーの
ヤマダ店長です。先週、ハワイ島カイルアコナに行ってきました。そうです、もちろん、
あの薫り高いコナコーヒーの産地を訪ねたのです。
現地ではMMKコナコーヒー農園にお邪魔し、グレン大城総支配人に農園を案内して
いただきました。火山でおなじみのマウナロアの裾野に広がる南斜面には、
2万5千本のアラビカ種のコーヒーが枝を茂らせていました。いまは、コナスノーと呼ばれる
真っ白いコーヒーの花の季節で、山が一面、雪景色のような白で埋め尽くされていました。
グレン大城さんによると、ことしの豆の生育はとてもよいそうです。ところで
MMKコナコーヒー農園といえば、昨年、タレントの沢頭エリコさんが結婚式を挙げたところで注目されましたね。ここは観光農園としても人気の場所で、随時見学ができます。
また、日本やアメリカ本土の人びとが1株農園主になっていて、その数ざっと1500人。
1株100ドル(約1万円)で、あなたもコナコーヒーツリーのオーナーになれるわけです。
お申し込みはもちろん当社のウェブサイトから、随時受け付けています。
ぜひ、この機会にいかがですか?(m_m)
☆☆ ―――――――――――――――――――― ☆☆

※ 聞かせて!「あなたのコーヒーブレイク☆ ワンクリックアンケート
○ L○」
(^o^)(^o^)(^o^)職場でコーヒーを飲むタイミングはいつ?(^。^)(^。^)(^。^)
「\
↓↓ 回答はこちらから ↓↓
http://www.hExample6Newsletter.co.jp
☆☆ ―――――――――――――――――――― ☆☆
―…・・..―…・《今週の"マイブレイク(*^_^*)(-_-;)(・_・)(^_-)・…―..・・…―

◆コーヒー片手に立ち話の最中、新商品のアイデア、ひらめいちゃいました!!!!

◆ついに揃えた水出しコーヒー器具! 早く来い、あつ~い夏!

◆電動サイフォンで狭山茶の新茶を淹れてみましたが、う~む、(-。-;)

◆ヤマダ店長のブレイク日記:「HOT or ICE?」好評発売中(._.)オジギ

☆。 今 | 週 | の | 新 | 製 | 品 | | 紹 | 介 | ! | 。☆
★ ★
・:. 15 | % | O | F | F | 特 | 別 | ご | 注 | 問 | キ | ャ | ン | ペ | ー | ン | .:
・:.。 .:・
☆。 ☆。 ☆。 ☆。 ☆。 ☆。 ☆。 ☆。

・:. 今、ベストフレキシブルレートから15%OFFの特別キャンペーンを実施!・:.
予約期間:2月3日(水)00:00 ~ 3月5日(金)24:00
このメルマガでご紹介する以下3品にプラスして
イタリア・ドルチェコーヒー社、アメリカ・カレル社、ドイツ・ブラウニー社など
世界の有名コーヒー器具メーカーの人気商品が¥5,500~
※クレジット決済、代引き決済もお使いいただけるプランです。

▼▼▼今すぐ予約する▼▼▼
↓↓↓↓↓↓↓↓↓↓↓↓↓↓↓↓↓↓
http://www.bijutsu.sample.co.jp
―.....・・...―.....・・...―.....・・...―.....・・...―.....・・...―
/_/_/_/_/_/さて、お待ちかねの商品紹介です。今月も欲しくなる商品満載です。/_/_/_/_/_/

※ぜんぶお任せ"挽いて""淹れて"くれる「全自動コーヒーメーカー」

コーヒーはなんといっても挽きたてが一番美味しいですね。でも、ミルでゴリゴリ挽くのは面倒くさいし、なんだか団塊オヤジっぽくて・・・ そんなイメージをお持ちの方にすごくいい情報が入りました!!!ミルとコーヒーメーカーが一体化した「全自動」のコーヒーメーカーです!

1行の文字量が多すぎる

隙間がなく、びっちり改行が続いて読みにくい

黄金ルール❻
装飾の種類を２〜３種類に限定する

タイトル

※このメールはインターネットショップをご利用いただいた方
メールマガジン配信に同意いただいている方へ送信しています。

▼世界のコーヒー豆と器具の専門店▼　㈱香ばしいコーヒーカンパニーがお届けするメルマガ

==

ユ　ニ　ー　ダ　ブ　レ　イ　ク　　１３１号　　２０１０/１/２９

==

目次

も　く　じ

【1】ごあいさつ
ヤマダ店長のハワイ渡航記　&　あなたもコーヒ農園のオーナーに!?

【2】おすすめ商品〜その1
ぜんぶお任せ!「挽いて」「淹れて」くれる全自動コーヒーメーカー
『トリプルブレイド全自動コーヒーメーカー』

【3】トピック
水出しコーヒー器具の専門メーカー、シアトルのタコマ社「交換パーツ」がさらに拡充!

【4】おすすめ商品〜その2
お日様で淹れる"ソーラーサイフォン"
『リヒテンシュタイン社製ソーラーサイフォン』

【5】プレゼントが当たる!!!ワンクリックアンケート!
あなたのコーヒーブレイク――「職場でコーヒーを飲むタイミングはいつ...?」

【6】編集後記　&　お問い合わせ

黄金ルール2-1
目次を設け、概要を示す

==

【1】ごあいさつ
ヤマダ店長のハワイ農園・渡航記　&　あなたもコーヒ農園のオーナーに!?

==

こんにちは!\(^_^
あいかわらず寒い日が続きますね。
木漏れ日とコーヒーの香りがひときわ恋しい季節ですが、
皆様お元気でお過ごしでしょうか?
(株)香ばしいコーヒーカンパニーのヤマダ店長です。

先週、ハワイ島カイルアコナに行ってきました。
あの薫り高いコナコーヒーの産地を訪ねたのです。

現地ではMMKコナコーヒー農園にお邪魔し、
グレン大城総支配人に農園を案内していただきました。

火山でおなじみのマウナロアの裾野に広がる南斜面には、
2万5千本のアラビカ種のコーヒーが枝を茂らせていました。

黄金ルール❹
読み物は数行ごとに空白を設けて「息継ぎ」ができるようにするとよい

グレン大城さんによると、ことしの豆の生育はとてもよいそうです。

と・こ・ろ・で、

MMKコナコーヒー農園といえば、昨年、タレントの沢頭エリコさんが
結婚式を挙げたところで注目されましたね。

また、日本やアメリカ本土の人びとが1株農園主になっていて、
その数ざっと1500人。

は面倒くさいし、なんだか団塊オヤジっぽくて・・・ そんなイメージをお持ちの方にすごくいい情報が入りました!!!ミルとコーヒーメーカーが一体化した「全自動」のコーヒーメーカーです!

【トリプルブレイド全自動コーヒーメーカーのポイント】

1、豆を投入するだけで全自動スタート

焙煎したコーヒー豆を入れると、自動的に挽いてくれ、ドリッピングしてくれます。もちろん、粉から淹れることも可能ですし、挽きの粗さはお好み次第!!!

2、球体ドリッパー

ふつうドリッパーといえば円錐形ですが、なんとこのトリプルブレイド全自動コーヒーメーカーは、球体のドリッパーを採用しています。珈琲豆の美味しさを余すところなくに引き出してくれる未来型のシルエット。純金製の専用メッシュフィルターが付属しており、ドリップ用紙は不要、エコの面からもすぐれものといえますね。

3、バキューム保管

さらにさらにこのトリプルブレイド全自動コーヒーメーカーの優れている点は、サーバーが2重構造になっている点。効率良く保温でき、煮詰めず飲み頃温度を保てるので、美味しさをいつまでも長く楽しめます。

さあ、こんなに手軽で美味しくて、しかも環境にやさしいコーヒーマシン。イタリアのアスタリスク社デザインチームが開発した、リビングに合うデザインです。こんなにすぐれもので、18000円台という超リーズナブルなプライス!全自動マシンに買い換えをご検討のコーヒーファンの皆様、チャンス到来ですね!

††††††††トリプルブレイド全自動コーヒーメーカーの詳細はこちらへ††††††††

↓↓↓↓↓↓↓↓↓↓↓↓↓↓↓↓↓↓

http://www.unidabreak.jp

※水出しコーヒー器具の専門メーカー、シアトルのタコマ社「交換パーツ」がさらに拡充!

万年雪をいただくマウントレニエの雪解け水を使って、一滴一滴と水を落とし、時間をかけて抽出する水出しコーヒーで有名になったタコマコーヒーショップ。今や水出しコーヒー器具の専門メーカーとして世界的に有名です。なんといっても水出しコーヒーは、お湯での抽出とくらべて、タンニンや渋みが抑えらで、スッキリとした味わいが特徴です。

さて、日本にもたくさんのファンがいる「タコマ製水出しドリッパー」。悩みの種は「パーツ供給」でしたね。そこで(株)香ばしいコーヒーカンパニーでは、タコマ社と直接契約をむすび、交換パーツの日本総代理店となりました。ガラス製のパーツをうっかり割って困っている方もぜひお問い合わせください。

††††††††タコマ製水出しドリッパーのご注文はこちらへ††††††††

↓↓↓↓↓↓↓↓↓↓↓↓↓↓↓↓↓↓

http://www.bijutsu.sample/waterdripper_xo/takoma.mefed/.co.jp

今月のイチオシ →ついに登場!!!
お日様で淹れる"ソーラーサイフォン"

太陽エネルギーでコーヒーを湧かすという、今時の世相から生まれたサイフォンをご紹介しましょう。雑誌ぐらいの大きさの太陽電池を日向にかざし、そこから電気を起こしてコーヒーを湧かすという、なんともSFチックで、時代の期待を一身に背負って登場しました。メーカーはドイツのリヒテンシュタイン社です。多少時間はかかりますが、晴天の日の日中の場合、だいたい30分でコーヒー2杯分を淹れられます。なるほど、すごい。でも、曇りの日はどうするかって? ご安心を、ちゃんと電源プラグもついていますから、天気にかかわらず美味しいコーヒーが飲めます。

††††††††リヒテンシュタイン社製ソーラーサイフォンのご注文はこちらへ††††††††

↓↓↓↓↓↓↓↓↓↓↓↓↓↓↓↓↓↓

http://www.bijutsu.sample/soloar_syphon/lichtenstein/.co.jp

☆★☆★☆★「こんなことまで言っていいの!?」スタッフのブログご案内

(@_@;) ヤマダ店長のブログ »»»»»http://blog.bijutsu.sample.co.jp/tenchou02/
(-_-メ) WEBマスターのブログ »»»»»http://blog.bijutsu.sample.co.jp/master03/
ヾ(^^へ)のぶさんのブログ »»»»»http://blog.bijutsu.sample.co.jp/nobusan04/
(*^_^*)カリコのブログ »»»»»http://blog.bijutsu.sample.co.jp/kariko05/
(=_=)更新やコメントの返答は気分次第というか不定期です。ご了承下さい。(^^ゞ

゜★˚☆。編集後記☆。゜★˚

コーヒーの成分が禁煙セラピーに効くそうです。いろいろ試してダメだった方、もう一杯おかわりを飲んでみましょう。ちまたではけっこういけると評判です。

さて、次号は、ハワイ島カイルアコナの旅、後編です。

ココナツ味やストロベリー味など、フレーバーコーヒーの紹介と通販コーナーを開設する予定です。ご期待ください。

◆◇◆◇◆◆◇◆◇◆◆◇◆◇◆◆◇◆◇◆◆◇◆◇◆◆◇◆◇◆◆◇◆

【ユニーダブレイク】
発行:(株)香ばしいコーヒーカンパニー
http://www.bijutsu.sample.co.jp
〒100-8417
千代田区神田神保町2-38 稲岡九段ビル8F
TEL.03-3234-2157(代)
FAX.03-3234-9451
発行責任者:山田摩耶

copyrights(c)2009 Kobashi Coffee Co.,Inc.
All rightsreserved.
http://www.bijutsu.sample.co.jp
ユニーダブレイク・メルマガの記事を許可なく転載することを禁じます。

‡‡‡‡☆☆◆&°°°°‡‡‡‡☆☆◆&°°°°‡‡‡‡☆☆◆&°°°°‡‡‡‡☆☆◆&°°°°‡‡‡‡☆☆◆&°↓購読解除をご希望の方は以下のURLで自動的に解除することができます。↓

http://www.unidabreak.jp

黄金ルール❸
本文の頭をタイトルより落とすと、スクロールしたときに始まりが分かりやすい

黄金ルール❸
ユーザーごとにウィンドウのサイズが変わるので、中途半端に行が送られ装飾のレイアウトが崩れないように右側を適度にあけておく

さらにさらにこのトリプルブレイド全自動コーヒーメーカーの優れている点は、
サーバーが2重構造になっている点。効率良く保温でき、
煮詰めず飲み頃温度を保てるので、美味しさをいつまでも長く楽しめます。

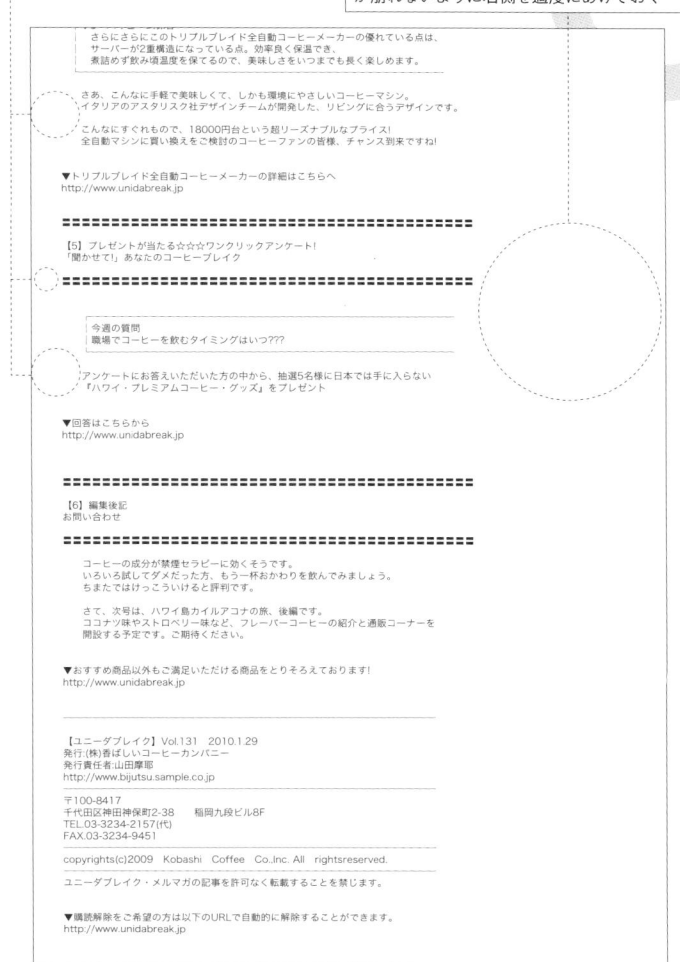

さあ、こんなに手軽で美味しくて、しかも環境にやさしいコーヒーマシン。
イタリアのアスタリスク社デザインチームが開発した、リビングに合うデザインです。

こんなにすぐれもので、18000円台という超リーズナブルなプライス!
全自動マシンに買い換えをご検討のコーヒーファンの皆様、チャンス到来ですね!

▼トリプルブレイド全自動コーヒーメーカーの詳細はこちらへ
http://www.unidabreak.jp

==

【5】プレゼントが当たる☆☆☆ワンクリックアンケート!
「聞かせて!」あなたのコーヒーブレイク

==

今週の質問
職場でコーヒーを飲むタイミングはいつ???

アンケートにお答えいただいた方の中から、抽選5名様に日本では手に入らない
『ハワイ・プレミアムコーヒー・グッズ』をプレゼント

▼回答はこちらから
http://www.unidabreak.jp

==

【6】編集後記
お問い合わせ

==

コーヒーの成分が禁煙セラピーに効くそうです。
いろいろ試してダメだった方、もう一杯おかわりを飲んでみましょう。
ちまたではけっこういけると評判です。

さて、次号は、ハワイ島カイルアコナの旅、後編です。
ココナツ味やストロベリー味など、フレーバーコーヒーの紹介と通販コーナーを
開設する予定です。ご期待ください。

▼おすすめ商品以外もご満足いただける商品をとりそろえております!
http://www.unidabreak.jp

【ユニーダブレイク】Vol.131　2010.1.29
発行:(株)香ばしいコーヒーカンパニー
発行責任者:山田摩耶
http://www.bijutsu.sample.co.jp

〒100-8417
千代田区神田神保町2-38　　稲岡九段ビル8F
TEL.03-3234-2157(代)
FAX.03-3234-9451

---

copyrights(c)2009　Kobashi　Coffee　Co.,Inc. All　rightsreserved.

ユニーダブレイク・メルマガの記事を許可なく転載することを禁じます。

▼購読解除をご希望の方は以下のURLで自動的に解除することができます。
http://www.unidabreak.jp

黄金ルール❹
巻物をイメージして、全体的にゆったりと行をあけておくとよい。全体が長くなることより読みやすさを優先する

すぐ使える! 汎用テンプレート

PowerPointとWordで文書作成する際に使える基本的なフォーマットです。下記のデータは、美術出版社のウェブサイトからダウンロードできます。

www.bijutsu.co.jp/bss

PowerPoint スライド設定：A4サイズ（27.51×19.05cm） 2段組みレイアウト

サブタイトル
MSPゴシック（ボールド）
16pt

タイトル
MSPゴシック（ボールド）
32pt

小見出し
MSPゴシック
16pt

本文
MSPゴシック
9pt（行間：1.5行）

PowerPoint スライド設定：A4サイズ（27.51×19.05cm） 1段組みレイアウト

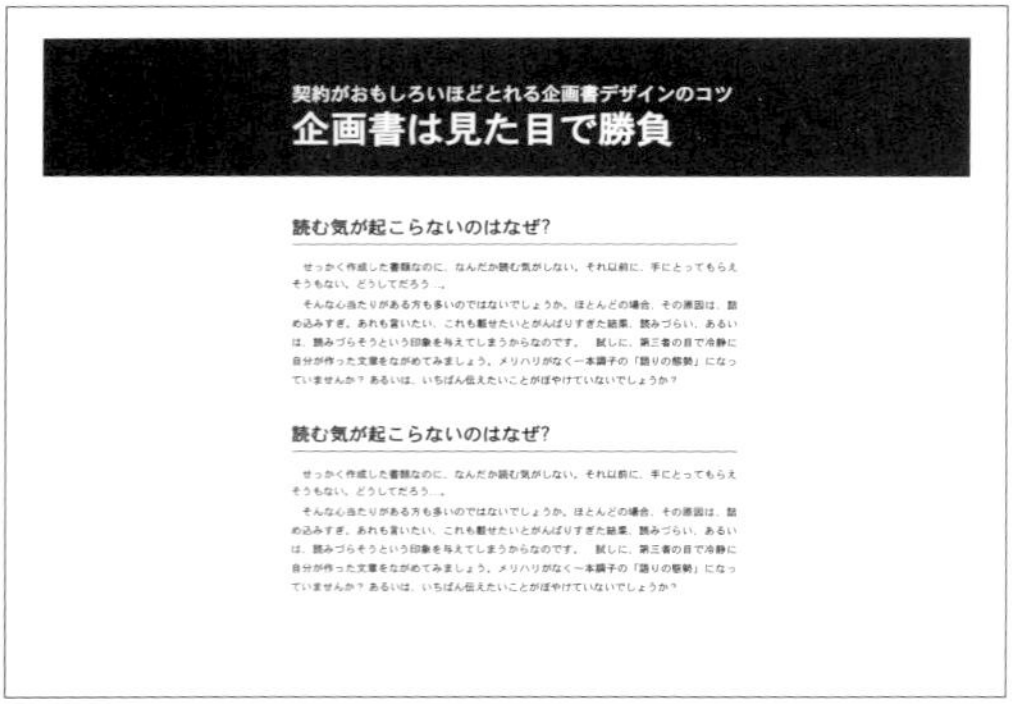

サブタイトル
MSPゴシック（ボールド）
16pt

タイトル
MSPゴシック（ボールド）
32pt

小見出し
MSPゴシック
16pt

本文
MSPゴシック
9pt（行間：1.5行）

Word 1段組みレイアウト　用紙設定：A4

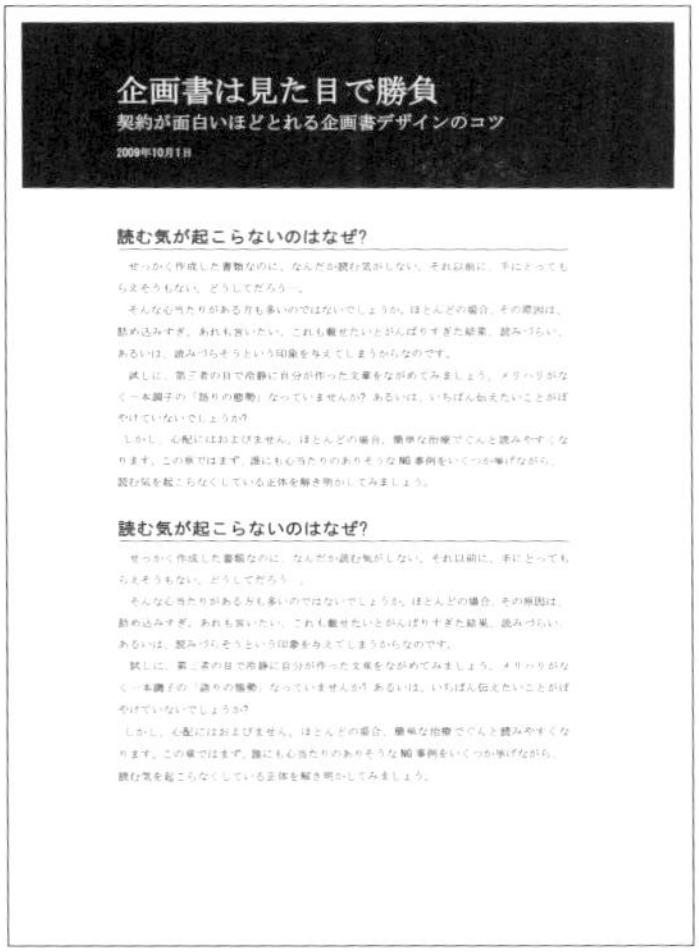

タイトル
MS明朝（ボールド）28pt（行間：1行）

サブタイトル
MS明朝（ボールド）16pt（行間：1.5行）

キャプション・備考（日付）
MSゴシック（ボールド）10pt（行間：1行）

小見出し
MSゴシック（ボールド）16pt（行間：1.5行）

本文
MS明朝 10pt（行間：1.5行）

Word 2段組みレイアウト　用紙設定：A4

タイトル
MS明朝（ボールド）28pt（行間：1行）

サブタイトル
MS明朝（ボールド）16pt（行間：1.5行）

キャプション・備考（日付）
MSゴシック（ボールド）10pt（行間：1行）

小見出し
MSゴシック（ボールド）14pt（行間：1.5行）

本文
MS明朝 10pt（行間：1.5行）

参考図書、お役立ちウェブサイトリスト

さらに詳しくレイアウトデザインを学びたいときの初心者向け入門書、パワポのテンプレートやクリップアートがダウンロードできるサイトの情報をご紹介します。

※ここにある情報は、2009年7月現在のものです[デザインの現場編集部調べ]。

もっと学びたい人のためのデザイン入門書

▼レイアウト

『やさしいデザイン 誰でもかんたん、レイアウト・配色・文字組』
エムディエヌコーポレーション
色、文字、写真の使い方、基本的なレイアウトのルールが一通り学べるデザイン入門書。全くの素人が読んでも理解できるよう、説明しすぎず、大事な部分だけを簡潔に載せている。

『デザインの教室 手を動かして学ぶデザイントレーニング』
エムディエヌコーポレーション
付属のCD-ROMを使って実際に練習しながら学べるデザイン入門書。自分で手を動かしながら、実践的レイアウトが身につく画期的な本。本文の説明も短く簡潔で分かりやすい。

『7日間でマスターするレイアウト基礎講座』(DESIGN BEGINNER SERIES)
視覚デザイン研究所
レイアウトの基本を短時間でマスターしたい人向け。「どうしてそうするのか」を理論的に説明しているので、初心者でも理解しやすいのがこのシリーズの特徴。他に配色講座もある。

『ノンデザイナーズ・デザインブック[フルカラー新装増補版]』 毎日コミュニケーションズ
デザイナーではない一般向けに書かれたレイアウトの基本書。「近接、整列、反復、コントラスト」の4つの基本原則に絞って分かりやすく解説。洋書の翻訳なので英文の事例が多いのが難。

『編集デザインの教科書』 日経BP社
企画、取材、執筆、編集、デザイン、印刷と、編集の全工程を実践的に紹介した本。コンパクトだが必要情報はほぼ網羅されている。分かりやすい解説で定評のある工藤強勝氏が監修。

▼カラー

『カラーデザイン公式ガイド［感性編］supported by Pantone, Inc.』 美術出版社
パッケージや印刷物など身近な配色事例を掲載、実践的なカラーデザインが学べる本。PANTONEカラーカード128色付。他に技巧編、表現編（2010年1月刊行予定）がある。

『キーカラーで選べる配色見本ハンドブック』
『イメージで選べる配色見本ハンドブック』 エムディエヌコーポレーション
携帯に便利なハンディタイプの配色見本帳。色別、イメージ別の巻があり、それぞれCMYK、RGB、WEBカラーを記載。配色を考えるときの参考に。

▼文字

『デザインの現場BOOK タイポグラフィ』 美術出版社
雑誌記事の書籍化なので読みやすく、有名デザイナーの文字の使い方から、漫画の吹き出しや街中の文字まで、身近な事例で楽しみながら文字が学べる本。

『欧文書体 その背景と使い方』 美術出版社
欧文書体の第一人者がデザイナー向けに実践的な基礎知識を解説した本。やや専門的だが、仕事で欧文文書を扱う人はぜひ読んでおきたい。続編あり。

『DTP&Webデザイナーのための書体見本帳 フォントスタイルブック2009』
ワークスコーポレーション
和文欧文約3200書体を収録した国内最大級の書体見本帳。日本で入手できる商業フォントをほぼ網羅。新書体を収録した最新版が毎年発売されている。

▼シリーズもの

デザインアイディア＆テクニック事典
01「文字。」 02「写真。」 03「色。」 04「レイアウト。」 毎日コミュニケーションズ
テーマ別に系統立ててデザインルールを解説。特に「文字。」では「〜な印象にしたい」など、出したいイメージ別に用法が紹介されているので重宝する。

『配色デザインのルール』『レイアウトデザインのルール』
ワークスコーポレーション
第一線で活躍するデザイナーの事例を400点以上紹介し、配色やレイアウトのセオリーを解説。実例が豊富なので、飽きさせない格好の入門書。

フォント、画像ダウンロードができるウェブサイト

▼フォント検索・購入

DEX　http://www.dex.ne.jp

イラスト、写真、地図などの素材の他、和文欧文フォントも即時にダウンロードができる総合サイト。定額料金で1か月間画像が使い放題になるお得なコースも。

和文フォント大図鑑　http://www.akibatec.net/wabunfont/freefont/freefont.html

フォントに関するさまざまな情報が得られるサイト。一部のフォント(約150書体)をフリーダウンロードできるコーナーもある。

モリサワ　http://www.morisawa.co.jp

DTPで使う主要和文フォントを販売するフォントメーカー。1年間約5万円で同社のフォントが使い放題になる「MORISAWA PASSPORT」が人気。

---

myfont　http://www.myfonts.com

フォント検索・試し組、購入ができる欧文書体の総合サイト。人気フォントランキングや日替わりのおすすめフォントなどのコンテンツも充実。

Linotype　http://www.linotype.com

世界最大の欧文フォントメーカー、ライノタイプ社のサイト。日本語でフォントの購入をしたい場合は、同社の日本代理店SDG (www.linotype.co.jp) へ。

フォントふぉんとfont.com　http://www.fontfontfont.com

フリーフォント、シェアフォントがダウンロードできるサイト。変わったデザインのフォントを探したいなら、ここで。商用利用には諸条件を確認のこと。

フォントのダウンロードに関する諸注意

- フォントは使用OSや形式によって種類が分かれるため、今使っているパソコンで使えるかどうか、購入前に確認すること。
- フリーフォント、シェアフォントの中には、「個人使用に限って使用可能」としているものもあるので、商業利用の際は要確認のこと。企画書に使用したフォントが、クライアント側で商品ロゴや機器表示などに商用利用されることもあるので注意。
- フリーフォントの中には、既存のフォントを改造したものや品質の高くないものもあるため、品質が問われるビジネスシーンでは不向きなことも。フォントにも良し悪しがあるので、タダだからといってやたらと使わないほうが無難。名の知れた主要フォントメーカーから出ている有料フォントは、プロの書体デザイナーが設計にかかわっているため、信頼して使用することができる。

▼フリー素材(写真・イラスト)

fotolia http://jp.fotolia.com

600万枚以上の写真素材を1点200円から格安でダウンロードできるサイト。海外で撮影されたものが多く、ハイセンスな画像が揃う。日・米語検索可。

写真素材フォトライブラリー http://www.photolibrary.jp

主に日本で撮影された画像のコレクション。ほとんど有料だが、一部無料で使える画像もダウンロードできる。

FOTOSEARCH http://www.fotosearch.jp

530万点の画像がダウンロードできる海外サイトの日本版。人体解剖図など、普通のサービスにはあまりない画像も手に入る。

▼パワポのテンプレート

Power Point 119 http://www.ppt119.com

クール、ナチュラルなど、イメージ別にフリーのテンプレートを分類。センスもよい。会員登録しないで使えるので、急いでいるときに便利。

プリントアウトファクトリー http://www.printout.jp

パワポのテンプレート180種のほか、各種クリップアートが豊富。シンプルであきのこないデザインはおすすめ。

Power Point Free Design Template http://gift.her.jp/pp_template

個人で運営しているシンプルでやさしい色使いのテンプレートが揃うサイト。ダウンロード数人気ランキングも。

Microsoft office Online

http://office.microsoft.com/ja-jp/templates/FX100595491041.aspx

Microsoftのサイト。パワポのほか、ExcelやWordのテンプレートもダウンロードできるが、センスがいまいちなものも。

Wisdom http://www.blwisdom.com/ppt/?catid=lst_adw_members2047

1200種類以上の素材をダウンロードできるサイト。イラストもダウンロードできるが、テイストがバラバラなので使用時はご注意を。会員登録が必要。

テンプレートのプレゼント

第3章に掲載した事例のデータは、美術出版社のウェブサイト(**www.bijutsu.co.jp/bss**) からダウンロードできます。ウェブサイトに上がっていない事例のデータをご希望の方は、電子メールの標題部分に「デザインビジネス選書テンプレート希望」とご記入の上、希望される事例1点(「p.128広報誌のデータ」など)、本書のご感想、ご職業・性別・年代(20代、30代など) を添えて、**info@bijutsu.co.jp**までお送りください。追って、ダウンロード先を返送いたします。

(いただいた情報は、社内で管理し、第三者には開示いたしません/メールでのデータご請求は、1名様につき1点までとさせていただきます/これらのデータを使用される場合は、個人および法人を問わず全て使用する本人の責任において行われるものとなります。お送りしたデータに対する操作上のご質問やお使いのパソコン上での不具合などについては弊社でご対応できませんので、ご了承ください)

おわりに

情報をどう整理し、どう伝えるか。これは、営業、企画、開発、製造など、あらゆる業務に役立つビジネスの基本といえるでしょう。文書作りの力を高めることで、あなた自身のビジネススキルが上がる。それがこの本の最終的なゴールです。

ここまで読んでくださって、本当にありがとうございます。すでにあなたは、かなりレベルアップしているに違いありません。

プロのデザイナーに発注する際も、この本に示したポイントが基本的な知識として役立つことでしょう。具体的なディレクションをしないまでも、どこに着眼し、デザインやレイアウトをしていくのかがよく分かると思います。

この本をきっかけに、もっとレイアウトがうまくなりたい人もいらっしゃるかと思います。そんな方は、ぜひ、巻末に掲載したデザイン書を読んでみてください。

また、もっといろいろなことができるデザインソフト（プロが使うInDesignやIllustrator）に挑戦するのもよいでしょう。豊富な機能を使いこなすことで、新しい世界が開けるはずです。この際、フォントを買ってインストールするのもおすすめです。本書でたびたび出てきたメリハリをつける上で、大きな味方になってくれると思います。

文書作りは本来、楽しいものです。この本もデザイナーや編集の方々と一緒に、楽しく執筆することができました。

例えば、第三章に掲載した実例を作っていたときのことです。もちろんよくない方の例作りです。なるべくひどいやつを作ろうと、WordやPowerPointの使ったこともない機能をいじっているうち、われながらけっこうイケてるように思えてきたのには驚きました。実際はどんどん見苦しい文書になっているにもかかわらず、です。

なぜ、作っている最中に気がつかないのでしょう。たぶん文書を割り付ける過程であれこれ考えるうちに、まるでブラックホールみたいに際限なく文章や写真を凝縮してしまうからかもしれません。

つまり、煮詰めすぎて濃くなりすぎるわけです。濃くなるといっても企画やアイデアの質が上がるのなら結構なことですが、単にパンパンに詰め込んでいるだけでした。

ツールにしても同様です。グラデーションや、回転、拡大縮小がパソコンだと自在にでき、いかにも〝使いこなしている感〟を満喫できます。しかし、実際は逆にツールに使われていたと、あとから冷静に見ると分かりました。

それにしてもこんなひどい文書、どうやってまともにするんだろうと心配になりながら、デザイナーの石島章輝さんにバトンタッチしました。しかし、見事に変身させてくれ、さすがはプロと改めて感心した次第です。

文書は中味が勝負だ！　と多くのビジネスリーダーは言います。しかし、同じ中味でもこうも説得力が違うものかと、見比べてみて分かりました。文書はその中味にふさわしい見せ方があります。ストレートに、印象深く、そして好ましくまとめ上げる技術が、みなさんのすばらしいアイデアを上手に伝えるために必要なのだと確信しました。その意味において、やっぱり「企画書は見た目で勝負！」。この本のタイトルには、そんな思いを込めたつもりです。

アイデアをシンプル化すること、それをある程度余裕をもって割り付けていくこと。この本を通じてお伝えしようとしたルールのひとつです。しかし、そんな本人自身が、あれも言いたい、これも伝えなきゃという思いで先走りがちになりました。そこをぐっと制御し、最後まで適切に導いてくれた美術出版社の編集担当の宮後優子さんに感謝しています。

この本を、あなたの文書作りの「デフォルト（標準）」に加えていただけましたら、望外の喜びです。

道添 進

道添 進（みちぞえ・すすむ）
1958年生まれ。デザインライター。国内デザイン事務所勤務を経て、1982年から1993年まで米国デザイン会社に勤務。現在、海外取材を中心とするインターアイランド社代表。コンチネンタル航空機内誌『PACIFICA』編集長ほか、ブランドブックやPR誌のディレクションを手がける。内外企業のブランド戦略に関する取材も多く、『デザインの現場』USデザインレポート連載をはじめ雑誌記事、書籍を執筆多数。著書に『ブランド・デザイン』（美術出版社）がある。 www.intla.com

デザインビジネス選書
企画書は見た目で勝負
契約が面白いほどとれる企画書デザインのコツ

2009年10月1日第1刷発行

著者	道添 進
編者	デザインの現場編集部
カバーデザイン	渡邊民人[TYPEFACE]
本文デザイン・図版作成	石島章輝
印刷・製本	光邦
企画・編集	宮後優子[美術出版社]
発行人	大下健太郎
発行所	株式会社美術出版社
	東京都千代田区神田神保町2-38 稲岡九段ビル8F
	TEL.03-3235-5136[営業部]、03-3234-2173[編集部]

ISBN 978-4-568-24029-0 C0034

ビジネスパーソン向け 実践的デザインの本
「デザインビジネス選書」シリーズ刊行!!

企業間競争がますます激しくなる現在、デザインをビジネスに活かすという問題は今や避けて通れない経営課題となりつつあります。そうしたビジネスパーソンのニーズに答えるべく、ビジネスで使えるデザインの考え方やノウハウをやさしく解説するシリーズとして、「デザインビジネス選書」シリーズを創刊しました。デザイン専門誌『デザインの現場』やデザイン専門書を長年発行してきた美術出版社ならではのノウハウを活かし、デザインをビジネスの視点からとらえた新しい読み物シリーズを続々刊行していく予定です。

2009年9月同時刊行

『リトルスターレストランのつくりかた。』

リトルスターレストラン 編

広告プランナーとデザイナーの夫妻が2004年に東京・三鷹で始めた小さなごはん屋さん。飲食店未経験ながら、お店のプランニング、デザインをすべて自分たちで手がけ、地域の有名店に成長。きついけど、儲からないけど、それでも幸せといえる生き方を選んだ二人の物語。

四六判並製、224ページ、定価1500円＋税